张聿温◎著

真相

"九一三"
事件考证

中国青年出版社

目 录
CONTENTS

前　言 ……………………………………………………………… 1

第一章　坠机之谜 ……………………………………………… 1

一、有关林彪坠机的种种说法 ……………………………… 1
　　（一）西山遇害说 ……………………………………… 4
　　（二）导弹击落说 ……………………………………… 7
　　（三）迫降失事说 ……………………………………… 8
　　（四）机上搏斗说 ……………………………………… 10
　　（五）自杀殉职说 ……………………………………… 10

二、有关林彪出逃的种种说法 ……………………………… 11
　　（一）预谋已久说 ……………………………………… 11
　　（二）仓皇决定说 ……………………………………… 12
　　（三）挟持绑架说 ……………………………………… 13
　　（四）欺骗蒙蔽说 ……………………………………… 15
　　（五）病态发作说 ……………………………………… 15

三、深入探析"九一三"事件的必要性 …………………… 16

第二章　历史上的毛林关系 ………………………………… 19

一、林彪是毛泽东的爱将吗 ………………………………… 20
　　（一）井冈山时期，林彪进入毛泽东的视野 ………… 20

（二）中央苏区时期,林彪是毛泽东的左膀右臂 ············ 23

（三）长征途中,林彪是毛泽东的依靠力量 ············ 26

（四）抗日战争时期,林彪被毛泽东寄予厚望 ············ 29

（五）解放战争时期,林彪是毛泽东的一把利剑 ············ 32

二、林彪是毛泽东的亲密战友吗 ············ 34

（一）在红四军党的七大上,林彪坚定地支持和维护
毛泽东 ············ 35

（二）在决定红军命运的关键时刻,林彪站在毛泽东
一边 ············ 42

（三）在延安批判张国焘和王明路线的斗争中,林彪给了
毛泽东以有力支持 ············ 44

（四）在决定中国命运的转折关头,林彪与毛泽东所见
略同 ············ 47

三、林彪在毛泽东眼里十全十美吗 ············ 49

（一）土地革命战争初期,林彪怀疑"红旗到底能打
多久",毛泽东写信予以批评教育 ············ 49

（二）红军第五次反"围剿"中,林彪积极追随李德,
毛泽东不以为然 ············ 52

（三）红军长征到达会理,林彪鼓动彭德怀出来取代
毛泽东指挥红军,受到毛泽东训斥 ············ 53

（四）辽沈战役中,林彪为打锦州而一度动摇,差点坏了
毛泽东的全盘战略,惹得毛泽东发了大火 ············ 55

（五）林彪在思想意识、为人处世、团结、民主作风等方面
固有的毛病,也为毛泽东所了解,只不过毛泽东给予
谅解,不予苛求 ············ 56

第三章　沉默与活跃 ············ 60

一、林彪反对抗美援朝,称病拒绝出任志愿军司令员,
令毛泽东大失所望 ············ 61

（一）中央两次开会，林彪的意见都与毛泽东相左 ………… 61

（二）毛泽东原拟让林彪挂帅赴朝，但想不到林彪称病

不就 ……………………………………………………… 62

（三）林彪随即去苏联养病，此举在党内颇受非议 ……… 64

二、在高饶事件中，林彪卷了进去，毛泽东派陈云去做争取

林彪的工作 …………………………………………………… 65

（一）林彪支持高岗拱倒刘少奇 …………………………… 65

（二）陈云捎来毛泽东的话震动了林彪 …………………… 67

三、反对抗美援朝和卷入高饶事件并没有影响林彪的升迁，

他相继当上了中共中央政治局委员和中共中央副主席 …… 69

（一）毛泽东着意保护林彪 ………………………………… 69

（二）林彪成功地运用了政治韬略 ………………………… 71

（三）林彪特有的优势被毛泽东所看中 …………………… 72

四、林彪在 1959年批判彭德怀的庐山会议上成了毛泽东的

"援兵"，会后取代彭德怀，执掌了军队大权 …………… 74

（一）毛泽东一声令下，原本请了病假的林彪招之即来 … 74

（二）林彪发言尖刻，上纲很高，充当了批彭的急先锋 …… 74

（三）毛泽东不采纳罗荣桓的意见，把国防部长一职交给了

林彪 ……………………………………………………… 75

五、林彪的身体状况到底如何？他究竟是真的有病，还是

在行韬晦之术 ………………………………………………… 76

（一）林彪的病情和 "怪异"，令人难以理喻 …………… 76

（二）医学专家对林彪的病情意见不一 …………………… 78

（三）警卫参谋认为林彪身体总的是好的，所谓"吸毒"

言过其实 ………………………………………………… 81

（四）实际情况是林彪患抑郁症，病情时好时坏，并且

有个发展过程 …………………………………………… 83

真
相
·
『
九
一
三
』
事
件
考
证

第四章　　崇拜与信任 ·· 87

一、林彪极力宣扬对毛泽东的个人崇拜,赢得了毛泽东的
　　喜爱、赞赏和信任 ······································ 88
　　(一)提出"走捷径"、"顶峰论",不遗余力地号召开展
　　　　学毛著运动 ··· 88
　　(二)为毛泽东护短,处心积虑地为毛泽东的错误辩护 ····· 90
　　(三)强调"突出政治",极力迎合毛泽东"左"的倾向 ······· 91
　　(四)着意突出毛泽东的最高领袖地位,故作谦虚地以
　　　　"小学生"自居 ····································· 92

二、林彪私下对毛泽东的真实看法令人吃惊,他是个
　　"天才"的两面派 ·· 94
　　(一)林彪对毛泽东的成见很深 ··························· 94
　　(二)林彪摸到了讨毛泽东欢心的诀窍 ··················· 95
　　(三)林彪的表里不一,表明他不仅注重自我保护,
　　　　且心怀叵测,另有他图 ····························· 97

三、打倒刘少奇后,毛泽东选定林彪作为自己的接班人 ········ 98
　　(一)毛泽东在党内遇到挑战,他需要林彪的鼎力支持 ····· 99
　　(二)林彪在党内受到抵制,他更需要毛泽东做他的强大
　　　　后盾 ·· 101
　　(三)林彪特有的优势,使他成为接班人具有某种历史
　　　　必然性 ·· 103
　　(四)毛泽东错选林彪的经验教训 ······················· 105

四、九大后,林彪所受信任达到了顶点,林彪集团也发展
　　到了顶点 ·· 107
　　(一)利用"文化大革命"之机扫除了障碍 ··············· 107
　　(二)继续当选为唯一的副主席,名正言顺地大权在握 ····· 108
　　(三)羽翼丰满,形成了一个帮派体系 ··················· 109

第五章　分歧与裂痕 ……………………………………… 111

一、林彪关于"政变"的讲话令毛泽东感到某种程度的
担心和忧虑 ……………………………………………… 111
(一)"文化大革命"发动前夕,林彪关于"政变"的讲话
杀气腾腾 …………………………………………… 111
(二)尽管毛泽东感到"不安",但还是违心地批转了
林彪关于"政变"的讲话 ………………………… 113
(三)陷于个人崇拜误区的毛泽东仍保留了某种程度
的清醒,他对林彪还要看一看 ………………… 115

二、林彪成为无可争议的接班人后,却几次流露不想干
这种角色 ………………………………………………… 117
(一)林彪的接班人地位是中共八届十一中全会上
确立的,但事情来得有些突然 ………………… 117
(二)为了确保林彪的接班人地位,毛泽东最终赞成
把林彪的名字写进党章 ………………………… 119
(三)林彪私下里却表示不愿当眼下这样的"接班人",
他另有考虑 ……………………………………… 120

三、随着运动的发展和时间的推移,毛泽东和林彪在一些
重大问题上产生了严重分歧和尖锐对立 …………… 121
(一)关于九大政治报告问题 ………………………… 122
(二)关于对待运动搞法问题 ………………………… 124
(三)关于"天才"问题 ………………………………… 126
(四)关于个人崇拜问题 ……………………………… 128
(五)关于使用毛主席语录问题 ……………………… 130
(六)关于对待江青集团问题 ………………………… 131
(七)关于国际形势问题 ……………………………… 135
(八)关于军队领导权问题 …………………………… 137
(九)关于设国家主席问题 …………………………… 145

（十）关于接班人问题 ···················· 149

第六章　矛盾激化 ···················· 154

一、庐山会议上，林彪与毛泽东较劲，向江青集团发起攻击，
结果败下阵来 ······················· 154

（一）林彪准确地预测到："到庐山会有大的斗争" ········· 154

（二）在设国家主席问题上，常委中毛泽东的意见是
孤立的，但他决意不设国家主席 ··········· 155

（三）林彪在叶群的鼓动下，开幕式上突然讲话，拉开了
斗争的序幕 ···················· 156

（四）林彪讲话后是一边倒的反应，经吴法宪提议，
会议改变了原有的议程 ·············· 158

（五）陈伯达及黄、吴、叶、李、邱一齐上阵，林彪控制
和左右了全会形势 ················ 161

（六）毛泽东听江青、张春桥、姚文元告状后勃然大怒，
力挽狂澜 ····················· 163

（七）毛泽东怒批陈伯达，形势逆转，林彪的攻势一败
涂地 ······················· 166

（八）林彪不服庐山会议的结果，从此他和毛泽东的
关系急转直下 ·················· 169

二、庐山会议后毛泽东发动"批陈整风"运动，林彪的处境
日益艰难 ························ 172

（一）毛泽东责令黄、吴、叶、李、邱作检讨，挫林彪
之锐气 ······················ 172

（二）毛泽东造舆论透露他对接班人的不满，灭林彪
之威风 ······················ 173

（三）毛泽东采取"挖墙脚"、"掺沙子"的办法改组军队，
削林彪之实力 ·················· 175

（四）林彪拒不出席"批陈整风"汇报会，他对毛泽东的

　　　　不满在加深 ……………………………………… 178

　三、林彪情绪低沉,林立果开始了搞"武装起义"的准备 ……… 181

　　(一)林立果要和毛泽东血战到底,制定《"571"工程

　　　　纪要》 …………………………………………… 181

　　(二)《"571"工程纪要》杀气腾腾,毛林矛盾的尖锐性

　　　　和党内斗争的残酷性令人不寒而栗 …………… 186

　四、经过半年精心准备,林立果手中已经拥有发动政变

　　的部分力量 ……………………………………… 196

　　(一)野心勃勃的林立果开始训练、使用"小舰队" ……… 196

　　(二)林立果枪杆子、笔杆子两手抓,紧锣密鼓地为武装

　　　　政变作准备 …………………………………… 197

　五、毛泽东的南巡谈话提前泄露,叶群、林立果一不做,

　　二不休,下决心谋害毛泽东,发动武装政变 …………… 198

　　(一)"批陈整风"汇报会期间,叶群差点要搞"571" …… 200

　　(二)"五一"节天安门上的 5 分钟对峙,预示着毛林

　　　　分道扬镳的日子已经为时不远 ………………… 201

　　(三)会见外宾时的突然离座,表明林彪处于某种可怕

　　　　的病态之中 …………………………………… 202

　　(四)中央关于国庆节前后召开九届三中全会和四届

　　　　人大的决定令林彪紧张不安 …………………… 204

　　(五)毛泽东南巡谈话大大刺激了林彪,他忧惧交加 …… 205

第七章　"两谋"流产 ……………………………… 213

　一、林立果虽有林彪"手令",然而威力有限 …………… 213

　二、林立果六神无主,举棋不定,所提谋害毛泽东的八种

　　方案均难以落实 ……………………………………… 216

　三、毛泽东突然改变行程,打乱了林立果的全部部署 …… 219

　四、"天时、地利、人和"等方面的致命弱点,注定了林立果

　　暗杀阴谋的必然破产 ……………………………… 222

目录

五、叶群、林立果还有第二个方案：暗杀不成，就南逃广州
另立中央 ·· 227

第八章　　仓皇出逃 ····························· 230

一、一周之内，北戴河林彪一家处于矛盾的旋涡中 ········· 230
（一）林家人口不多，但家庭关系极其微妙而复杂 ········ 230
（二）林家的事真真假假，让人云里雾里 ············· 235
（三）林彪一家四口有根本利益一致的地方，但在对
党和国家的形势认识尤其是对毛泽东的态度方面，
立场、观点并不相同 ······················· 236

二、林立衡的报告引起了周恩来的警觉，打乱了叶群、林立果
的部署 ·· 238
（一）林立衡从一开始就不同意林立果的密谋 ·········· 238
（二）临近最后时刻，林立衡开始小心谨慎地做工作 ······ 240
（三）林立衡的报告引起了中央的重视，但情况依然
并不明朗 ······························· 243
（四）周恩来警觉起来，开始查问256号专机情况 ······· 246
（五）叶群做贼心虚，同周恩来的最后一次通话促使其
改变部署，决定立即出逃 ··················· 247

三、林彪经过反复权衡，终于下定决心，立即亡命苏联 ········· 251
（一）林彪是在紧张、惊慌的气氛中出逃的 ············ 251
（二）林彪是自己走的，谈不上什么"挟持"和
"绑架" ······························· 253
（三）林彪、叶群、林立果上汽车前已经决定逃往苏联，
只是瞒着周围的一切人 ··················· 255
（四）林彪出逃前肯定作过激烈的思想斗争，他的选择
连他自己也知道是孤注一掷 ················· 257

第九章　机毁人亡 ·················· 262

一、林彪座机飞出国境后在温都尔汗坠毁 ·········· 262

（一）周恩来下令封锁 256 号专机，意在阻止林彪起飞····· 262

（二）李作鹏篡改周恩来的命令，放跑了林彪 ········ 264

（三）256 号专机因叶群、林立果的催促而油未加成，机组人
员未上齐就强行起飞，结果自己亲手埋葬了自己 ···· 267

（四）在北京的"小舰队"成员制定南逃方案和周宇驰、
于新野劫夺直升机，从另一方面证实了"两谋" ······ 269

（五）林彪座机在空中飞行 1 小时 53 分钟后，坠毁在
蒙古的温都尔汗 ················· 270

二、林彪座机越出国境后中央做了最坏的打算和最充分的
准备 ······················· 272

（一）周恩来调兵遣将，运筹帷幄 ··········· 272

（二）毛泽东强作镇静，宽容大度 ··········· 275

（三）得到林彪机毁人亡的确切消息后，毛泽东、周恩来的
反应发人深思 ················· 276

（四）黄、吴、李、邱"四大金刚"六神无主，惶惶不安 ····· 278

三、林彪出逃激起的外交波澜 ·············· 280

（一）中蒙关系再度受到冲击和考验，但缓和的总体趋势
最终没有受到影响 ··············· 280

（二）苏联克格勃积极介入坠机事件，苏联政府暗自
庆幸 ····················· 282

（三）国际上议论纷纷，各种猜测和传言不断 ······· 283

四、林彪坠机的原因探析 ················ 285

（一）因油料不够而紧急迫降 ············· 285

（二）一系列主客观原因导致迫降失败 ········· 286

（三）关于几种传闻的由来和匡正 ··········· 288

1.飞机是被中国方面击落的吗 ··········· 288

2.飞机是被苏蒙方面击落的吗 ·························· 290

3.飞机是在空中遇到麻烦了吗 ·························· 291

4.飞机上发生了枪战或搏斗吗 ·························· 292

5.潘景寅有可能发难吗 ······························ 293

6.可靠的结论是什么 ······························· 295

五、对于林彪出逃事件的几种主要评论 ·················· 296

第十章　　迷雾·疑团·争论 ························· 299

一、关于林彪手令 ································· 300

二、关于《"571"工程纪要》 ························ 301

三、关于林彪最后的心态 ···························· 301

四、关于林彪是否知道"两谋" ························ 302

五、关于林彪出逃前是否"吃过安眠药" ················· 303

六、关于林彪出逃前是否流泪和说过什么"民族主义者"
的话 ······································ 304

七、关于李文普是被打伤还是开枪自伤 ················· 305

八、关于林彪座机是否返回过山海关机场 ··············· 306

九、关于林彪座机机组成员未上齐 ···················· 308

十、关于林彪座机空中航线的偏移 ···················· 309

十一、关于林彪及林彪座机是否一度想返回,但上面不让
林彪降落 ··································· 311

十二、关于林立衡的报告及其对林彪的态度 ············· 312

十三、关于256号三叉戟上的黑匣子 ·················· 313

十四、关于外国某些当事人的不同说法 ················· 314

后　记 ······································· 318

前　言

在中国共产党的历史上，最神秘莫测、功过鲜明的人物，当属林彪；最惊心动魄、错综复杂的事件，当属"九一三"事件。

1971年9月13日，一个使中国乃至世界瞠目结舌的日子。

0时32分，一架编号为256的三叉戟飞机，在没有夜航灯光和一切通信保障、机组人员来不及上齐的情况下，从山海关机场强行起飞。

几乎与256号三叉戟飞机滑跑、起飞的同时，8341部队的追兵赶到，眼看已无法阻止飞机起飞，机场上枪声、呼喊声、汽车马达声，乱作一团。

1时50分，256号三叉戟飞机向西北方向飞行了一个多小时后，在中蒙边界414号界桩上空，突然进入蒙古方向，它越境了！

2时25分，在茫茫夜色中传来一声巨响，256号三叉戟飞机坠落在蒙古温都尔汗，随即草原上燃起了熊熊大火。

事后查明，这架失事的飞机是中国二号人物林彪的座机。机上9名乘员全部丧生，其中包括"副统帅"、中共中央副主席、中共中央军委副主席、国务院副总理兼国防部长林彪元帅，林彪的妻子、中共中央政治局委员、军委办事组成员、林彪办公室主任叶群，林彪和叶群的儿子、空军司令部作战部副部长林立果。

这就是震惊中外的"九一三"事件。

"九一三"事件的发生简直就是晴天霹雳！

　　林彪是权威日重的党的副主席，每天被全国人民敬祝为"永远健康"，其地位仅次于毛泽东，是上了党章的"接班人"，他怎么会"仓皇出逃，狼狈投敌"呢？

　　林彪是毛泽东的"亲密战友"，是毛泽东的"好学生"，被公认为"对毛主席最忠"、"跟毛主席最紧"、"毛泽东思想学得最好"、"毛泽东思想伟大红旗举得最高"，他怎么会策动反革命武装政变，企图谋害毛泽东呢？

　　林彪是赫赫有名的军事家，是威名远扬的常胜将军，一生戎马倥偬，用兵如神，决定中国命运的三大战役他指挥了两个，挥师四野从东北一直打到海南岛，他怎么会出此下策，以至满盘皆输、身败名裂呢？

　　林彪事件的发生，当时在许多人看来简直难以置信。

　　但是，这一切毕竟发生了。

　　10 年之后，即 1981 年 6 月 27 日，中共十一届六中全会通过了《关于建国以来党的若干历史问题的决议》。《决议》指出："一九七〇年至一九七一年间发生了林彪反革命集团阴谋夺取最高权力、策动反革命武装政变的事件。这是'文化大革命'推翻党的一系列基本原则的结果，客观上宣告了'文化大革命'的理论和实践的失败。毛泽东、周恩来同志机智地粉碎了这次叛变。"

　　一锤定音。

　　然而，围绕"九一三"事件的猜测、传闻乃至争论，却从未中断。而在个别问题、环节上的疑问和迷雾，也时时考验着人们的理智、良知和判断，吸引着世人关注的目光和好奇的心理……

　　彭德怀和陈伯达的反应，具有另一面的代表性。

　　1972 年 1 月初，监禁中的彭德怀听专案组宣布了林彪反党事件，长期与世隔绝的他难以置信。毛主席最亲密的战友、毛主席亲自选定的接班人，怎么会谋害毛主席？怎么成了可耻的叛徒，一下子从天上掉下来？党和国家究竟发生了什么事？他很长时间心神不定,烦躁不安。(王焰等编:《彭德怀传》,当代中国出版社1993年版,第736页)专案组叫他写揭发林彪问题的材料,他不解地说:"真没想到林彪这个事叫我帮助写材料。"7个多月后,专案组正式向他传达中发(1971)57号文件,谈林彪死的问题。他除了听到"中共中央正式通知:林彪于1971年9月13日仓皇出逃,狼狈投敌,叛党叛国,自取灭亡","三叉戟在蒙古境内的温都尔汗附近坠毁,林彪、叶群、林立果等全部烧死,成为死有余辜的叛徒、卖国贼",还听到了上次口头传达没讲的一段话:"我们党经历了十次重大路线斗争,这就是以毛主席为代表的马克思列宁主义路线,在新民主主义革命时期,同以陈独秀、瞿秋白、李立三、罗章龙、王明、张国焘为代表的六次机会主义路线的斗争,在社会主义革命时期,同以高岗、饶漱石,彭德怀,刘少奇,林彪、陈伯达为代表的四次机会主义路线的斗争。这十次路线斗争证明,各次机会主义路线的头子,由于他们的阶级本性和两面作风,是很难改造过来的。"当天夜间,他对看管人员说:"打电话给周总理,我相信他是革命的。这样把林彪杀了我有意见,他死我不同意。叫周恩来总理来亲自参加这个审查。请打电话给周恩来总理、董副主席(董必武——作者注),叫他们来亲自审我,我不活了。"(中共中央文献研究主编:《彭德怀年谱》,人民出版社1998年版,第835~836页)

陈伯达虽然比彭德怀知道"文化大革命"的情况多一些,也知道1970年的庐山会议上林彪并不痛快,但处于监禁中的他绝没有想到林彪事件的发生。据陈伯达儿子陈晓农介绍,陈伯达后来回忆当时情况时说:"十大公报点了林彪的名,我一无所知,还以为林彪也关在秦城监狱。到1980年审判时,给我看起诉书,我才知道林彪在1971年竟想谋害毛主席,乘飞机逃跑摔死了。我非常吃惊,这是真的吗?他为什么要这样做呢?倒就倒了,再怎么也不应该这样做嘛。"

林彪出逃,是"文化大革命"中发生的最重大、最惊人,也是最严酷的政治事件。事件的来龙去脉早已公布于众,事件的性质也早已有了定论：林彪出逃，客观上宣告了"文化大革命"从理论到实践的失败。但也留下了层层迷雾和种种疑团，多年来为国内外所关注、猜测，各种说法不胫而走，甚至各执己见，争论不休……把这些说法、猜测、质疑、争论汇集起来，加以分析和判断，对看清整个事件的真相是会有帮助的。

第一章 坠机之谜

一、有关林彪坠机的种种说法

林彪的出逃和 256 号专机的坠毁,是地地道道的突发事件,无论对于中国还是对于蒙古方面来说,都是出乎意料的。

当林彪的座机起飞后,毛泽东主席和周恩来总理都不知道他的真实意图和最终去向。周恩来只知道情况有异,问题严重,于是下令打开雷达,严密监视。飞机自北戴河起飞后,开始是向着北京方向飞的,但当 14 分钟后飞机缓缓转弯,然后向西再向北,情况愈发显得不妙之后,周恩来果断地向空军司令部调度室发出命令:"请你们向 256 号飞机呼叫,希望他们飞回来。就说不论在哪个机场降落,我周恩来都到机场去接。"(邵一海:《"联合舰队"的覆灭》,春秋出版社 1985 年版,第 291 页)然而 256 号飞机虽然开着无线电,听到了地面的呼叫,但就是不肯作任何回答。

林彪的座机一越出国境,原本已有某种预感的周恩来所最担心的事情终于发生了,他气愤地骂了声"叛徒",立即从人民大会堂驱车前往中南海,当面报告了毛泽东。随后,两人决定,向全国发布禁空令:关闭所有机场,所有飞机一律停飞。

根据毛泽东的指示,周恩来连夜召集在京的中共中央政治局委员开会,宣布林彪叛逃事件,主持研究应付各种情况的应急措施。

　　彻夜未眠的周恩来,亲自给全国 11 个大军区和 29 个省、市、自治区主要负责人打电话,通报林彪外逃的情况,要求各地坚决听从党中央、毛主席的指挥。出于保密的考虑,周恩来使用的是经过斟酌的语言:"庐山会议第一次全会上第一个讲话的那个人,带着老婆、儿子,坐飞机逃往蒙古人民共和国方向去了! 你们要听从党中央、毛主席的指挥,从现在起,立即进入紧急备战。"当有的受话人一时反应不过来,还要进一步询问时,周恩来马上打断其话语,着急地反问道:"怎么,你还不明白吗?"(金冲及主编:《周恩来传》,中央文献出版社 1998 年版,第 1041 页)

　　9 月 13 日上午,周恩来召集军委和总参有关领导开会,分析林彪外逃可能出现的军事动向,研究内防政变、外防侵略的兵力部署。决定集中 3 个机械化师、2 个坦克师、1 个炮兵师、4 个警卫师,共 10 个师的精锐部队,由北京卫戍区统一指挥。京北南口,京东首都机场,京南保定以北,是重点防御地区;防空降、防机降、防机械化部队突袭,是主要作战方式。当晚,各部队进入了预定作战区域。

　　中南海内加强了警戒,增加了警卫兵力,修筑了掩体,架设了机枪和防空武器。毛泽东悄悄搬出了中南海原来的住房,来到人民大会堂 118 厅暂住。

　　9 月 14 日上午,外交部专门研究了外交对策。当时作了四种估计:(一)由林彪出面公开发表叛国声明;(二)由林彪或其他人通过外国广播或报纸发表谈话;(三)林彪及其追随者暂不露面,也不直接发表谈话,由外国通讯社客观报道林彪已到达某国某地;(四)暂不发表消息,以观国内动态。会议分别讨论了在上述情况下的对外交涉和如何表态问题。据说,针对第一种可能,还起草了《政府声明》的稿子,以备急需。(孙一先:《在大漠那边》,中国青年出版社 2001 年版,第 169~171 页)

　　这一切都说明,毛泽东和周恩来都对林彪的出逃颇感意外,都不知道林彪出逃后会采取什么样的举动,中国所面临的会是什么样的局面,他们作了最坏的打算。

最先得知 256 号三叉戟飞机坠毁消息的,是蒙古方面。不过,他们也不知道这是林彪的座机,他们根据飞机失事的残骸判断,这是一架中国的军用飞机。

头一周双方外交部门的交涉,事后看来是戏剧性的。

9 月 14 日上午 8 时 30 分,蒙古外交部副部长额尔敦比列格紧急约见新上任的中国驻蒙古大使许文益,通报说 13 日凌晨 2 时左右,在蒙古肯特省贝尔赫矿区以南 10 公里处,有一架中国的喷气式飞机失事。飞机属于中国人民解放军空军的飞机,乘员 9 人,包括 1 名妇女,不幸全部遇难。他就中国军用飞机深入蒙古领土提出口头抗议,希望中国政府就此事作出正式解释。

许大使闻讯大吃一惊,他不敢怠慢,立即将这一情况报告国内,请示如何处理。中午 12 时 50 分,驻蒙古使馆的特急电报便送到了中国外交部代部长姬鹏飞手上。正在主持外交部核心领导小组会议的姬鹏飞看罢大喜,那颗原本极度紧悬的心随即放了下来,向与会者说了这样一句话:"机毁人亡,绝妙的下场!"并立即派人把电报送到人民大会堂,报告正在那里的毛泽东和周恩来。大约 14 时左右,已连续工作 50 多个小时没有合眼、刚刚入睡的周恩来被紧急叫醒,首先看到了电报。他顿时异常兴奋,连声说:"啊,摔死了!摔死了!"顾不上换下睡衣,亲自拿着电报快步前往 118 厅向毛泽东报告。

这样,毛泽东和周恩来在林彪出逃大约 36 个小时之后,知道了林彪机毁人亡的结局。他们舒了一口气,因为人一死,此前许多迫在眉睫的担心也就稍微可以放缓了。但他们依然决定,在没有拿到林彪摔死的确凿证据,没有完全弄清事实真相之前,对内对外都要严格保密。于是,外交部指示驻蒙古使馆继续就飞机失事原因进行调查和交涉,并把进展情况随时报告国内。

9 月 18 日,在林彪出逃 5 天之后,中共中央发出了第一份通报林彪叛逃的文件。在这份著名的编号为 57 的文件中，劈头一段就是："中共中央正式通知：林彪于 1971 年 9 月 13 日仓皇出逃，狼狈投敌，叛党叛国，自取灭亡。"

自此，对"九一三"事件的传达按照由上而下、先党内后党外的顺序陆续展开，林彪出逃事件向世人公开了。大约到国庆节前后，国内外就都知道中国发生了惊天动地的事变，林彪和毛泽东决裂，因发动政变不成，出逃中摔死了！

此后，国内外围绕林彪座机的坠毁，出现了种种猜测和说法，概括起来有：

（一）西山遇害说

此说出自一本 1983 年在美国出版的英文新书，书名为《The Conspiracy and Death of Lin Biao》，作者 Yao ming le。1983 年 6 月，由台湾时事文化出版事业有限公司译成中文，书名译为《林彪的阴谋与死亡》，作者译为姚明理。1983 年 8 月，香港远东评论出版社也将此书翻译出版，书名译为《林彪之死——流产政变幕后秘辛》，作者则译为姚明乐，并指出按中文谐音"要鸣了"的意思。

在这本书中，说林彪、叶群是在西山参加了毛泽东精心安排的晚宴后被火箭打死的，在温都尔汗坠毁的三叉戟飞机是林立果乘坐的，中央文件所公布的坠机现场的照片出于伪造。

书中是这样描绘的：

> 林立果当上空司作战部副部长之后，就刻意发展"上海小组"等秘密组织。有一天，他对周宇驰说，要准备暗杀并推翻毛泽东，要周起草武装政变计划，并强调这是他爸爸的意思。事隔不久，林彪叫吴法宪去，向吴交了底："现在主席是决心要我在他之前死，他也要你们全部陪我到八宝山去"，因此必须"使用特别手段"，

"迅速行动,控制情势","毛泽东的旗子不必摘下,但他的权力要除掉"。之后,吴法宪获知林彪已经同黄永胜做过类似的谈话,很快也要同李作鹏、邱会作谈。

林彪自己构想的"特别手段",是与林立果的阴谋并行的另一套"宫廷政变计划",叶群和黄、吴、李、邱"一致赞许计划精妙"。计划的核心是制造中苏冲突,同时借机杀掉毛泽东。实施办法一个是对苏联发动突然袭击,另一个是事先同苏联秘密接触,请苏联合作制造战争;战争爆发,就请毛泽东躲到"玉泉山的工事"自保,然后用毒气弹把毛杀死,尸体烧成灰烬;达到目的以后,就同苏联"从战争转为休战,敌对转为结盟"。计划既定,林彪一伙就让总参谋部的苏军情报处物色了一个两面间谍吴宗汉,让吴向苏联转达他们的意图。但是苏方不相信,认为纯属开玩笑。

林彪和林立果的暗杀计划,被周恩来从几条途径获悉,周马上通报给毛泽东和汪东兴,建议即刻结束南方巡视之行,而且在抵达北京之前,要作出如何对付林彪行动的确切的决定。在毛泽东抵达天津的时候,周恩来通知毛,林彪意外地从北戴河回到了北京。

9月12日晚8时10分,林彪、叶群带了海鲜和人参等礼物,抵达毛泽东在"玉泉山"的别墅。席间,毛泽东专门打开一瓶明朝的老陈酒招待林彪夫妇。毛先谈到南方巡视的经过,以及旅途的愉快,后又谈到关于长寿的研究,并和林彪相互夹菜,气氛亲切而热烈。宴席也有江青、周恩来、康生、汪东兴参加。宴席结束,这几个人提前告辞,主席又挽留林彪、叶群谈了20分钟。晚8时54分,林、叶正式告辞,毛泽东和汪东兴目送他们上车。

晚11时整,毛的别墅内外都听得见接连两次巨大的爆炸声。原来,是林彪的座车以时速15公里驶过别墅外曲折的小路,在拐弯处离路障七至八米处滑停下来。这时,埋伏在附近的8341部队的爆破小组,看到发射火箭的信号发出来了,随即扣动扳机,瞬间一声震耳欲聋的爆炸声,一枚40厘米火箭弹不偏不倚打到汽车后部,接着第二枚火箭弹射向汽车的中部,汽车有好几部分在火焰里飞向空中。前座的两个人被炸得粉碎,后座的妇女,腰以上被炸成一堆破布与骨头,坐在她身边的男人炸得只剩下半边脸,但身体尚有部分完好无损。

这些照片与中央办公厅公布给高干看的照片大不相同,后者是驻蒙古的中国大使馆在飞机失事现场拍摄的。不用说,林彪躺在飞机残骸里的照片,和叶群、林立果的照片一样,都是经过改造的。

当时已到西郊机场的林立果突然之间变得不知所措,周宇驰叫他立即乘三叉戟飞机起飞。林立果问周自己怎么办,周说他可以乘直升机逃走,将在约定的地点会合。

周恩来找黄永胜谈话,说林彪已供认了他的秘密活动,将听候命令,接受审查。黄永胜感到已无回避余地,林彪屈服了,他只能跟着做。周令黄给吴法宪、李作鹏、邱会作打电话,说他已认罪。这几个人看到已别无选择,也都俯首认罪。周要吴法宪到空军指挥所去,向各军区空军和指挥中心发布命令,禁止全国各机场起降任何飞机,并问他是否可以迫使逃走的那架喷气式飞机下来。吴指示北京空军司令李际泰,派4架歼7飞机,从杨村机场起飞,去内蒙古追那架三叉戟喷气机。当那架飞机朝中蒙边境飞去时,周问吴怎么办,吴主张将它击落,周同意,吴就让李际泰下令靠近边界地区的3个导弹营发射地空导弹。那架飞机进入蒙古领空后,就从雷达屏幕上消失了。据空军的攻击效果分析报告认为,第一批导弹已将这架飞机击中使其受伤,但驾驶技术高明的潘景寅,立即降低高度躲避雷达追踪。

256号三叉戟飞机坠毁后,在乌兰巴托的中国大使馆派人到失事地点展开调查。大使馆用电报传回北京外交部呈周总理的秘密报告上,标有"81029号绝密文件"字样,里面说坠机的乘客年龄在20至50岁之间。大使馆努力安排把尸体运回中国,但后来接到一项命令——事实上是毛泽东直接下达的——要把尸体就地埋在坠机地点附近。

苏联和蒙古均派技术人员对已埋葬的尸体进行检验,至少有一些苏联的验尸人员不相信林彪是那次坠机而死的乘客之一。

此说纯属荒诞不经的恶意捏造。(孙一先:《在大漠那边》,中国青年出版社2001年版,第318~325页)

(二)导弹击落说

此说又分为两个分支,一个分支是中国击落说,另一个分支是苏蒙击落说。

所谓被中国击落,是说毛泽东、周恩来见林彪叛逃,怕他逃往苏联后在苏联的帮助下打回来,或在外策动、指挥中国内战,便下令解放军用地空导弹将林彪的座机击落了。

此说在林立果选中的"未婚妻"张宁的书中有过披露。张宁对林彪座机的坠落前后说法是不一致的。她在《张宁:自己写自己》一书中写道:"空军司令吴法宪,12日当夜与周恩来一起监视雷达跟踪情况,吴法宪与叶群关系密切,怕惹祸上身,主动建议道:'要不要把它打下来?'周恩来当时是制止的。"(张宁:《张宁:自己写自己》,作家出版社1998年版,第257页)但她在《尘劫》(张宁:《尘劫》,香港明报出版社,1997年出版发行)一书中,又借用第二炮兵一位转业军人的话说,飞机是被导弹打下来的。这位转业军人说:"当年出事时,我在基地当兵,我们接到开炮命令,不知道是什么目标,以后听到文件传达,心里才明白是林彪座机。"张宁问他是不是搞错了,打的恐怕是周宇驰劫持的飞机。这位转业军人笑道:"打直升机哪用导弹?周宇驰的直升机是在北京郊区迫降的,根本没用开炮。我们导弹发射的方向不是北京。我们用的是新式导弹,弹头

进去反向爆炸,当时打伤了飞机。"(孙一先:《在大漠那边》,中国青年出版社 2001 年版,第 350 页)

所谓被苏蒙击落,是说林彪座机越过中蒙边界后,由于事出突然,在苏蒙警戒雷达上出现大飞机回波,苏蒙方面以为是中国方面入侵的轰炸机,便发射地对空导弹,将其击落了。

此说的背景是:当时中苏、中蒙关系紧张,两年前即 1969 年 3 月,曾发生过珍宝岛事件,中苏两国边防部队在中国东北乌苏里江上的珍宝岛发生过武装冲突,差点酿成大规模战争。有消息说,苏联国防部长格列奇科元帅甚至扬言要对中国进行"外科手术"式的核打击,"一劳永逸地消除中国的威胁"。而蒙古追随苏联反华,苏联在中蒙边界陈有重兵,林彪座机进入的方向远程警戒雷达、防空导弹阵地不少,离温都尔汗不远的军用机场还驻有苏联的一个航空兵师。据林彪座机坠毁现场附近的蒙古老百姓称,曾听到一阵"难听"的"嗡嗡声",看到"从西南向北飞过来一架冒着大火的飞机,飞得相当低,在巴图脑尔布苏木上空,绕图门山转了一圈,顺着扎森山谷向西南方向飞行,声音越来越大,大概不到 20 分钟,在苏布尔古盆地坠毁。当时没有听到大的爆炸声,只看到现场大火连天"。据此揣测,很可能是林彪座机被苏蒙导弹击中而坠毁。

被导弹击落的这两种说法有一个共同点,就是导弹先将飞机击伤,然后飞机在试图迫降时坠毁,而不是被导弹打得凌空爆炸。

这种导弹击落说还有一个重要根据:飞机机翼的翼根处,有一个直径 40 多厘米的大洞。(孙一先:《在大漠那边》,中国青年出版社 2001 年版,第 194 页、第 359 页)

(三)迫降失事说

此说是坠机现场中方勘察人员、军内有关专家通过分析而得出的结论。

此说认为 256 号飞机的坠毁，是迫降失败造成的。在漆黑的夜间，在异国不明的土地上，又是在没有地面组织指挥的情况下迫降，是极其危险的。这一点，林彪座机的飞行员肯定清楚。但飞机之所以要实施迫降，也是万不得已，原因是油料不够，已经无法继续飞行。三叉戟飞机加满油为 21 吨，9 月 12 日晚从北京西郊机场飞往山海关时，没有加满，只加了 15 吨油。而林彪从山海关仓皇出逃时，由于急促，没有来得及加油。据估算，飞机从山海关机场起飞时，油箱存油 12.5 吨，从山海关到坠毁地点，共飞行约 120 分钟，耗油约 10 吨左右，这样，飞机存油量只有 2.5 吨左右，而这时油箱还有一部分油，因为油泵抽不上来，不能使用。这样，飞机要为避开雷达继续低空飞行，最多只能飞 20 多分钟。尽管坠毁地点离温都尔汗的简易机场只有六七十公里，如果到那里降落的话油量是够的；但由于机上没有领航员，地面没有导航，夜间飞行员很难确定自己的确切位置，加上这是一条生疏航线，飞行员心情紧张——一则因为仓皇出逃，技术方面毫无准备；二则属于偷越国境，担心被苏蒙防空部队击落，这诸多因素，决定了飞行员急于夜间迫降求生。正是由于地形复杂，心情紧张，机组人员不齐——专机机组原本 9 人组成：机长、第一副驾驶、第二副驾驶、领航员、通讯员、主管机械师、机械师、特设师和空中女服务员。但匆忙登上专机的机组人员只有 4 人：机长潘景寅和 3 名机械师——没有地面导航，迫降动作又没有做好，结果导致了飞机的失事。失事飞机的机头方向，是往回飞的方向。

支持这一说法的还有时任蒙古人民革命党政治局委员的莫罗扎姆茨对记者的披露："我们最先发现飞机时并非是其正穿越我们的国境，而是它已经飞越了我国领土，它向苏联人表示：'让我们进入。'但苏联人拒绝了。我们得知如果此飞机继续飞行，它将被击落，这就是飞机当时为什么会掉头转弯。"莫罗扎姆茨说，他是在飞机坠毁几个月后，在一次与一位资深苏联军官的偶然聊天中获悉这一资讯的。

(四)机上搏斗说

此说认为飞机的失事,是因为飞机上发生了搏斗,导致飞机失去控制而坠毁。

1972年1月英国《新观察家》驻莫斯科记者报道说,他听苏联人讲,苏联专家把已经烧焦的林彪尸体整理出来,发现尸体上中了9颗子弹,呈蜂窝形。而在温都尔汗的坠机现场,也发现了散乱的几把手枪和多发子弹。这位记者和这家报纸的意思是想证明,机上有人得知林彪要叛党叛国,于是向林彪开枪,引起混战和搏斗,导致飞机失去控制,从而机毁人亡。(孙一先:《在大漠那边》,中国青年出版社2001年版,第274页)

(五)自杀殉职说

此说将矛盾的焦点集中在驾驶员潘景寅身上,基于对潘景寅是位优秀的忠诚于祖国的飞行员的分析而成。

此说认为,潘景寅原先并不知道林彪要往苏联跑,他以为林彪要连夜回北京,或者去大连、广州。作为林彪专机的机长,无论从政治上还是从技术上讲,都是经过严格挑选,忠诚可靠的。平时,潘景寅当然是绝对服从林彪、叶群、林立果命令的,林彪、叶群、林立果让他往哪里飞,他就往哪里飞,不会打半点折扣。但当林彪、叶群、林立果命令他越过边界,飞往蒙古、苏联的时候,他动摇了。他很明白飞出国境意味着什么,很明白"苏修"、"蒙修"都是中国的敌人,也很明白叛党叛国这个罪名的极端严重性,那样不但会葬送他本人的政治生命,还会连累他的家人,使他们一夜之间变成反革命家属。况且,林彪的叛逃会在国内外引起严重后果,给祖国和人民带来无法预料的灾难。从党和人民的最高利益出发,受党教育多年的他经过一番激烈的思想斗争,终于决定横下一条心,不惜和飞机同归于尽,也要粉碎林彪叛国投敌的罪恶阴谋。于是,他采取了看起来是因油料不够而迫降逃生,实际上是用自杀殉职来报答党和人民培养教育,用同归于尽来中止林彪可能给国家带来巨大灾难的壮烈行动。

此说有邓小平的一段话作根据。1980年11月15日,邓小平在接见美国《基督教科学箴言报》总编辑厄尔·费尔谈到"九一三"事件时说:"据我个人判断,飞行员是个好人,因为有同样一架飞机带了大量的党和国家机密材料准备飞到苏联去,就是这架飞机的飞行员发现问题后,经过搏斗,飞机被迫降,但这个飞行员被打死了。"按照邓小平的逻辑和推断,既然"同样一架飞机"的飞行员是个好人,可以英勇搏斗,那么256号专机上的飞行员也是个好人,也就不排除他采取自杀殉职行动的可能性。(孙一先:《在大漠那边》,中国青年出版社2001年版,第282页,以及1980年11月24日《人民日报》)

二、有关林彪出逃的种种说法

与林彪座机是如何坠毁有种种说法的同时,对于林彪是如何出逃的,亦即林彪出逃的经过和心情,他是主动出逃还是被动出逃(乃至被挟持、绑架),是事先预谋出逃还是随机应变出逃,是镇定自若出逃还是胆战心惊出逃,是心存复仇希望出逃还是心灰意冷绝望只为避难求生出逃,也有种种说法。

(一)预谋已久说

此说集中反映在林彪出逃后的官方文件和报刊上发表的批判文章中。

此说认为,林彪的出逃,不是偶然的,是他在中共九届二中全会上发动"和平接班"的政变方式不成,继而策动反革命武装政变又不成的结果,也是他长期以来同苏联修正主义相勾结的结果。林彪的武装政变阴谋,始自庐山会议(即九届二中全会)结束后,其中1971年春的"批陈整风"期间一度要实施,而在得知毛泽东南巡谈话内容后决意下手。汪东兴说:"在庐山九届二中全会上遭到挫败的林彪一伙并不改弦易辙,反而在会后很快开始了谋害毛主席、进行反革命武装政变的阴谋活动。""'批陈整风'以后,林彪一伙不仅不思悔改,反而铤而走险,积极策动武装政变活动。"(汪东兴:《毛泽东与林彪反革命集团的斗争》,当代中国出版社1997年版,第179~181页)由于林彪曾长期在苏联养伤,与苏联有特殊背景和联系,因此,他反对毛泽东的活动有苏联的背后支持,而他出逃的目的地又正是苏联。其中说明林彪出逃有苏联国际背景的材料,是九届二中全会期间苏联党和军队领导人的活动情况。中央专案组整理下发的《粉碎林陈反党集团反革命政变的斗争(材料之一)》中说:"九届二中全会召开期间,正当林陈反党集团兴风作浪的时候,苏修叛徒集团遥相策应。1970年8月26日,勃列日涅夫偕同国防部长格列奇科率领的武装部队代表团,窜到中苏边界附近的阿拉木图,在那里发表蛊惑人心的讲话,举行大规模的军事演习,出动了火箭、炮兵、坦克和空降部队。随后,勃列日涅夫又到接近我国的塔吉克、吉尔吉斯、土库曼、乌兹别克等中亚地区活动,一直待到9月9日,我党九届二中全会闭幕以后,他才离开中亚。格列奇科还到后贝加尔、蒙古等地活动,视察中苏边界地区的武装部队,叫嚷边防军要'加强战斗准备',对我施加压力。同时,继续发表反华文章,对我进行恶毒攻击,但却不点林彪的名,集中攻击毛主席为首的党中央。1971年6月至9月上旬,苏修反华文章急剧增加,据初步统计,苏修中央一级的报刊、电台发表和广播的反华文章,竟达796篇。这一切绝不是偶然的。"

(二)仓皇决定说

此说认为,林彪的出逃,是关键时刻的临机决策,也是仓皇之间失去理智的无奈选择。

林彪、叶群、林立果原来估计,毛泽东南巡不会很早结束回北京,他到了上海,至少要住些日子,最快也要9月下旬回北京,只要不耽误回北京过国庆节就行了。想不到毛泽东一反常规,在上海不但没有住,而且没有下火车,而在由上海回北京的路上,连南京、济南、天津等地都没有停,一路风驰电掣,急如星火,出人意料地于9月12日午后提前回到了北京。连续6天策划谋害毛泽东的林立果闻讯大惊失色,明白乘毛泽东南巡期间将其谋害的计划已经彻底破灭,立即将这个重要情况报告了北戴河的林彪、叶群。林彪、叶群见势不妙,决定立即采用第二方案,转移到广州。林立果对"小舰队"作了13日上午南逃广州另立中央的一系列安排后,乘256号专机于12日晚离开北京去北戴河。岂料,林彪、叶群的女儿林立衡向驻北戴河的8341部队报告了林彪企图南逃广州,可能要叛国的情况。周恩来接到8341部队的报告后当晚查问叶群是否调去了专机,并一查到底,指令专机不许动,并表示要去北戴河看望林彪。这下,本来已成惊弓之鸟的叶群更是惊上加惊,她以为中央发现了他们谋害毛泽东、南逃广州另立中央的阴谋,认为形势已经发展到箭在弦上的危急时刻,再也不能在北戴河坐以待毙了。

正是在这种情况下,深夜她和林彪仓促决定,以变应变,不等明天了,连夜立即行动,改南逃为北叛。

(三)挟持绑架说

此说认为,林彪出逃,阴谋来自叶群、林立果,完全是叶群、林立果挟持绑架的结果。

此说的主要代表人物是林彪、叶群的女儿林立衡(林豆豆)和林立果选中的未婚妻张宁。

张宁的说法比较含蓄,她在《张宁:自己写自己》一书中,说"九一三"事件前夕的林彪处境危险,林彪的安全受到叶群、林立果的威胁,在叶群和林立果围着林彪密谋的时候,林彪直到夜里11点多钟始终沉默,最后还哭着说"我至死(一说"至少")是民族主义者",可见林彪

的出逃是犹豫不决的，是不情愿的。(张宁：《张宁：自己写自己》，作家出版社1998年版，第235页、第244页)

林彪出逃前"流泪"和说自己"至死(至少)是民族主义者"的情节，在另一本出版于1988年11月写张宁的书中还有所描写。书中说，当时林立衡交代内勤小陈进林彪房间去偷听，看林彪、叶群、林立果说些什么。小陈出来后对林立衡说："我进去了，以送茶的名义悄悄进去的。开始他们没有发现我，我见首长坐在沙发上，他在流泪。主任和立果蹲在首长脚边上，说话声音很轻，我听不清楚，只听到一句……首长说：'我至死都是个民族主义者……我还想再听，立果发现了我，他一下子冲过来，将我推出门，又将门给关死了……"(胡平：《乱世佳人》，江苏文艺出版社1988年版，第182页)这就是说，出逃前的林彪并不是凶相毕露、斩钉截铁，而是痛苦万分，难下决心。凭他这样的思想准备和精神状态，如果不是叶群、林立果下手挟持绑架，是很难想象的出他去叛国投敌的。

同张宁的说法稍有差异的是，林立衡的说法直截了当，她认为林彪的出逃罪责在叶群、林立果，林彪是受制于叶群、林立果，他是受害者。1977年冬天，林立衡同父异母的姐姐林小琳曾特地赶到郑州看望她，询问"九一三"事件的有关情况，她说："林彪是被毛泽东逼走的"，"是林立果和叶群绑架把他弄上飞机的"，"中央公布的那些材料不真实。""我在'九一三'后写的材料是谢静宜逼供信并有意篡改而成的"。

1990年以后，随着时间的推移，国内政治环境的逐步宽松，林立衡更是不断通过境内外各种书刊毫不隐晦地宣传她的这一观点。(高厚良口述，高德明整理：《"9·13"之后的林立衡——暨说给豆豆的知心话》，原载2000年第9期《中华儿女》杂志)

有知情人说，当时从林彪出逃乘坐的红旗牌轿车里，曾发现了遗落的用于捆绑的绳子和堵口用的毛巾，这是很耐人寻味的。

(四)欺骗蒙蔽说

此说认为,尽管林彪和毛泽东产生了很深的矛盾,两人已经结束了"亲密战友"的关系,但林彪的出逃,毕竟不是他的本意,而是受了叶群、林立果的欺骗蒙蔽。

此说认为,叶群、林立果的阴谋是背着林彪干的,至少像谋害毛泽东、发动武装政变、到广州另立中央这些石破天惊的大事,林彪并不完全知情。相反,毛泽东毫不客气地点了林彪名的南巡谈话,叶群、林立果在得到武汉、广州亲信的密报后,立刻报告了林彪,并大肆渲染林彪面临的危险局面,加剧了林彪同毛泽东的矛盾和对立。在林彪身体不好,外面的事情不愿多加过问,凡事由叶群代为出头露面、当家做主的情况下,加之林彪喜欢儿子林立果,着意培养、锻炼,而林立果又偏偏是野心勃勃、杀气腾腾、少年得志、喜欢妄想、热衷于密谋、做事不择手段、不计后果的政治狂人。这样,林彪也就很容易受到叶群、林立果的蒙蔽和左右,并且注定要为叶群、林立果的个人野心和轻举妄动付出惨重的代价。

尤其是林彪外逃,是在已经服安眠药入睡、头脑不清醒的情况下,被叶群、林立果欺骗、蒙蔽,强拉硬拽弄走的。张宁在《张宁:自己写自己》一书中写道:当叶群得知周恩来查问256号专机情况后,便慌了神,"带上林立果直奔林彪卧室,小陈和小张(林彪的两个内勤)见状跟进,见叶群扑向床头一把拉起进入睡眠状态的林彪,大声喊道:'快起来吧!有人抓你来啦!快穿衣服走吧!'"(张宁:《张宁:自己写自己》,作家出版社1998年版,第249页)这样,还在迷迷糊糊之中的林彪,同样迷迷糊糊地被妻子、儿子拉上了不归之路。

(五)病态发作说

此说认为,林彪的出逃,其实是他精神疾病的一种发作。

此说的根据之一，是林彪的医生曾经对人这样说："林彪有精神病，有那病的人，在某些领域里，和正常人一样，而在另外一些领域里，他就是个白痴。总括起来，林彪是个行为能力不健全的人。"（官伟勋：《我所知道的叶群》，中国文学出版社1993年版，第207页）

林立衡虽然没有说林彪有精神病，但也承认林彪的精神情况异于常人。她曾在材料中写道："林彪在公开场合讲的许多话，是中央有人给他服了一种药，改变了他的思维和精神状态。"（高厚良口述，高德明整理：《"9·13"之后的林立衡——暨说给豆豆的知心话》，原载2000年第9期《中华儿女》杂志）

英国著名作家韩素音也认为林彪的精神不正常。她说："林彪的传记作者还没有深入探索他的个性和心理状态。可以肯定，林有精神分裂的征兆，有时郁郁不乐，有时又兴高采烈，近乎疯狂。据说他吸过毒，经常打吗啡和吸鸦片，不过他什么时候染上吸毒的习惯并不清楚。怕冷、怕风特别是怕穿堂风，怕热又怕虫子。他患忧郁症，外出时总带着一提箱药品。聂荣臻说：'他很少说话，他老是担心他的身体。'"（安建设编：《周恩来的最后岁月》，中央文献出版社1995年版，第131页）

也有的说，林彪的精神病，源于抗日战争初期，他在山西被阎军误伤，中弹后伤到了神经中枢，留下了后遗症。林彪平常不喜交往，喜欢一个人在黑暗中久久呆坐，还喜欢划火柴嗅火药味，除了说明他原本就性格孤僻之外，还说明他患了老年痴呆症和抑郁症。

总之，此说认为，林彪的精神不健全，思维能力严重退化，已经远不是战争年代那个指挥千军万马的常胜将军。他的出逃决策是如此丑陋拙劣，正是他糟糕透顶的身体给他开的一个荒唐透顶的要命玩笑。

三、深入探析"九一三"事件的必要性

林彪出逃，是中国共产党历史上的一个重大事件，其影响和震动，

远远大于当年张国焘逃离延安、投向国民党怀抱做特务的事件。

历史已经承认,毛泽东是一位高瞻远瞩、具有无可比拟的雄才大略的政治家;历史也不会忘记,林彪是一位战争年代战功累累、具有非凡的指挥才能的军事家。那么,为什么毛泽东错选了林彪,差一点成了林立果暗杀阴谋的受害者呢? 为什么林彪这个上了党章的"接班人",一反对毛泽东"恭维"、"忠于"、"紧跟"的常态,竟要凶狠地谋害毛泽东,发动武装政变呢? 林彪政治上是怎样演变和堕落的呢? 林彪集团是怎样形成和做大的呢? 林彪和毛泽东的矛盾是怎样产生、发展和激化的呢? 毛泽东是怎样对林彪由信任而失望,由怀疑而警觉的呢? 林彪是怎样下决心和毛泽东决裂的呢? 毛泽东又是怎样逃过劫难,林彪又是怎样一朝覆亡的呢……

这真是一部深邃神秘、惊心动魄而又充满玄机的"天书",真是一个任何时候听起来都毛骨悚然、发人深思的"天方夜谭"。其中所蕴涵的让党、国家和人民付出沉重代价的经验教训,确实值得从社会历史的角度,从政治生活的角度、文化传统的角度,从党和国家体制、机制的角度认真加以分析总结,以便以史为鉴,汲取教训,加强党和国家的民主与法制建设,防止"文化大革命"的悲剧重演,防止林彪一类人物的出现和林彪出逃一类事件的发生。

按照"任何存在的都是合理的"这种观点,林彪出逃事件的发生,绝不是偶然的,它带有深刻的历史必然性。但是,对这个必然性的认识,与对同林彪出逃事件连为一体的"文化大革命"的认识,却并非可以说已经深刻了,全面了,彻底了,经验教训汲取得到家了。何况,围绕整个事件,还有一些不甚明了之处,而国内外又不时出现一些不同的说法乃至别有用心的歪曲和纯粹而恶意的胡编乱造,把水搅浑了,影响了人们的正常思维和准确判断。

应当承认,我们面临的是一段并不完全清晰的历史,我们面对的是一个并不完全了解内情的社会,还有不少并不完全理智、完全清醒、完全深刻的受众，无论从哪个意义上——是从弄清历史事件本身，还是从廓清历史疑团、迷雾，是从正本清源、还历史本来面目，还是从维护党、国家和领袖形象，是从揭露、批判个人野心家、阴谋家，还是从对干部、群众进行民主法制教育，是从正确、全面、深刻汲取历史教训，还是从维护人民群众对党和国家重大事件的知情权——都应当本着对历史负责的态度，本着对党、对国家、对社会、对人民群众负责的态度，对"九一三"事件进一步进行深入科学的分析研究、考察探讨。

科学无禁区，科学研究也无禁区。因为任何一位历史人物、任何一桩历史事件，不论其脸谱如何、过程如何、结局如何、性质如何，都是一面镜子，一部教科书，应当予以充分利用，而不应当简单回避和放弃，更不应当刻意掩饰。今天，在政治清明、民主进步、法制健全、社会理智的情况下，完全有理由也有条件进一步深入探讨、剖析"九一三"事件。

第二章　历史上的毛林关系

　　林彪的出逃，固然不能完全归结于林彪和毛泽东的个人恩怨，甚至也不能简单归结于林彪和毛泽东的个人较量，但鉴于党和国家的体制机制，鉴于当时两人在党内的地位、作用和影响，鉴于当时党内的政治生活状况、双方力量对比和国内外局势，甚至鉴于两人的性格特征，毛泽东和林彪的关系又的确是决定林彪出逃的关键因素。或者说，考察林彪外逃，必须从考察毛泽东和林彪的关系入手。

　　毛林关系绝非一般意义上的个人关系，甚至亦非寻常的党和国家领导人物的个人关系，而是影响全局、牵动高层、举足轻重、带有根本意义的一种关系。

　　这种关系的影响力已经大大超出了毛林两人的范围，甚至从某种意义上说已经大大超出了毛林本人的驾驭范围，而赋予了更加深刻、更加复杂，也更加难以调和的意义，一旦产生嫌隙芥蒂，出现意见分歧，则斗争在所难免，输赢也必须见个分晓。

　　这，恐怕既是问题的渊源，又是问题的终结。

　　从相当重要的意义上说，它是剖析和揭开林彪外逃之谜的一把钥匙。

一、林彪是毛泽东的爱将吗

（一）井冈山时期，林彪进入毛泽东的视野

从历史上看，林彪和毛泽东走到一起，到林彪出逃坠机而亡，其间有 44 年之久。这 44 年中，新中国建立前占 22 年，新中国建立后占 22 年，几乎一半对一半。分析这一半对一半的历史，可以说明一点，林彪在毛泽东那里，除开最后的两年，从来都是有分量、有地位、有影响，受信任、受爱护、受倚重的。

战争时期 22 年，不妨可以说毛泽东造就了林彪，林彪也成全了毛泽东。

毛泽东年长林彪 14 岁，就革命资历而言，林彪自然和毛泽东相去甚远。毛泽东是中国共产党的创始人，当他作为 13 名代表之一在上海出席中共第一次全国代表大会的时候，14 岁的少年林彪还没有走出偏僻落后的湖北黄冈林家大湾。1925 年冬，当林彪刚刚成为一名中国共产党的新党员时，毛泽东已经是中国共产党中央局（相当于后来的政治局）5 名成员之一，进入了中共领导核心。1926 年 3 月，在国共合作的形势下，林彪进入黄埔军校第四期学习，当时毛泽东是国民党中央执行委员会候补执行委员，国民党中央代理宣传部部长。毛泽东和林彪同在广州，但是他们彼此还不相识。

林彪走到毛泽东身边是在 1928 年 4 月的井冈山会师。所谓井冈山会师，是由毛泽东领导的先期上了井冈山的秋收起义部队和朱德、陈毅领导的辗转来到井冈山的八一南昌起义部队之间的会师。井冈山会师对于中国革命来说是个重大事件，对于林彪本人来说更具有决定性意义。

1926 年 7 月 9 日，国民革命军在广州誓师北伐的时候，林彪在

黄埔军校还未毕业。到这年10月,北伐战争的发展需要大批军事、政工干部补充部队,扩大兵员,于是黄埔军校决定第四期提前毕业。这样,林彪就到了前线,被分配到武汉的叶挺独立团。当时,叶挺荣升为国民革命军第二十五师师长,兼武汉卫戍司令。叶挺独立团改为第七十三团,隶属于第二十五师,林彪在七十三团七连当见习排长、连长,参加了北伐进攻河南的战役。

国共合作的好景不长,1927年4月12日和7月15日,国民党反动派蒋介石、汪精卫先后背叛革命,发动了反革命政变。为打响反击国民党反动派的第一枪,周恩来、贺龙、叶挺、朱德、刘伯承等发动了"八一"南昌起义,林彪所在的七十三团参加了起义。起义军很快遭到失败,朱德、陈毅率领参加起义的部分部队,历尽千辛万苦,转年上了井冈山,其中包括已经当了连长的林彪。

在1928年5月4日召开的朱毛会师庆祝大会上,大会执行主席陈毅宣布成立中国工农革命军第四军(不久改称中国工农红军第四军,简称红四军),朱德为军长,毛泽东为党代表、军委书记,陈毅为政治部主任,王尔琢为参谋长。全军下设第十、第十一两个师,编9个团,1个军教导大队。南昌起义保留下来的部队编为第二十八团,是主力,林彪是该团第一营营长。(桂玉麟:《井冈山革命斗争史》,解放军出版社1986年版,第93页)

从此,林彪进入了毛泽东的视野。

在五斗江、新老七溪岭、永新、郴州等大的战斗中,林彪出色地显示了他的军事指挥才能,二十八团一营打得漂亮,这深得毛泽东赞赏。

由于二十八团是主力,团长由军参谋长王尔琢兼任。王尔琢是黄埔军校一期毕业生,德才兼备,政治上坚定,军事指挥上得力。但不幸的是,1928年8月25日,红四军主力冒进湘南失败,在撤回井冈山的途中,发生了二十八团二营营长袁崇全叛变投敌事件。王尔琢赶去喊话,希图把被袁崇全拉走的部队带回去,结果遭袁崇全枪杀。王尔琢牺牲后,军长朱德兼了一段时间的团长,便提升林彪当了二十八团团长。

　　林彪的提升,与毛泽东的信任和赏识分不开。此前,毛泽东曾提议过由林彪担任二十八团团长,但朱德认为,二十八团是主力团,团长必须十分得力,这才决定由军参谋长王尔琢兼任。王尔琢一牺牲,毛泽东又提议由林彪接任,但朱德没有马上赞成,于是由朱德又兼任了一段时间团长,这才交给林彪。

　　井冈山时期,从1927年10月毛泽东带领秋收起义的部队上井冈山,到1929年1月毛泽东、朱德带领红四军主力3600人离开井冈山进军赣南,总共一年多时间。林彪本人,从1928年4月跟随朱德、陈毅上井冈山,到跟随毛泽东、朱德进军赣南,在山上待了不到一年。但这一年,由于环境艰苦,战事频繁,他作为黄埔军校毕业生又懂得一些战术思想和军事知识,并且作为主力部队的营长、团长出色地参加和指挥了不少战斗,毫无疑问得到了毛泽东的重视和信任。

　　同在井冈山上参加革命斗争的萧克上将后来曾这样评价林彪的军事才能:"他是从见习排长逐级提拔上来的,平时注意训练,管理也严格,临阵有决心而且灵活。他喜欢读兵书,《曾胡治兵语录》和张乃燕写的《第一次世界大战史》,他都读过。他欣赏黄埔军校的一套,对军校的教程和条令都较熟。我们打下龙岩,缴到国民党政府在1928年颁布的军队操典。他看,我也看。他对我说,这个操典好。后来,选一部分由我刻蜡版,印发给大家看。他把干部集合起来,自任连长操演。我感到林彪军事上还行,但不是他俨然自得及后来有些人有意无意地吹嘘的十全将才。"(萧克:《朱毛红军侧记》,中共中央党校出版社1993年版,第19页)

　　林彪的战友如此评价林彪,独具识人慧眼的毛泽东,当然更会进一步看出林彪是难得的军事人才。

　　"文化大革命"中,毛泽东在批评"二月逆流"时,听到张春桥背后向他汇报陈毅所说的延安整风陈毅和周恩来都挨了整,立即变了脸色,说:难道延安整风也错了吗?还要请王明他们回来吗?那就叫陈毅上台,我下台,我和林彪上井冈山,江青枪毙,康生充军去!(徐向前:《历史的回顾》下,解放军出版社 1987 年版,第 834 页)"我和林彪上井冈山"一句,可见毛泽东对那段历史的看重,也可见毛泽东对井冈山时期他和林彪关系的珍视。

(二)中央苏区时期,林彪是毛泽东的左膀右臂

1929 年 1 月,毛泽东、朱德率领红四军主力离开井冈山进军赣南,正式拉开了创建中央革命根据地的序幕。

林彪拥护毛泽东关于红军南下出击的决策,他的二十八团担任先头部队,每战均负有重大任务。红四军下山初期,遇到了巨大困难。敌人重兵围追堵截,接二连三发生战斗。红四军人生地疏,常常找不到向导。几次战斗,红四军连连失利。其中如大余一战,林彪的二十八团在城东的警戒阵地被敌突破,军部被迫仓促转移,部队损失很大。随后在平头坳,转移之中与敌追兵接触,小有损失。接着在圳下,遭敌突袭,军部险遭覆灭,毛泽东在熟睡中被枪声惊醒,朱德身边的警卫员牺牲,妻子吴若兰被俘,陈毅披着大衣疾走,被突然冲上来的敌人一把抓住了大衣,陈毅立即把大衣向后一抛正好罩住敌人的脑袋,这才侥幸快跑得以脱身。

半个月后,红四军暂时摆脱追兵。2 月 10 日下午,红四军在大柏地与敌刘士毅部交战,次日上午告捷,俘敌团长以下 800 多人,缴获大批枪支弹药。林彪的二十八团作为主力,同敌进行了反复肉搏,才将敌歼灭。这是红四军下山以来所取得的第一次重大胜利,毛泽东欣喜异常,对林彪赞赏有加。

1929 年 4 月,红四军前委在福建的长汀县城对部队进行了整编。朱德仍任军长,毛泽东仍任党代表,陈毅仍任政治部主任,将原来的团改为纵队,军辖第一二三纵队。第一纵队是主力,林彪任纵队长(也称司令),陈毅兼任党代表。林彪手中有两个支队,支队干部配得相当强。第一支队支队长是王良,党代表是李赐凡;第二支队支队长是萧克,党代

表是粟裕。林彪所部共有 1200 人。

此后的斗争是艰苦的,然而红四军节节发展。红四军先后三次入闽,每次都消灭地方军阀一个旅,这样就在闽赣地区建立了相当一块根据地和游击区。在这段时间的斗争中,林彪的第一纵队作为主力,听指挥,能打仗,深得毛泽东喜爱。

1929 年 12 月 28 日,一度被迫去职的毛泽东重回红四军,立即在福建上杭县古田镇召开了红四军第九次党代表大会,通过了著名的《古田会议决议》。古田会议改选了红四军前委,选出了毛泽东、朱德、陈毅等 11 人为前委委员,其中包括林彪,林彪的地位上升了。

1930 年 2 月,决定组建红军第一路军,不久改称红一军团,朱德、毛泽东分任红一军团的军团长和政委。在毛泽东、朱德不再兼任红四军的职务之后,林彪被提升为红四军军长。红四军的政委、军委书记是潘心源,但潘没有到职,这样,红四军一度由林彪一个人当家。由此,不难看出毛泽东对林彪的信任和器重。

在开辟赣南闽西根据地的斗争中,谁都知道毛泽东指挥红军作战,有三位著名战将:一个是林彪,一个是彭德怀,再一个是黄公略。

不出半年,林彪又由军长提升为军团长。由于成立由红一军团和红三军团组成的红一方面军,朱德担任红一方面军总司令,毛泽东担任红一方面军总前委书记、总政委,这样,林彪就担任了红一军团军团长。由于红一军团是红军的主力部队,毛泽东精心配备了军团的领导干部。从中央军委新调来的聂荣臻当了军团政委,陈奇涵是军团参谋长,罗荣桓是军团政治部主任。红一军团下辖第三军、第四军和第十二军,共有 2 万余人,兵强马壮。任军团长的林彪,年方 23 岁。(张国琪,李国祥:《中国人民解放军发展沿革》,解放军出版社 1984 年版,第 46 页)

整个红一方面军,共计 3 万余人,林彪的红一军团占 2 万余人,彭德怀的红三军团占 1 万余人。这就是中央红军的主力,也是毛泽东手中的革命本钱。

此后,在建立以瑞金为中心的中央苏区的斗争中,在反第一二三次"围剿"的战斗中,毛泽东指挥红一方面军出神入化、痛快淋漓地粉碎了蒋介石的反革命"围剿",发展壮大了红军和革命根据地。

然而,第四次反"围剿"开始后,毛泽东受到"左"倾机会主义的打击,失去了对红军的指挥权。第四次反"围剿"是在朱德、周恩来的指挥下取得胜利的,当时毛泽东的战略战术思想还在起作用。到第五次反"围剿"时,"左"倾机会主义彻底占了上风,第三国际的军事代表李德瞎指挥,红军的失败也就不可避免了。林彪指挥的红一军团也雄风不再,除了个别战斗打得比较出色外,其余大多数战斗,打的都是击溃战、消耗战。还有两场战斗,部队遭到严重伤亡,军团指挥所险遭不测。若干年后,林彪在《忆左权》的文章中,满怀感情地回忆了当年激烈战斗的情景:"多少次险恶的战斗,只差一点我们就要同归于尽。好多次我们的司令部投入了混战的旋涡,不但在我们的前方是敌人,在我们的左右后方也发现了敌人。我们曾各自亲自拔出手枪向敌人连放,拦阻溃乱的队伍向敌人反扑。子弹、炸弹、炮弹在我们前后左右纵横乱落,杀声震彻着山谷和原野。炮弹和炸弹的尘土时常落在你我的身上,我们屡次从尘土中浓烟里滚了出来……"

这说明,"左"倾机会主义者的军事指挥是不行的,红军离不开毛泽东,林彪也离不开毛泽东。对于毛泽东的军事指挥,林彪是从内心里服膺的。到第五次反"围剿"后期,他已经对博古、李德等人的瞎指挥颇为不满了。

创建和保卫以瑞金为中心的中央革命根据地,前后算来有 6 年左右的时间。这一时期,大敌当前,战斗频繁,红一方面军上下团结一心,浴血奋战,林彪和彭德怀,是名副其实、当之无愧的毛泽东的左膀右臂。即便是在毛泽东失去指挥权的日子里,林彪和毛泽东在军事思想上,也是所见略同,心是相通的。而林彪和毛泽东的战斗友谊,也在这一时期打下了相当深厚的基础。

(三)长征途中,林彪是毛泽东的依靠力量

毛泽东辛辛苦苦缔造了中央红军，但是，随着以王明为代表的"左"倾机会主义路线的上台，毛泽东政治上遇到了麻烦。从中央苏区反第四次"围剿"开始，毛泽东失去了红军的指挥权，只做了一个徒有虚名的中华苏维埃政府主席。中央红军于1934年10月被迫实行战略大转移——长征，一开始，毛泽东不但没有指挥权，甚至差一点不被允许参加长征。

在"左"倾机会主义路线的统治下，林彪的红一军团损失严重。这个时期，尽管毛泽东被剥夺了对红一方面军的领导权，尽管林彪对第三国际军事代表李德的瞎指挥有一个认识过程，但林彪对毛泽东还是有一定感情的。长征前夕，在瑞金，当林彪、聂荣臻从周恩来那里领受了红军要转移的战略任务，林彪和聂荣臻约着一起去看从外地回到瑞金的毛泽东，林彪曾问毛泽东："这次转移，方向是哪里？"毛泽东似乎没有听清林彪的问话，顾左右而言他，不往下谈了，却提议一同去看瞿秋白办的一个图书馆。林彪的问话说明他对毛泽东的敬重，意在请教，而毛泽东的故意不作回答则是在避嫌，怕人说他和老部下搞宗派活动。那时，王明"左"倾路线领导正在抓他的小辫子。(聂荣臻：《聂荣臻回忆录》，解放军出版社1983年版，第213页、第214页)

林彪的这次探望肯定给毛泽东留下了深刻印象。在党内斗争十分残酷的情况下，许多人有了顾忌，不敢接近毛泽东。毛泽东为了不牵连或少牵连别人，也很少再跟别人谈话。因为一次探望，弄不好就会被打成宗派活动。临时中央负责人博古到长汀时，有人提议去看一下正在疗养的毛泽东，博古不屑地说：毛泽东有什么好看的！政治上的失意以及世态炎凉的体味，给了毛泽东极大刺激。新中国成立后，他多次向外国客人谈起自己的这个境遇，愤愤不平之气溢于言表。1965年8月，他同印尼客人谈话时曾说：我这个菩萨，过去还灵，后头就不灵了。他

们把我这个木菩萨浸到粪坑里,再拿出来,搞得臭得很。那时候,不但一个人不上门,连一个鬼也不上门。我的任务是吃饭、睡觉、拉屎。还好,我的脑袋没有被杀掉。(于化民、胡哲峰:《毛泽东与林彪》,广西人民出版社1998年版,第151页)林彪顶着压力看望毛泽东,从某种意义上说明了他和毛泽东的亲密程度,肯定令毛泽东深受感动。

长征对于林彪来说是个严峻考验。彭德怀曾把红一、三军团比喻为两个轿夫,抬起中央纵队这顶轿子。在敌人以优势兵力围追堵截,天上还有飞机轰炸的情况下,"轿夫"任务的艰巨,是可想而知的。

林彪的红一军团受命打先锋开路,是极其险重的任务。一军团打得英勇和艰苦,伤亡也严重。尤其是湘江一战,付出了惨重代价。红军虽然最终渡过了湘江,但却由出发时的 8.6 万人锐减至 3 万多人。但这一切,都和毛泽东无关,因为毛泽东在长征初期毫无发言权。这一境况直到 1935 年 1 月开罢遵义会议,才有了根本性的改观。

遵义会议是中共中央政治局扩大会议,林彪作为军事指挥员参加了会议。他拥护中央的决议。毛泽东亲自来到一军团传达遵义会议的精神,这表明毛泽东对他的老部队一军团的重视。

在毛泽东重新获得对红军的指挥权之后,他所倚重的主力部队,毫无疑问还是林彪的红一军团和彭德怀的红三军团。

在红军长征途中,红一军团立下了不朽功勋,其中如飞夺泸定桥、强渡大渡河等,都是在林彪的直接指挥下完成的。

毛泽东对红一军团也给予了特别的关爱。渡金沙江时,红一军团是最后过江的部队。毛泽东一直在江边的石洞里指挥过江,他见到红一军团安全过了江,才松了一口气,对林彪和聂荣臻说:我一直在这里等你们,你们过来了,我就放心了。

在中央红军和张国焘带领的红四方面军懋功会师之后,中央同张国焘分裂活动的斗争开始了。当张国焘企图用武力危害中央的关键时刻,毛泽东、洛甫(张闻天)、周恩来、王稼祥等连夜脱离危险地区,并在俄界召开了政治局紧急扩大会议。会议主要讨论了党和红军今后的行动方针,揭露和批判了张国焘分裂红军的严重错误。会议的报告是毛泽东作的,林彪在会议上发言表示拥护中央的决议。

鉴于部队严重减员,彭德怀建议缩小部队编制。于是红一方面军新成立为陕甘支队,彭德怀任司令员,毛泽东任政治委员,林彪任副司令员。陕甘支队下辖三个纵队,原红一军团为第一纵队,林彪兼任司令员,聂荣臻任政委;原红三军团为第二纵队,彭德怀兼任司令员,李富春任政委;中央和军委机关为第三纵队,叶剑英任司令员,邓发任政委。另外,还成立了由毛泽东、周恩来、王稼祥、彭德怀、林彪组成的五人团,作为全军最高领导核心。

红军继续北上,最后一道关隘腊子口横在面前。如果腊子口天险拿不下来,红军往南不好回,往北出不去,进退维谷,就会陷于危境。毛泽东亲自决定打腊子口,任务落在林彪身上,他指挥所部一纵队四团经过激战,胜利地完成了任务。

突破腊子口后,红军继续北上,林彪最后指挥打击东北军的两个骑兵连,毛泽东站在山头上观战。这一仗,红军取得了胜利。之后,红军在吴起镇又打垮了敌人三个骑兵团。1935 年 11 月 6 日,中央红军在陕北象鼻子湾同徐海东带领的红二十五军、刘志丹领导的红二十七军胜利会师。至此,红一方面军胜利结束了长征。

艰苦卓绝的二万五千里长征历时一年,尽管其间林彪对某些问题的认识上有过模糊和错误,如在会理要求更换毛泽东的军事指挥,在草地对张国焘的野心和阴谋认识不足、警惕不够,但毕竟,他跟着毛泽东从敌人的围追堵截中,从人迹罕至的雪山草地,从尖锐复杂的党内斗争中走了过来。而且,有些重大战斗,如突破乌江天险,强渡大渡河,攻克天险腊子口等,如果不是林彪指挥红一军团英勇作战,完成了毛泽东交给的战斗任务,红军的历史,恐怕就要重新书写了。因此,长征中,说林彪是毛泽东所倚重的重要力量,是符合历史真实的。

(四)抗日战争时期,林彪被毛泽东寄予厚望

红军长征到达陕北后,根据国内外形势,为适应抗日民族革命战争的开展,培养造就大批抗日干部和军事人才,决定建立中国人民抗日红军大学。毛泽东在中共中央政治局常委会议上专门就此作了报告。毛泽东说,黄埔军校在国民革命中起了很大作用,我们办"红大",就要像黄埔一样完成革命的历史使命。办学校最重要的是选择校长和教员。一军团作风雷厉风行,很能打仗,校长就选林彪。

关于"红大",毛泽东考虑得很细,干部也调配得很得力。他的安排是这样的:

校长:林彪

教育长:罗瑞卿

校务部主任:周昆

政治部主任:袁国平

教育委员会:林彪、罗瑞卿、毛泽东、周恩来、杨尚昆、周昆

讲课人员:张闻天、博古、周恩来、毛泽东、林育英、凯丰、李维汉、
杨尚昆、叶剑英、林彪、罗瑞卿、罗荣桓、张如心、袁国
平、董必武

中共中央政治局常委会议一致通过了毛泽东的报告。

1936 年 6 月 1 日,抗日红军大学在瓦窑堡举行开学典礼。毛泽东在典礼上讲话,对"红大"和林彪寄予了厚望。他在讲话中提到了"黄埔精神",说道:"第一次大革命时有个黄埔,它的学生成为当时革命的主导力量,进行了北伐战争,但到现在它的任务还未完成。我们的'红大'要继承黄埔的精神,要完成黄埔未完成的任务,要在第二次大革命中也成为主导力量,即要争取中华民族的独立解放!"(于化民,胡哲峰:《毛泽东与林彪》,广西人民出版社 1998 年版,第 218 页)

毛泽东安排林彪当校长和他在开学典礼上的讲话,显然表明了他

对林彪的信任和重视。"红大"办起来后，毛泽东经常应林彪之请，前去讲课和讲话。1937 年春，"红大"改名为"抗大"(中国抗日军事政治大学)。林彪对办学是认真、努力的，受到了毛泽东的称赞。毛泽东为"抗大"的题词"坚定正确的政治方向，艰苦朴素的工作作风，灵活机动的战略战术"和"团结、紧张、严肃、活泼"，后来被林彪概括为"三八作风"，叫得很响。林彪不负毛泽东的厚望，把共产党的"黄埔"办得有声有色，培养出了大批军事人才。以"红大"第一期为例，共招收了 1000 名学员，全部来自红一方面军的第一军团、第十五军团。其中第一科均为军团和师级干部，共 38 人。新中国成立后 1955 年第一次授衔，这些学员最低的是中将。

1937 年七七事变后，红军宣布改编为国民革命军第八路军，下辖一一五师、一二〇师、一二九师，开赴抗日前线，林彪又被毛泽东看中，担任了一一五师师长。出师前在洛川召开的中共中央政治局扩大会议上，决定将中共中央军事委员会增为 11 人，毛泽东为书记，朱德、周恩来为副书记，林彪是委员之一。其他委员都是大名鼎鼎的红军将领和党的领导人：张浩、彭德怀、任弼时、叶剑英、贺龙、刘伯承、徐向前。

林彪率一一五师开赴山西抗日前线不久，就在 9 月 25 日指挥打了平型关战斗，歼灭日军 1000 余人。平型关战斗是八路军出师以来的第一个大胜仗，打破了"皇军不可战胜"的神话，极大地鼓舞了中国人民的抗日斗志。毛泽东欣慰地致电八路军总司令朱德、副总司令彭德怀："庆祝我军的第一个胜利。"此后他多次提到平型关战斗，给予了很高的评价。蒋介石也给八路军发去贺电："有日(25 日)一战，歼寇如麻，足见官兵用命，指挥得宜。捷报南来，良深嘉慰。"(《八路军史料丛书·参考资料1》，解放军出版社 1992 年版，第 28 页)林彪一夜之间，成为家喻户晓的抗日名将。

然而，林彪没能在抗日前线战斗多久。1938 年 3 月 2 日，他在山西隰县被阎锡山的军队误伤。当时，他穿着从日军手中缴获的黄呢子军大衣,骑着高头大马,从阎军防区通过,没想到国民党第十九军哨兵误以为是日军来了,开枪打伤了他。在毛泽东的关怀下,他被送往延安养伤。

在延安,毛泽东再度让林彪回"抗大"任校长。毛泽东多次到"抗大"演讲,多次提到林彪。他曾这样高度评价林彪:全国只要有 500 个林彪,就能打败日本。他还以林彪为例,强调到"抗大"来最主要的是学习一种革命精神。他说,林彪是黄埔毕业生,只学了四个月,比你们多学两个月,学到了什么呢?四大教程一条也没记住,但有一件东西是得到的,就是那时的革命精神。(于化民,胡哲峰:《毛泽东与林彪》,广西人民出版社 1998 年版,第 263 页)

1938 年冬,经毛泽东批准,林彪动身去苏联养伤,一去就是 4 个年头。1942 年年初,林彪回国,令毛泽东十分高兴,他亲自下山去迎接。毛泽东的出面迎接令中共中央办公室主任师哲甚感意外,多年之后,师哲回忆说:"这天,我从窑洞出来,和毛主席不期而遇。他正向山下走,边走边说:'林彪回来了,我去接他。'我听后心中一震,心想:恩来、弼时从苏联回来,主席都没有这样迎接,而今天竟亲自迎接比朱总、恩来、弼时地位低得多的青年林彪。我们在院子里等了一会儿,大卡车才到。林彪下了车,主席迎上去和他握手。主席亲自吩咐伙房为林彪搞饭吃,让林住在杨家岭,靠近他。"(师哲:《在历史巨人身边》,中央文献出版社 1991 年版,第 231 页)

由于林彪考虑到自己在黄埔军校的关系,主动提出搞统战工作。当他从苏联回国路过兰州、西安时,就曾同国民党驻西北高级将领、黄埔一期的胡宗南等长谈。林彪自认为谈得很好,到延安后向毛泽东作了汇报,给了毛泽东以林彪在改善两党关系方面是很有作用的印象。于是毛泽东在给刘少奇、彭德怀的电报中,专门赞扬了林彪的统战工作:"林彪返延身体好了许多,唯尚需休养。他在兰州西安统战工作做得很好,与胡宗南诸人曾有深谈。据林说,国民党统战工作很可开展,要我告你注意。"(中央档案馆编:《中共中央文件选集》第 13 册,中共中央党校出版社 1992 年版,第 338 页)后来,林彪又主动要求到重庆做统战工作,毛泽东同意了。于是,林彪作为周恩来的助手,参加了中共驻重庆代表团的工作。但是,林彪参加了前后 10 个月的谈判,毫无建树,只是充当了一回毛泽东与蒋介石的信使,被蒋介石召见了几次,申述了共产党方面的立场。1943 年夏,毛泽东见林彪在重庆再待下去无益,便将他召回延安,安排他和徐向前、张宗逊等主持练兵。直到抗日战争结束,林彪再也没有奔赴前线。

在整个抗日战争期间,尽管林彪只打了一仗就负了伤,有差不多一半的时间在国外,但毛泽东始终对林彪寄予厚望。这一时期两人的关系,虽然不排除在个别问题上的分歧和争论,但不可否认,他们是相当一致和亲密的。

(五)解放战争时期,林彪是毛泽东的一把利剑

中国人民的抗日战争胜利结束后,中共中央根据东北的特殊地理位置和特殊现状, 提出了独霸东北的设想。中央考虑派一名有威望的将领去东北统一指挥, 人选有陈毅、徐向前和林彪。开始在延安决定的是林彪到山东,但林彪走到半路上, 中央又改变命令, 要林彪转赴东北。东北形势复杂,风云变幻,党中央和毛泽东期待着林彪去有所作为。

选派林彪去东北再次表明了毛泽东对林彪的高度信任和倚重。毛泽东对东北是十分重视的,他在党的"七大"上多次指出了东北的重要性,他在《关于选举候补中央委员问题的报告》中进一步强调说:"东北是很重要的,从我们党,从中国革命的最近将来的前途看,东北是特别重要的。如果我们把现有的一切根据地都丢了, 只要我们有了东北,中国革命就有了巩固的基础。当然,其他根据地没有丢,我们又有了东北,中国革命的基础就更好巩固了。"

林彪是 1945 年 10 月 25 日到达沈阳的,他轻车简从而来,一来就担任东北人民自治军（自 1946 年 1 月起改称东北民主联军）总司令。他的担子不轻。东北的局势开始对我有利,但由于美国帮助蒋介石运兵,局势很快逆转,变为敌强我弱了。林彪审时度势,先是山海关、锦州避免决战,后向绥中方向主动撤退,一直撤到康平、法库一线,直至灵活执行军委和毛泽东关于"死守四平,寸土必争"的指示,大胆地先斩后奏,从四平撤退。总之是避敌锐气,保存实力。林彪的这些决策,后来的事实证明了它的正确性。陈云在 1947 年 5 月给高岗的信中,曾把避免锦州决战、成功地指挥四平撤退,作为进入东北前 7 个月中的两件大事加以肯定。陈云说道,如果这两件事当时有错误的话,东北就难以有以后的好形势。（杨国庆,白刃:《罗荣桓在东北解放战争中》,解放军出版社 1986 年版,第 44 页）

林彪开始在东北只是担任军事指挥员,中共东北局书记由彭真担任。后来,鉴于东北局领导层有意见分歧,由于实际工作的需要,为了加强集中统一,党中央、毛泽东改组了东北局的领导班子,东北局书记和东北民主联军司令员的职务,就由林彪一肩挑了。

林彪坚定地贯彻了毛泽东关于《建立巩固的东北根据地》的电报精神,出色地运用了毛泽东军事思想,使得东北的局势一天天好起来。经过 1947 年夏、秋、冬三大攻势,东北的形势发生了根本变化。50 余万国民党军队被分割压缩于长春、沈阳、锦州等孤立地区,重点据守大中城市,已无力转守为攻。人民解放军（东北民主联军 1948 年 1 月 1 日改称东北人民解放军）已有约 120 万人,并且武器装备大大改善,战术技术水平大大提高,具备了同国民党军队决战的能力。

1948 年 10 月,林彪指挥了辽沈战役。人民解放军以伤亡 6.9 万余人的代价,共歼敌 47.2 万余人,整个东北解放。随后,林彪挥师入关,与华北野战军一起,发起了平津战役,攻克了天津,和平解放了北平。平津战役共歼灭和改编国民党军队 52 万余人。

人民解放军所发起的辽沈、淮海、平津三大战役的胜利结束,彻底动摇了蒋家王朝的反动统治。1949年4月11日,林彪带领第四野战军（东北人民解放军1949年1月中旬改称第四野战军）百万大军浩浩荡荡南下,投入了解放全中国的战斗。四野一路摧枯拉朽,所向披靡,林彪亲自组织指挥了进军解放中南进程中具有决定意义的衡宝战役,歼灭白崇禧赖以起家的四个精锐师,最后一直打到海南岛。

在解放战争中,林彪是毛泽东手中的一柄利剑。林彪的军事才能,得到了最充分的展现,他毫无疑问在战争史上留下了精彩一笔。这个时期,毛泽东多次在电报、讲话中对林彪予以表扬和称赞,他以欣喜的目光注视着自己的这员爱将,他对林彪的评价甚高,十分赏识。

二、林彪是毛泽东的亲密战友吗

"文化大革命"中,在将林彪确立为毛泽东的接班人后,对林彪的宣传有这么两句话:林彪是"毛主席的好学生","毛主席的亲密战友"。何谓"亲密战友"? 难道同在共产党的革命队伍里就算是"亲密战友"吗? 难道战争年代并肩战斗过就算是"亲密战友"吗? 显然问题并不那么简单。宣传林彪是毛泽东的"亲密战友",是别有一番深意的,是从革命经历、政治立场、路线态度和感情友谊而言的。换言之,说林彪是毛泽东的"亲密战友",最重要的含意还是指林彪在党内路线斗争中一直站在毛泽东一边,两人互相支持,并肩战斗。

中国革命客观上是有"山头"的,就方面军而言,红军有第一、二、四方面军之称。红一方面军是毛泽东、朱德领导的,由第一三军团组成,后又发展增加了第五、七、八、九等军团,它建立了以瑞金为中心的中央苏区。红二方面军是贺龙、任弼时、萧克、王震领导的,由第二、六军团组成,创建了湘鄂川黔根据地。红四方面军是张国焘、徐向前、陈昌浩等领导的,以红四军、红二十五军、红九军、红三十军、红三十一军、红三十三军等组成,创建了鄂豫皖革命根据地。由于红二方面军力量相对薄弱,红四方面军在张国焘的统治下走过弯路,而中共中央又一直和红一方面军在一起,这样,红一方面军自然而然地就有了无可取代的正统权威。依此类推,林彪从井冈山时期就与毛泽东在一起,他任团长的红二十八团是红四军的老底子,红四军又是红一军团的老底子,红一军团又是红一方面军的主力,加之以后无论是在中央苏区,还是在长征路上、延安窑洞里,他都和毛泽东在一起,这样,林彪在毛泽东那里就有了特殊的地位和分量。

至于感情友谊,战争年代在一起,既共同经受艰难困苦的考验,更共同接受枪林弹雨的洗礼,感情的亲密和友谊的深厚,应当说是不难建立的。

需要认真研究的倒是立场、观点和大是大非面前的态度。也就是说,林彪在一些重大问题、原则问题上,是不是听毛泽东的话,自觉地和毛泽东站在一起?在毛泽东遭受打击、身处逆境的时候,林彪是不是旗帜鲜明地支持毛泽东?

(一)在红四军党的七大上,林彪坚定地支持和维护毛泽东

井冈山时期,红军内部对某些问题包括某些战斗怎么打,是曾有过不同意见的。但是,那都算不上矛盾,也算不上党内斗争。到红四军党的七大上,党内出现了尖锐的意见分歧,这些意见分歧由于处置不当,遂发展成为一时难以调和的党内矛盾和党内斗争。

红四军党的七大于1929年6月22日在闽西龙岩召开。这次会议是在四军党内意见分歧十分尖锐的情况下召开的,原计划讨论党内争论问题和分兵问题,因战事紧迫,只讨论了党内争论问题。会议只开了一天。

红四军党内的矛盾起源于撤离井冈山,进军赣南。毛泽东和朱德率红四军于1929年1月中旬离开井冈山,战略意图是试图用"围魏救

赵"的方法,解井冈山被湘赣两省之敌"会剿"之围。但挺进途中因强敌跟踪、群众基础不好、地形不熟等情况,时有伤亡,处境艰难,遂招至各种各样的怨言,出现了大体说来三方面的分歧:

关于政权建设方面的分歧有两种意见,一种意见认为不应该死守边界各县,毛泽东关于"建立中心区域,坚守基础"的思想是"保守主义"。另一种意见认为撤离井冈山根本错误,进军赣南是"逃跑主义"。

关于红四军党的建设方面的分歧集中表现在回答这样一个问题上:红四军内有无"家长制"和"党应不应管理一切"?

在红四军是否需要建立军委的问题上,建与不建的两种意见也相持不下。

对于这些问题,毛泽东、朱德、陈毅之间,意见并不一致。比较而言,毛泽东和朱德的意见分歧要多一些。自从朱毛井冈山会师以来,这是他们两人的第一次公开交锋。

虽说争论大体在三个方面,但起源和症结还是在红四军前敌委员会(简称"前委")和军委的关系问题上,这是问题的要害。朱毛会师以后,在红四军中,前委和军委一直并存,军委置于前委领导之下。1929年1月,毛泽东、朱德、陈毅率红四军离开井冈山向赣南、闽西进军,由于战事紧张,敌情复杂多变,为应付突发事件,红四军决定军委停止办公,把权力集中到前委,由毛泽东任前委书记。到了1929年5月,随着赣南、闽西苏区的开辟,前委工作繁重,难以兼顾军委工作,遂决定恢复军委办公,由刚从苏联回国、新到红四军工作的刘安恭任军委书记,并接替毛泽东的政委亦即党代表职务。

恢复军委,是朱德的提议。毛泽东只同意成立临时军委,任命刘安恭为临时军委书记,而陈毅和林彪都反对这个任命。

刘安恭一上任,就立即召开了军委会议,作出决定:前委只讨论行动问题,军队自有军委管辖。很显然,刘安恭表现出了一种脱离前委领导,进而与前委争权、分庭抗礼的倾向。

刘安恭的这一做法惹恼了毛泽东,也造成了红四军中高层领导的意见分歧。林彪站在毛泽东一边,强烈反对刘安恭,针锋相对地提出了截然相反的建议:废止军委职能,由前委代行军委职能。

林彪与刘安恭成为两种对立意见的代表人物。为了取得统一意见,红四军决定在白沙召开前委扩大会议,讨论这一问题。

在白沙会议之前3个小时,林彪给毛泽东写了一封信,信中尖锐地批评了刘安恭,并十分激烈地攻击朱德,说朱德采用"政客式手段",利用"封建关系"形成一个"无形结合派",搞"阴谋",企图"自立为王"。

白沙会议于6月8日开始,有41人参加。会上林彪与刘安恭唇枪舌剑,互不相让,气氛十分紧张。林彪和刘安恭的发言各有所指,一个把锋芒指向朱德,另一个把锋芒指向毛泽东。刘安恭说:"朱德是拥护中央指示的,毛泽东总是自创原则,拒绝中央命令。现在有一个留毛还是留朱的问题。"林彪马上反对:"不对!我给毛泽东同志写了一封信,是专讲军委问题,理由不再重复。我这里指出一点,朱德同志一贯喜欢用政客手段拉拢部下,自成团伙,这次他支持成立军委就是想借此摆脱前委的羁绊!"

一天的会议争论激烈,但最后还是形成了《决议》。《决议》既点名批评了毛泽东,也点名批评了朱德,当然不是各打五十大板,对毛泽东要"打"得更重一些。"朱毛两同志都有同等的错误,但毛同志因负党代表与书记工作,对此次争论应负较大的责任。"——《决议》中这么写道。

林彪在会上受到了尖锐批评。《决议》中指出,林彪攻击朱德的言论"不是事实","未免过于估量","失之推测","是错误的"。

在白沙会议上,毛泽东面对党内争论,认为前委工作已"完全做不起来",书面提出辞去前委书记之职务。然而,这一点没有被会议接受。毛泽东的举动在会上引起了震动,他在红军和根据地的威望是无人可比的。他的辞职,唤起了大家对他的同情,也激起了大家对刘安恭的义

第二章 历史上的毛林关系

37

愤,大部分与会者对刘安恭的做法很不满意。在投票表决中,前委以 36 票赞成,5 票反对的压倒多数,决定撤销军委。这样,刘安恭自然而然地失去了军委书记职务。

白沙会议虽然撤销了军委,但争论仍在继续。许多同志对林彪在会上激烈攻击朱德表示强烈不满,像一纵队二支队的党代表高静山会后就找林彪大吵了一通,这无疑大大刺激了林彪。白沙会议的当晚,林彪给毛泽东写了一封急信,毛泽东看后一夜辗转未眠。因为林彪信中的言辞十分激烈,使毛泽东甚为焦虑。

林彪的信中有这样一些话语:"现在四军里实有少数同志的领袖欲望非常高涨,虚荣心极端发展。这些同志又在群众中是比较有地位的,因此,他们利用各种封建形式成一无形结合,专门吹牛皮攻击别的同志。这种现象是破坏党的团结一致的,是不利于革命的,但是许多党员还不能看出这种错误现象起而纠正,并且被这些少数有领袖欲望的同志所蒙蔽阴谋,附和这些少数有领袖欲望的同志的意见,这是一个可叹息的现象。"他还半是鼓动半是批评地对毛泽东说:"你今天提出的你个人要离开前委的意见,我非常不赞成。""党里要有错误的思想发生,你应毅然决心去纠正,不要以不管了事。在中央未派人代理你以前,你不应离开前委。我希望你以后应该有决心来纠正一切同志的错误思想。"(江华:《关于红军建设问题的一场争论》,载《党的文献》1989 年第 5 期)

林彪的信深深打动了毛泽东。当时支持毛泽东的有一些人,但给毛泽东写信,明确要求毛泽东不要辞职的,唯有林彪。而在会议上据理力争、旗帜鲜明地支持毛泽东的,也数林彪最为突出。经过几天考虑,有孤立之感的毛泽东在福建上杭的新泉给林彪写了一封数千言的长信,信中首先表示:"你的信给我很大的感动,因为你的勇敢的前进,我的勇气也起来了,我一定同你及一切谋有利于党的团结和革命的前进的同志们,向一切有害的思想、习惯、制度奋斗。"信中将红四军建军一年多的分歧归纳为十四条,系统阐述了辞职理由。写信日期是 6 月

14日。毛泽东的主要观点是,前委与军委并存一是分权,不能集权;二是重复;三是危及党领导一切的最高原则;四是动摇了前委在组织指导上的威望,使工作无法开展。

6月15日,朱德写了《答林彪同志谈前委党内争论的信》,信中阐述了自己的想法和理由。朱德认为,在红四军中,党的组织替代了群众组织,忽略了基层支部的工作,形成了书记专权的沉闷局面,打击了群众的情绪。朱德在信的末尾还劝告林彪:"我们四军的党变成群众的党应有此次的斗争,要使四军党变为全国一致的新的组织的党,也要有此次斗争,要合乎国际共产党也必须有此次斗争,斗争之结果必然是好的。请你不要消极,不要绝望,每个同志积极的斗争,使党内一切不正确的、一切错误都要应有尽有的洗除,努力建设新生命的党。"(张国琦:《毛泽东与朱德在1929年》,载《东方纪事》1989年第3期)

毛泽东和朱德都分别给林彪写信,争取林彪的支持,可见当时林彪已举足轻重。

6月中旬,《前委通讯》第三期将林彪致毛泽东的信、毛泽东和朱德分别给林彪的复信、刘安恭的文章一并刊印发表,争论进入了白热化和公开化。在党内,不仅对毛泽东、朱德说长道短,而且争论的内容也超出了前委与军委的关系这一内容之外。红四军内部出现了严重的危机。(《一场党内争论的前前后后》,载《党史文汇》1988年第1期)

一周之后,红四军党的七大召开了。七大是由白沙会议后代理红四军前委书记的陈毅负责筹备的。会上批评了毛泽东有个人英雄主义和家长制领导方式等四条缺点,批评了朱德有旧军官思想、不重视思想政治工作两条缺点,并且通过建议,给毛泽东严重警告,给朱德书面警告。陈毅说:"你们朱毛吵架,一个晋国,一个楚国,两个大国天天吵,我这个郑国在中间简直不好办。我是进出之间为难,两大之间为小,我跟哪个走?站在哪一边?就是怕你们分裂,希望你们两方团结起来。"

(丹淮:《红军时期:陈毅与毛泽东的友谊》,载《光明日报》1992年5月30日)

最后的选举是令人遗憾的。原来的前委书记毛泽东落选了,在朱、毛分歧一时难以统一的情况下,陈毅当了前委书记。不过,毛泽东还是当选为前委委员。当选为前委委员的还有朱德、林彪、刘安恭、伍中豪、傅柏翠等。

这次会议之后,郁郁寡欢的毛泽东就离开了红四军领导岗位,到上杭县的蛟洋村休养去了。在那里,他同时指导闽西特委的工作。按照江华的回忆,当他陪同毛泽东、贺子珍离开红四军,到闽西特委所在地蛟洋村时,连马也被留下了,一行人真有些灰溜溜的样子。(江华:《关于红军建设问题的一场争论》,载《党的文献》1989 年第 5 期)

林彪仍然留在红四军,当他的一纵队纵队长(也称司令员)。

自从来到毛泽东身边,这是林彪第一次在严重的党内分歧中站在毛泽东一边。在毛泽东被选掉前委书记,到蛟洋村养病期间,林彪还约上四纵队的傅柏翠,一起去看望毛泽东,并凑了 300 块大洋,送给毛泽东看病用,但被毛泽东坚决地谢绝了。毫无疑问,林彪的举动赢得了毛泽东的信任和好感。(戴向青:《论红四军党的"七大"的功过是非》,载《争鸣》1987 年第 6 期)

对于红四军党的七大这场争论,后来成了中共党史研究人员的一项研究课题。1988 年 6 月 30 日的《人民日报》上,发表了薄一波写的《回忆陈毅同志二三事》一文,其中记述了陈毅的一番话:

我挂了几天帅,感到自己不行。事情就是这样,你不在那个位子上干不知道,一干前后一比较,就察觉出问题来了。恰好这时中央通知我到上海开军事会议。当时,中央的工作实际上由李立三同志主持,因为杨殷同志(中央军事部长)被捕,军事工作由周恩来同志管。我把红四军的情况如实地向周恩来同志作了汇报,认为红四军离开毛泽东同志的领导不行。恩来同志同意我的意见,他要我代中央起草一封给红四军的指示信,即'九月来信'。信的主要内容,就是把毛泽东同志请回来,重新担任前委书记。回到部队后,我就去请毛泽东同志。他明确表示,先要弄清是非,然后再考虑复职,表现出很高的原则性。这是事先我没有完全想到的。共产党人就是要这个样子,是非面前不含糊,原则问题不让步。听了他的话,我心里是服气的。随后我同他一起召开各种座谈会,调查研究,听取意见,讨论如何落实中央九月来信的精神。十二月,由我主持在上杭召开了古田会议,通过了毛泽东同志起草的红四军第九次代表大会决议案,批评了各种错误思想,坚持党对军队的绝对领导。毛泽东同志重新当选为前委书记。这件事我认为是办得对的。毛泽东同志和部队上下皆大欢喜,我也很高兴。

事实也确实证明毛泽东、林彪是正确的。当时关于部队的行动问题,一些人不听毛泽东的意见,坚持主张分兵去闽西。结果出闽中的二三纵队打了败仗,毛泽东一边养病,一边指导林彪的一纵队和四纵队在闽西做巩固和扩大苏区的工作,却节节胜利。尤其是刘安恭去掉军委书记的职务后,担任二纵队纵队长,不听毛泽东的意见,非去打广东的梅县,结果战斗失利后牺牲,付出了血的代价。

林彪在这场争论中加深了同毛泽东的感情,同时由于他的态度偏激,用词尖刻,伤了与朱德的和气,对朱德形成了很深的成见,朱德自然也对林彪有看法。1929 年 11 月中旬红四军出击东江失利返回闽西根据地的时候,林彪因在官庄不经请示打了一仗,暴露了目标,朱德毫不客气地给了他一个记过处分,不发零用钱。林彪心中不服,咕咕哝哝发牢骚:打了胜仗,记了一个过。记过还不要紧,扣掉两块零用钱,没烟抽了。直到 1945 年开党的七大时,他还对朱德有意见,认为朱德是打乱仗的,没有章法。陈毅当时就不同意他的看法,认为他的意见是"偏颇的,无论如何不能这样讲"。

这是林彪在党内斗争中第一次给予毛泽东的巨大支持。

毛泽东在党内,一生只遇到过两次大的挫折,一次是在红四军党的七大上因和朱德的矛盾而被迫去职,另一次是在宁都会议上被王明、博古的“左”倾机会主义夺了权,坐了冷板凳。对这两件事,毛泽东是耿耿不忘的。他对林彪在红四军七大前后给自己的宝贵支持一直记在心上,曾说过:有几次,遭到内部同志们不谅解,把我赶出红军。当老百姓了,做地方工作,在福建。那时,林彪同志同我一道,赞成我。他在朱德领导下的队伍里,他的队伍拥护我。我自己秋收暴动的队伍,却撤换了我。同我有长久关系的撤换了我,同我不大认识的拥护我。（胡哲峰,于化民:《毛泽东与林彪》,广西人民出版社1998年版,第72页）

(二)在决定红军命运的关键时刻,林彪站在毛泽东一边

红军长征途中,有两次决定红军命运的关键时刻,一次是遵义会议,结束了王明、博古“左”倾机会主义的统治,确立了毛泽东在全党的领导地位;另一次是过草地时反对张国焘分裂红军,另立中央的图谋,坚持红军北上抗日的正确路线。这两次,林彪的态度都是令毛泽东满意的。

关于林彪在遵义会议上的态度,“九一三”事件前后的说法是不一样的。“九一三”事件前,说遵义会议林彪站在毛泽东一边,同“左”倾机会主义路线进行了坚决的斗争。“九一三”事件后,说林彪在遵义会议上态度暧昧。聂荣臻说:“我记得在会上,林彪没有发什么言。”（聂荣臻:《聂荣臻回忆录》上,解放军出版社1983年版,第248页）伍修权说,在第五次反“围剿”中,林彪“是王明路线的一员干将。他在会上实际也处于被批判的地位,所以他基本上是一言不发。聂荣臻同志长期与他共事,对他早就有所认识,那时就看出了他的毛病”。（伍修权:《我的历程》,解放军出版社1984年版,第70~74页）

林彪没发什么言,除了他曾经撰文吹捧与附和李德的“短促突击”,因而处境尴尬之外,或许与他的地位和性格有关。遵义会议是中

共中央政治局扩大会议,发言的主要是 10 名政治局委员、候补委员,林彪只是一名军事指挥员,不宜过多讲话,何况他生性沉默寡言。

但是,美国著名记者索尔兹伯里在《长征——前所未闻的故事》一书中,提供了另外的说法:"有些人都记得林彪在会上支持毛泽东主张解除博古和李德职务的建议。据说,在湘江战役和第一军团遭受损失之后,林彪就开始公开批评这两个人了。临到开会,他讲了很多意见,对他们表示了很大的敌意。"(哈里森·索尔兹伯里:《长征——前所未闻的故事》,解放军出版社 1986 年版,第 145 页)

比较合乎实际的结论应当是:林彪在会上表示了对博古、李德瞎指挥的不满,并且拥护毛泽东出来指挥红军。像李德那样连一挺机关枪放在什么位置都要管,懂军事的林彪是无论如何也不会赞成他的,何况在李德的瞎指挥下,林彪的红一军团蒙受了巨大损失呢!至于红军需要毛泽东出来指挥,林彪更不会有什么异议,因为他对毛泽东的军事指挥历来是钦佩的。

如果说遵义会议还是在文明地解决党内矛盾的话,那么同张国焘的斗争,就是另外一种情形和性质了。

1935 年 6 月 12 日,红一、四方面军在懋功会师。随后,召开了两河口会议。张国焘傲慢无礼,趾高气扬,他看到中央红军衣服破破烂烂,只有 2 万来人,毛泽东、朱德、周恩来等人一个个面黄肌瘦,而他的红四方面军穿戴整齐,枪弹充足,部队 8 万多人,还有从川北带来的帮他们运东西的男男女女,总共 10 万之众,不由得动了野心。尽管会议是中共中央政治局会议,作出了红军主力北上的决定,但张国焘却固执己见,坚持西进或南下,根本不愿执行中央的决议。

林彪对张国焘和中央的分歧知道得很清楚,他在会上发了言,表示拥护中央的决议,但他对张国焘,却有些暧昧。原来,事先张国焘找他谈过话,做了工作。张国焘极力想拉拢林彪。林彪在同聂荣臻私下谈话时,表示了对张国焘的羡慕,受到聂荣臻的反驳,两人争论激烈,拍桌子把一个盘子也打翻了。但是，林彪毕竟没有被张国焘拉过去。他对张国焘缺乏警惕，只是暴露了他政治上的浅薄和短视。最终，在张国焘企图用武力危害中央的关键时刻，林彪坚决地站在了中央一边。（聂荣臻：《聂荣臻回忆录》，解放军出版社1983年版，第283~284页）

长征到最后，毛泽东手中的唯一一点兵力是林彪的红一军团和彭德怀的红三军团。而这两个军团都严重减员，革命的力量弥足珍贵。在这种情况下，只要是跟着中央走的，就是好样的，就是对革命忠贞不贰的。因此，毛泽东完全有理由信任林彪。

整个长征中，林彪与毛泽东的个人关系是亲密的。长征艰苦卓绝一年时间，毛泽东一直跟着林彪的红一军团行动，这说明他对红一军团既重视，又放心。过草地时，毛泽东身边的12名战士，都是林彪从红一军团挑选出来的。林彪还交代他们说：一定要保护好毛主席，红军不能没有毛主席。长征中先后担任红一军团二师政委、一师师长的空军司令员刘亚楼上将在世时，多次讲过毛主席受王明路线排挤时，是林彪派人保护他。（张聂尔：《风云"九一三"》，解放军出版社1999年版，第53页）

（三）在延安批判张国焘和王明路线的斗争中，林彪给了毛泽东以有力支持

毛泽东在革命胜利前，在党内遇到的最严重、最凶险的挑战，来自张国焘和王明。

张国焘心狠手辣，在党内斗争中动辄杀人，长征中在草地曾给陈昌浩发密电，要"南下，彻底开展党内斗争"。要不是关键时刻叶剑英将密电迅速报告了毛泽东，毛泽东、周恩来、张闻天等连夜脱离危险，迅即北上，很可能为张国焘所危害。（金冲及主编：《毛泽东传1893—1949》，中央文献出版社1996年版，第362页；中共中央文献研究室：《毛泽东年谱》上，中央文献出版社2002年版，第666页）

王明则打着共产国际的旗号，仰仗共产国际的支持，诬蔑毛泽东

"山沟里出不了马克思主义"，和毛泽东争夺中国革命的领导权。因此，毛泽东先后组织了清算张国焘和王明错误路线的斗争，通过延安整风，统一了全党的思想，也巩固了他自己的领导地位。

在这两场斗争中，林彪的立场和态度是毛泽东所满意的。

清算张国焘的错误是 1937 年春开始的。长征途中，张国焘搞分裂，另立"中央"，自然是死路一条。当红二、六军团和红四方面军会师后，在中央的耐心说服和坚决命令下，张国焘不得不取消伪"中央"，继续北上，到了延安。由于张国焘对党、对红军的严重危害，1937 年 3 月，党中央在延安召开了中共中央政治局扩大会议，通过了《关于张国焘同志错误的决定》，彻底清算了张国焘的错误。林彪和毛泽东站在一起，以"抗大"为主要阵地，坚决开展了同张国焘的斗争。"抗大"提出了"懋功会师后南下正确还是北上正确"、"西路军为什么会遭到严重失败"等问题要学员们讨论。由于张国焘领导红四方面军时间长达 6 年之久，在红四方面军有很大影响，加之在批判张国焘过程中有扩大化倾向，因此，红四方面军中有些学员对开展批评张国焘的斗争有抵触情绪，特别是对有人把张国焘的错误与红四方面军不加区别的做法感到不满。其中发生了以红四方面军四军军长许世友为核心，十几名高级指挥员准备领着红四方面军的少数学员脱离"抗大"，另谋出路的事件。林彪接到保卫部门的报告后，当机立断，下令拘禁了"学潮"的组织者，控制了事态，并立即报告了毛泽东。毛泽东亲自找许世友谈话，并下令释放许世友等人，许世友等人也作了深刻检讨，红军内部的团结进一步巩固了。(许世友：《许世友回忆录》，解放军出版社 1986 年版，第 613 页)

关于这场斗争的情况，张国焘后来在他的回忆录中这样写道："抗日军政大学被选定为斗争张国焘的中心，事先经过缜密的布置，将其他各班与红军干部班分别隔离，以免红军内部情况为外来的人所知。学校中的武器，悉数被收藏起来，以免在斗争中，发生动武事件。红军干部班的各个单位，都事先布置了斗争张国焘的积极分子。张闻天、凯丰,这两个斗争专家,为这次斗争的指导者,抗日军政大学的副校长罗瑞卿,政治部主任莫文骅,则是实际指挥人。毛泽东并没有亲自出马参加斗争大会,但他是幕后的舵手。林彪也摆出他那校长的姿态,表现置身事外的样子,不公开卷入斗争旋涡。其他中共的要人们,则采取隔岸观火的态度。"(张国焘:《我的回忆》第三册,东方出版社1998年版,第355页)从张国焘的说法中,不难推断出林彪在其中所发挥的作用。

还有一点需要提及的,是林彪的堂兄林育英(张浩)在反对张国焘的斗争中起了特殊作用。林育英是1922年2月入党的老党员,1933年赴莫斯科任中共驻共产国际代表团的成员和中华总工会驻赤色职工国际的代表。在红军长征,共产国际和中共中央失去联系的情况下,林育英于1935年年底到达陕北,向中共中央原原本本地传达了共产国际第七次代表大会精神,即建立抗日民族统一战线。针对张国焘另立"中央",拒不执行中共中央北上的决定,林育英以共产国际代表的身份,加上他1922年和张国焘一起从事过工会运动,是老朋友、老同事,源源不断地给张国焘拍电报,做工作。经过他的不懈努力,张国焘不得不表示愿意接受共产国际的意见,取消伪"中央"。(中共党史人物研究会编:《中共党史人物传》第8卷,陕西人民出版社1983年版)因此,毛泽东对林育英充满了好感,甚至不乏感激之情。林彪是在他这位堂兄的引导下走上革命道路的,他一直对林育英心存敬佩。林育英的政治态度,自然不能不影响到林彪的政治态度。也正是因为这么一层关系,毛泽东对林彪的感情,又加深了一步。

张国焘后来投奔国民党,当了一名特务,更证明对他的清算既是正确的,又是必要的。

延安走了一个张国焘,来了一个王明。王明在莫斯科留过学,得到共产国际的支持,在1931年党的六届四中全会上取得了中共中央领导权。他见自己的地位已经巩固,又不愿留在国内做艰苦而危险的工作,便回了莫斯科。在卢沟桥事变发生,国内需要建立抗日民族统一战线的新形势下,1937 年 11 月,王明回国,来到延安。临行前,深知王明有强烈领袖欲的共产国际领导人季米特洛夫曾特地提醒王明,虽然你在共产国际工作了多年,而且又是执委会成员和书记处书记,但你并不代表共产国际,而且你长期离开中国,脱离中国革命实际,所以,回国后,要以谦逊的态度尊重党的领导同志。中共党的领袖是毛泽东,不是你。(师哲:《在历史巨人身边》,中央文献出版社 1991 年版,第 121 页)但是,王明回国后,却把共产国际的提醒置诸脑后,处处与毛泽东唱对台戏,企图夺权。毛泽东领导开展了延安整风运动,清算了王明的先"左"后右的错误路线。在延安整风中,刚从苏联养伤回国的林彪虽然晚了一步,但他在苏联还是了解到王明的一些问题,加上他在苏区时一度对王明的"左"倾认识不足,政治上有过错误表态从而给自己带来了很大被动,并且红一军团也吃过不少苦头,因此,在批判王明路线的较量中,他的态度是鲜明的,他支持毛泽东,反对王明。

以上,是最能说明毛泽东与林彪"亲密战友"关系的几个大是大非问题。这几个问题在毛泽东眼里,从来都是看得很重的。

(四)在决定中国命运的转折关头,林彪与毛泽东所见略同

抗日战争胜利后,中国向何处去?中国会不会打内战?和平、民主新阶段会不会到来?应当说,在这些重大问题上,党内不少人有一个思考和认识的过程。对林彪而言,他的认识和毛泽东一样,表现出了出奇的清醒和令人佩服的远见卓识。

在处理同国民党政府的关系上,为了维护抗日民族统一战线,维护国共合作的大局,林彪主张同蒋介石谈判,为此他主动请缨,曾得到毛泽东的支持,受到毛泽东的表扬。日本投降后,尤其是毛泽东到重庆谈判后,林彪敏锐地看出蒋介石没有和平诚意,就转而坚定地主张用军事手段解决问题了。这一点,和毛泽东的看法不谋而合。

林彪是在毛泽东的积极支持下受命到东北主持军事工作的。1945

年12月中旬,林彪连续向中央和东北局发出多封电报,阐述他对东北工作方针的意见。林彪这些电报的中心意思,是对斗争作长期打算,散开主力,把工作重心放在打匪、做群众工作和建立根据地上。对于建立根据地的地区和时间,他都有自己的计划和安排,这是他的周密和过人之处。然而,中央和东北局对他的建议都没有答复。这令他等得有些不耐烦了,于是他于12月19日又发出一电,要求对他前面几封电报的建议予以研究,给予答复和指示。9天之后,大病初愈的毛泽东在研究了东北实际和包括林彪在内的东北领导人的意见建议后,为中共中央起草了一份长电,这就是有名的《建立巩固的东北根据地》一文。电文指出:"我党现时在东北的任务,是建立根据地,是在东满、北满、西满建立巩固的军事政治根据地。"电文明确要求:"将正规军的相当部分,分散到各军分区去,从事发动群众,消灭土匪,建立政权,组织游击队、民兵和自卫军,以便稳固地方,配合野战军,粉碎国民党的进攻。"(毛泽东:《毛泽东选集》第四卷,人民出版社1991年版,第1179页)毛泽东的长电一锤定音,结束了一个多月来东北战略方针上的游移不定和意见分歧,为东北工作确立了唯一正确的方针。

确立这一方针,林彪功不可没。

此后,林彪坚定地贯彻执行毛泽东的这一指示,放开手脚按照毛泽东军事思想作战,撞响了黑土地上解放的钟声。仅仅3年多时间,就打出了一个令人惊喜的新局面。

作为新中国催生婆的著名的辽沈、淮海、平津三大战役,林彪胜利地指挥了两个。他凭借自己看似羸弱的身躯,以内心火热的不可遏制的力量,由徒步而战马,由战马而吉普车,由吉普车而火车、装甲车,率领百万大军,从黑土地到椰林,从中国的最东北一直打到海南岛的天涯海角,为新中国的诞生立下了赫赫战功。

林彪战争年代的历史功勋,毫无疑问应该予以充分肯定。

三、林彪在毛泽东眼里十全十美吗

(一)土地革命战争初期,林彪怀疑"红旗到底能打多久",毛泽东写信予以批评教育

1929 年 12 月红四军第九次党代表大会(亦称"古田会议")刚刚开过,林彪就给毛泽东写了一封"新年贺信"。林彪的祝贺很有道理,并且合乎时宜:毛泽东自从半年前在红四军第七次党代表大会上未能当选,被迫离开红四军以来,红四军的工作一度受挫。11 月间,陈毅按照中央指示,把毛泽东请回了红四军,毛泽东即着手对红四军进行思想和作风整顿,顺利地通过了《古田会议决议》,并改选了前委,毛泽东等 11 人当选为前委委员,其中包括林彪。毛泽东重新回到了红四军领导岗位,任前委书记。

问题在于,林彪的信中并不全是对毛泽东的祝贺之辞,他继续坚持此前对形势的悲观估计,怀疑红旗打得多久。

毛泽东考虑林彪的思想有一定代表性,况且当时林彪已有一定职位(纵队司令员),便于 1930 年 1 月 5 日给林彪写了一封长信,这就是后来收入《毛泽东选集》的尽人皆知的《星星之火,可以燎原》一文。不为人知的是,这封信当时的题目叫《时局估量和红军行动问题》,曾油印发到红军各大队支部,供学习教育之用。《星星之火,可以燎原》一文对批评林彪的部分作了较大的删节,只是注有"这是毛泽东同志的一篇通信,是为批判当时党内的一种悲观思想而写的"这么一行字。不了解历史的,无论如何想象不到这是批评教育林彪的。(黄瑶:《在战斗中成长的罗荣桓》,解放军出版社 1983 年版,第 176 页)

毛泽东对林彪毫不客气,原信中有这样尖锐的句子:"我从前颇觉,至今还有些感觉你对于时局的估量是比较的悲观。去年 5 月 18 日

在瑞金的会议上,你这个观点最明显。我知道你相信革命高潮不可避免地要到来,但你不相信革命高潮有迅速到来的可能,因此在行动上你不赞成一年争取江西的计划,而只赞成闽粤赣交界三区域的游击;同时在三区域内也没有建立赤色政权的深刻观念,因之也就没有由这种赤色政权的深入与扩大去促进全国革命高潮的深刻观念。……"当然,这些话后来收入《毛泽东选集》时作了删节修改,那是为了顾全林彪的面子。

1947 年出版《毛泽东选集》时,曾全文收录了毛泽东批评林彪的这封信。林彪看了脸上火辣辣的,心中很不是味道。1948 年 2 月,他给中共中央宣传部写了封信,说毛泽东这封信的内容是有很大的宣传教育意义的,同意向党内外公布,但"为着不致在群众中引起误会起见,我认为只公布信的全文,而不必公布我的姓名,就好些",以免在党外,在国际上引起种种无谓的猜测。林彪此举显然与共产党人实事求是的坦诚态度相去甚远,尽管如此,毛泽东还是考虑了他的意见,在给中宣部的电报上作了如下批示:"(一)这封信不要出版。(二)请陆(陆定一)、乔(胡乔木)负责将文集全部审阅一次,将其中不适宜公开发表的及不妥当的标出,并提出意见,待修改后再出版。叫东北局暂缓印行及翻译外文。"解放后出版《毛泽东选集》收录这封信时,就另拟了题目,也没有提林彪的名字,并为此作了一点删改。

毛泽东还批评了林彪的游击主义。林彪在给毛泽东的信中,主张把红四军分散去打游击,各自找出路。他在井冈山上就对建立井冈山根据地心存疑虑,多次散布:"现在边界很困难,只有红米饭、南瓜汤是不行的,一定要打出山去,否则没法维持。"毛泽东在复信中写道:"单纯的流动游击政策,不能完成促进全国革命高潮的任务,而朱德毛泽东式、方志敏式之有根据地的,有计划地建设政权的,深入土地革命的,扩大人民武装的路线是经由乡赤卫队、区赤卫大队、县赤卫总队、地方红军直至正规红军这样一套办法的,政权发展是波浪式地向前扩大的,等等的政策,无疑义地是正确的。"

此外,"星星之火,可以燎原"的著名口号,也是毛泽东在这封复信中提出来的。

毛泽东的信对林彪起了作用,林彪没有拒绝毛泽东对他的批评教育。

林彪给毛泽东的信的确反映了林彪的悲观情绪,但这也是不足为奇,可以理解的。毛泽东之所以把他的回信油印给部队基层支部,说明林彪提的问题带有普遍性,并不是林彪一个人的看法。况且,红军初创时期,党内不忌讳争论,六大党章明确规定,"在未经决议以前党内的一切争论问题,可以自由讨论",还可以"举行争论"。既然如此,林彪给毛泽东写信提问"红旗到底打得多久",有讨教的性质,既说明林彪对革命形势的关切,也表明林彪对毛泽东的尊重和信服。

关于这封信,黄克诚大将在 20 世纪 80 年代发表了如下见解:"林彪写信给毛主席,提出'红旗能打得多久'的问题。在党内来说,一个下面的干部,向党的领导反映自己的观点,提出自己的意见,现在看来这是个好的事情,如果把自己的观点隐瞒起来,上面说什么就跟着说什么,这不是正确的态度……在党内有什么意见就应该提出来,现在应当提倡这种精神。"(张聂尔:《风云"九一三"》,解放军出版社 1999 年版,第 45 页)

就在林彪写这封信一个月后,他就当了红四军军长。这说明了两点:第一,林彪改正了,精神振作起来了;第二,毛泽东并没有把林彪的信看成是多大的"问题",他对林彪照样予以信任、重用。

倒是林彪很爱面子,不承认当年他一度滋生过悲观情绪。1969 年9 月,林彪偕同叶群、林立果,在空军司令员吴法宪等人陪同下上井冈山后,让人代他作了一首《重上井冈山》的词,词曰:"繁茂三湾竹树,苍茫五哨云烟。井冈搏斗忆当年,唤起人间巨变。红日光弥宇宙,战旗涌作重洋。工农亿万志昂扬,誓把敌顽埋葬。四十年前旧地,万千往事萦怀。英雄烈士启蒿莱,生死艰难度外。志壮坚信马列,岂疑星火燎原。辉煌胜利尽开颜,斗志不容稍减。"其中"志壮紧信马列,岂疑星火燎原"两句,是林彪看后挥笔改成的,原句是"坚信英明领袖,何疑星火燎原"。林彪的改动意味深长,看来他除了自我宣扬之外,还对40年前毛泽东对他的批评耿耿于怀。

(二)红军第五次反"围剿"中,林彪积极追随李德,毛泽东不以为然

林彪在红军第五次反"围剿"中一度积极追随李德,是一个不可原谅的错误,至少,反映出他政治上的幼稚和思想意识上的私心杂念。

红军第五次反"围剿"时,中共临时中央已迁至瑞金。临时中央是1933年迁至瑞金的,在上海站不住脚了。临时中央负责人是博古、洛甫等,他们执行的是一条"左"倾冒险主义路线。更糟糕的是,中央苏区又来了个"太上皇"——共产国际派来的军事顾问李德。

林彪对李德的尊敬让人惶惑不解。1934年2月上旬,第五次反"围剿"已经开始,李德到红一军团,林彪专门召集了团以上干部会,请李德讲"短促突击"。李德从头一天晚饭后,一直讲到第二天早晨。干部们对这个大鼻子、蓝眼睛的洋顾问反映听不懂,林彪做工作说:"你们不懂,这种打法我也不懂,但不懂就学嘛!"

在实战中,林彪也是积极贯彻李德的"短促突击"。但突来突去,红一军团伤亡日益严重,前四次反"围剿"中的雄风难得一见了。然而,林彪却还是积极靠拢李德。他独自写了一篇《论短促突击》的文章,登在了刊物《革命与战争》上。在这篇7000字的文章中,林彪写道:"短促突击,不仅能取得战术上的胜利,而且能取得战役上的胜利。"他一改过去对毛泽东所积极主张和运用的运动战的看法,说"要知道,诱敌深入的方法,在对付历经惨败而有无数血的教训的敌人,已经不是可靠有效的办法了"。他在文章中提出了实行"短促突击"的26条具体意见。

林彪机毁人亡后,聂荣臻在回忆录中写道:"突然发表《论短促突击》这篇文章,自然不仅是谈战术,实际上是他这时的一个政治上的表态。"聂荣臻的心情很苦闷,他看到林彪积极执行博古、李德的路线,红一军团力量日益损失,十分忧虑,但这些话只有和军团参谋长左权讲,不敢跟林彪讲,他怕林彪向上反映。(聂荣臻:《聂荣臻回忆录》,解放军出版社1983年版,第202页、第200页)

毛泽东自然在暗中关注着林彪的态度。他对林彪追随、吹捧李德,是很有看法的。林彪覆亡后,毛泽东谈起林彪历史上的问题,还举了这个例子。

(三)红军长征到达会理,林彪鼓动彭德怀出来取代毛泽东指挥红军,受到毛泽东训斥

林彪第一次反对毛泽东,是在会理会议上。一向表现得对毛泽东十分尊重、平时沉默寡言的林彪,这次对毛泽东的不满表现得十分冲动。他如此激烈地反对毛泽东,完全出乎其他人的意料。

林彪的不满是从多跑路引起的。遵义会议后,红军实行机动作战,四渡赤水,很快甩开了敌人,赢得了主动。然而红军也必须付出应付的代价,这就是辛苦些,多跑路。还在二渡赤水时,就以中央和军委的名义发布了《告红色全体指战员书》,其中教育和开导红军指战员们说:"为了有把握地求得胜利,我们必须寻求有利的时机与地区去消灭敌人,在不利的条件下,我们应该拒绝那种冒险的没有胜利把握的战斗。因此,红军必须经常地转移作战地区,有时向西,有时向南,有时走大路,有时走小路,有时走老路,有时走新路,而唯一的目的是为了在有利条件下求得作战的胜利。"红一军团作为红军的主力,走路肯定多一些。想不到林彪却不理解,他一边走一边埋怨,说毛泽东让走的尽是"弓背"路,应该走"弓弦"。他愤愤不平地说:"这样会把部队拖垮的,像他这样领导指挥还行?!"

　　林彪不仅对多走路不满,还抓住了一些仗没有打好做理由。遵义会议后红军打了一些胜仗,但也不是每仗必胜,像土城战斗就是败仗。毛泽东后来公开检讨说,土城战斗是他指挥的少数几个败仗之一,主动承担了责任,然而林彪却不依不饶。本来,遵义会议后搞教条宗派的一些人并不服气,暗中还在搞一些活动,这下他们似乎抓住了理,说毛泽东指挥也不行了。经林彪带头一闹,这股流言很快传了开来。

　　1935 年 5 月上旬,疲劳已极的红军进入四川会理,需要休整几天。林彪抓起电话要彭德怀,情绪激动地对彭德怀说:"现在的领导不成了,你出来指挥吧。再这样下去,就要失败。我们服从你领导,你下命令,我们跟你走。"彭德怀拒绝了林彪,说:"我怎能指挥,这是中央的事。"林彪打电话时,旁边的政委聂荣臻、参谋长左权、政治部主任朱瑞和保卫局长罗瑞卿,都十分惊讶。聂荣臻忍不住批评林彪说:"你是什么地位?你怎么可以指定总司令,撤换统帅?"两人发生了争执。林彪又写了封信给中央三人小组,要求朱毛下台,让彭德怀任前敌指挥,迅速北进与红四方面军会合。林彪还要求聂荣臻在信上签个名一起上送,被聂荣臻拒绝了。林彪坚持己见,单独签字上送了。

　　5 月 12 日,在会理郊外一个草棚子里召开了中共中央政治局扩大会议,参加会议的除政治局委员以外,还有林彪、聂荣臻、彭德怀、杨尚昆。针对林彪的"走弓背"论、"拖垮部队"论和背后活动,毛泽东毫不客气地训斥道:"你是个娃娃,你懂得什么!"(聂荣臻:《聂荣臻回忆录》,解放军出版社 1983 年版,第 258 页)

　　毛泽东的训斥固然令林彪大为尴尬,但毛泽东的话听起来,更像是家长教训自家不谙世事的小孩子,其中仍有一分溺爱在。原来,毛泽东以为林彪的信是受了彭德怀的鼓动,而彭德怀又是受了洛甫(张闻天)的鼓动。因此,毛泽东在会理会议上严肃批评了彭德怀,并要求洛甫作自我批评。

　　会理会议要求刚刚上台的毛泽东转而下台一事对毛泽东刺激很

大，此后 24 年中毛泽东先后讲了 4 次。1959 年春，毛泽东在一次会议上当着林彪的面说到这件事，林彪立即笑嘻嘻地对毛泽东说："当时走得太疲劳了，就冲动，就骂娘……"(胡哲峰，于化民:《毛泽东与林彪》，广西人民出版社 1998 年版，第 171 页)1959 年夏庐山会议上批判彭德怀，毛泽东再提此事。当事人林彪、彭德怀、朱德、周恩来都在，形同当面对质，林彪只好插话说明真相："我当时写信给中央，要主席、朱老总、总理离开军事指挥岗位，由彭德怀指挥作战，事前并没有同彭德怀商量过，与彭德怀无关。"(李锐:《庐山会议实录》，河南人民出版社 1994 年版，第 189 页)时过境迁，尽管当年起劲地反对毛泽东的是林彪，而不是彭德怀，但由于毛泽东此时正需要林彪这支"救兵"对付彭德怀，也就不会对林彪再说什么了。

(四)辽沈战役中，林彪为打锦州而一度动摇，差点坏了毛泽东的全盘战略，惹得毛泽东发了大火

林彪打仗的特点是精细，绝不冒险，这本是长处，但过了头，就容易畏首畏尾，在战略上趋于保守而稍逊一筹。辽沈战役中，毛泽东的部署是让林彪先打锦州，形成"关门打狗"之势。然而，林彪对于先打长春，还是先打锦州，却是犹豫不决。他更倾向于打长春，后来组织打了一下，结果没有按期攻下，只好暂时放弃。为此，他受到了毛泽东的几次电报批评。在东北野战军主力部队南下打锦州之前，毛泽东在一封来电中说："在五个月前(即四五月间)，长春之敌本来好打，你们不敢打；在两个月前(即七月间)长春之敌同样好打，你们又不敢打……"(杨国庆，白刃:《罗荣桓在东北解放战争中》，解放军出版社 1986 年版，第 154 页)受到毛泽东严肃批评之后，林彪才不得不挥兵南下打锦州。但是，南下途中，到达彰武时，他听到一份情报说葫芦岛敌增加了 4 个师，增援锦州，这使他顿时感到压力很大，又动摇了攻锦的决心。

一向独断专行的林彪，在没有同政委罗荣桓、参谋长刘亚楼商量

的情况下，就以林、罗、刘名义向军委发电，准备停止南下，再回头打长春。罗荣桓听说后，为林彪的动摇和在重大问题上的擅自做主十分生气，两人发生了争论。林彪为罗荣桓的严肃批评而激怒，竟涨红了脸，狠狠地说了句："你高明，将来你了不起！"

毛泽东收到林彪的电报，大为恼火，在来电中极为严厉地批评了林彪回师打长春的意见。

后来，辽沈战役的胜利是辉煌的，但也有失着。由于林彪在敌情判断上出了差错，置毛泽东四次指示强占营口、堵住敌南逃之路的要求于不顾，结果使敌五十二军军部、一个师和三个团 1 万余人从营口海上逃走。为此，毛泽东批评林彪说："你们事先完全不估计到敌人以营口为退路之一，在我们数电指出之后，又根据五十二军西进的不确实消息，忽视对营口的控制，致使五十二军于 24 日占领营口，是一个不小的失着。"

毛泽东对林彪辽沈战役中的失误之处一直没有忘记。1963 年 12 月 6 日，罗荣桓病逝，毛泽东写了《七律·吊罗荣桓同志》："记得当年草上飞，红军队里每相违。长征不是难堪日，战锦方为大问题。斥鷃每闻欺大鸟，昆鸡常笑老鹰非。君今不幸离人世，国有疑难可问谁？"其中"战锦方为大问题"一句，饱含着对罗荣桓的嘉许，也隐透出对林彪的不满和批评。(毛泽东：《毛泽东诗词集》，中央文献出版社 1996 年版，第 140 页)

(五)林彪在思想意识、为人处世、团结、民主作风等方面固有的毛病，也为毛泽东所了解，只不过毛泽东给予谅解，不予苛求

林彪属于那种两头冒尖的人物，他的优点、长处突出，毛病、短处也突出。说到他的毛病，和他共过事和了解内情的人们常常提到下面一些：

在南昌起义后南下途中，林彪将全连的伙食钱让他表弟背，结果被他表弟拐跑了。团长闻讯大怒，要枪毙他。幸亏团党代表陈毅手下留情,放了他一马,但教育他作为连长,以后不要任用私人,伙食钱一定要自己背。

起义失败后部队向井冈山转移途中,林彪曾一度离队,后来由于民团搜查得紧,弄不好不但走不脱,还要掉脑袋,他又回到了部队。此事朱德、陈毅知道得很清楚,又是陈毅原谅了他,说:"你现在不走就好嘛!你回来我们欢迎嘛!你还是回到七连去,把七连带好。他们对你有不满的话,我去做工作。"(粟裕:《粟裕战争回忆录》,解放军出版社 1988 年版,第 4~43 页)林彪上井冈山后,他那个携款逃跑的表弟又回来了,他并不接受教训,仍然和他表弟混在一起。

林彪的个人英雄主义也有所表现,从来看不起自己的上级。他当连长,反对营长周子昆;他当了营长,又反对团长王尔琢。朱德在会上曾批评他和王尔琢说:"你们的矛盾,源于个人英雄主义。以后,要改掉这个毛病。(胡哲峰、于化民:《毛泽东与林彪》,广西人民出版社 1998 年版,第 31 页)

林彪自以为是,很难听得进别人的批评意见。无论平时还是战时,他对自己的意见总是坚持得厉害,要说服他很不容易。红四军出击东江失利返回闽西根据地的时候,他因在官庄一带违纪打了一仗,被朱德记了一个过,不发零用钱。他很不服气,多次发牢骚。(胡哲峰、于化民:《毛泽东与林彪》,广西人民出版社 1998 年版,第 69 页)

林彪对同志缺乏关心,有时甚至到了冷漠的程度。突出的例子是他没有照顾好负伤后的团党代表何挺颖,致使何挺颖牺牲。何挺颖是三十一团党代表,毛泽东为了加强主力二十八团的战斗力,把工作能力强、群众威信高的何挺颖从三十一团调到了二十八团。何挺颖刚调到二十八团不久,就在战斗中负了伤。毛泽东听说后,专门对陈毅吩咐说:"你到二十八团团部跟林彪讲:何挺颖同志刚从三十一团调到二十八团,没过多久就负了重伤,无论如何,要用担架把他抬起走。这不仅是救人一命的问题,这对两个团的团结有直接影响。"陈毅向林彪传达了毛泽东的指示,林彪答应得很好,但两天后,却不见了何挺颖。陈毅一问，林彪若无其事地随口答了声"丢了"。陈毅大吃一惊，忙问怎么丢的，会不会被敌发现，身边有无人照顾，想不到林彪竟两眼一瞪，"哪个管得了那么多！"林彪的冷漠，气坏了陈毅，他指着林彪厉声斥责说："你是团长，对于团的党代表都不能帮助，还有什么阶级友爱！"（铁竹伟：《霜重色愈浓》，解放军文艺出版社出版，第89~90页）原来，林彪并没有落实毛泽东关于照顾好何挺颖的指示，没有采取任何保护措施，而是让负了重伤的何挺颖独自骑马走，结果在一次遭敌袭击的夜间紧急转移中，何挺颖从马上掉下来牺牲了。朱德也痛惜何挺颖的牺牲，对林彪表示了强烈的不满。

林彪还出语伤人，历来与同级尤其是同级政工干部搞不好团结。萧克曾在回忆录中写到这一点："'七大'前林彪给前委写了一封信，意思是有前委就不要军委，还说设立军委'这是个无耻的阴谋'。我们读了后都不高兴。要不要军委，是组织形式上的问题，哪里说得上是'无耻的阴谋'。""在此期间（注：指红四军打开上杭后召开八大期间），林彪和熊寿祺（注：纵队党代表）也闹矛盾，林彪一连写了3封信，要求辞职。前委专门开了一次会，解决他俩的矛盾，朱德说：'不要再吵了！'"（萧克：《萧克回忆录》，解放军出版社1997年版，第123页、第125页）

军长朱德、政治部主任陈毅，肯定会把林彪的这些缺点、毛病向毛泽东反映。当王尔琢牺牲，研究谁来接替团长职务时，朱德之所以不同意林彪，就是因为对林彪有某种保留。但后来，毛泽东还是力排众议，说服朱德任命林彪接任了二十八团团长，说明毛泽东看人、用人，是从大处着眼的。当然，林彪之所以当了二十八团团长，继而又当了红四军军长、红一军团军团长，也不光是毛泽东之力，朱德、陈毅也是同意了的。从"金无足赤，人无完人"这一点出发，毛泽东、朱德、陈毅虽然严肃批评过林彪，但并没有苛求他，也没有因此而不信任和轻视他。战争年代，红军需要大批人才，像林彪这样黄埔军校毕业的能打仗的军事指挥员，毕竟不是很多。

也不可否认,毛泽东总是对林彪多一份偏爱。他将林彪提拔为红四军军长后,鉴于林彪同历任政委都搞不到一起,特意安排胸怀宽广、政治水平高的罗荣桓担任红四军政委。罗荣桓尽心尽责,把红四军的政治工作、军事训练、后勤工作抓得井井有条,全军的士气分外高涨。林彪本喜欢挑剔,也说不出什么。有了这么个好政委,林彪索性除负责作战指挥外,部队的日常工作不怎么过问,两人配合得很好。毛泽东也放了心,高兴地对身边人说:"罗荣桓在四军,不是跟林彪团结得很好吗?"言下之意,问题不在于林彪不好共事,而在于以前做政委的水平不够,做得欠缺。只要像罗荣桓那样政委做好了,林彪是可以团结共事的。(黄瑶:《在战斗中成长的罗荣桓》,解放军出版社1983年版,第210页)

其实,在战争年代长达22年的相处中,有知人之明的毛泽东何尝不知道林彪的致命弱点和突出毛病,只不过毛泽东采取了原谅、宽恕、不苛求的态度罢了。用人之际,毛泽东高屋建瓴,把握大局,用人所长,并不拘泥于细枝末节。这正是毛泽东高人一筹的将将之道,也正是林彪能在毛泽东手下迅速崛起的缘由所在。

第三章　沉默与活跃

1950 年全国解放之初，林彪在党内、军内的地位尚不如后来突出。就党内职务而言，他是党的七大选出的中共中央委员、中共中央中南局书记；就军内职务而言，他是中央人民政府人民革命军事委员会副主席、第四野战军司令员。当时有东北、华北、华东、西北、西南、中南共 6 个中央局，第一野战军、第二野战军、第三野战军、第四野战军共 4 个野战军，这些中央局和野战军的负责人一个个都具有相当的资历、显赫的战功和非凡的能力，而 1955 年授予元帅军衔的十人中，就资历而言，哪一个都不比林彪差，像朱德一直是林彪的上级，彭德怀、陈毅曾经是林彪的上级，叶剑英、聂荣臻在黄埔军校是林彪的教官，刘伯承在中央苏区是中央军委和总部的首长，也是林彪的上级，徐向前在黄埔军校比林彪高三期，贺龙在南昌起义任军长时林彪才是个连长，只有罗荣桓的资历、地位，一直和林彪差不太多。

然而，中华人民共和国成立不出 5 年，林彪就成了中共中央政治局委员，再过 3 年，他又成了中共中央副主席，地位扶摇直上了。到 1958 年，他在党内的地位，在十大元帅中位居第三，仅次于朱德、彭德怀。当时中共中央继五大书记(毛泽东、朱德、刘少奇、周恩来、任弼时)之后，有七大领袖之说：毛泽东、刘少奇、周恩来、朱德、陈云、林彪、邓小平，其中林彪是最年轻的。

按说，一个人政治地位的上升不算为奇，和平时期党的领导层的变更也在必然之中，问题在于，具体到林彪，总给人以神秘莫测之感——他曾经是个长期脱离工作的病号，并且在新中国成立后关于抗美援朝的第一次重大决策中坚持错误意见，在反对高饶的第一次尖锐的党内斗争中有过牵连，受到毛泽东的严重警告，然而却没有影响他地位的稳定，甚至没有影响他政治上的升迁，这就很值得考究了。

一、林彪反对抗美援朝，称病拒绝出任志愿军司令员，令毛泽东大失所望

（一）中央两次开会，林彪的意见都与毛泽东相左

新中国成立后不久，中共中央遇到的第一个难以决定的重大问题，是要不要出兵抗美援朝。

1950年6月25日，朝鲜战争爆发。当金日成向中国求助，斯大林也力主中国出兵抗美援朝的情况下，中国面临艰难的抉择。

对于是否出兵，中共中央内部是有不同意见的。一开始，反对的意见占上风。毛泽东是主张出兵抗美援朝的。在1950年10月的上半月内，中共中央接连召开多次政治局会议，反复讨论出兵问题，经过激烈争论，逐渐取得了比较一致的意见。

但是，林彪却一直思想不通。他在出兵前的两次会议上，都反对出兵。(中共中央文献研究室编：《陈云年谱》下卷，中央文献出版社2000年版，第166页)其中他在军委常委居仁堂会议上说：打仗打仗，我们打了几十年仗了，十年内战，八年抗战，四年解放战争，人心思和啊！现在再出去打仗，可是不得人心啊！国家刚解放，国内经济这么个烂摊子，军队的破枪旧炮还没有改装，还有土匪在活动，自己顾得过来吗？还出去打。(雷英夫：《在最高统帅部当参谋》，百花洲文艺出版社1997年版，第156页)林彪还说：为了拯救一个几百万人口的朝鲜，而打烂一个5亿人口的中国有点划不来。我军打

败蒋介石国民党的军队是有把握的,但能否打得过美军很难说。它有庞大的陆海空军,有原子弹,还有雄厚的工业基础。把它逼急了,它打两颗原子弹或者用飞机对我大规模狂轰滥炸,也够我们受的。因此,他不赞成出兵,最好不出兵。如一定要出,那就采取"出而不战"的方针,屯兵于朝鲜北部,看一看形势的发展,能不打就不打,这是上策。

林彪的态度受到周恩来的批评,他反对出兵的理由也受到周恩来的反驳。周恩来说,现在不是我们要不要打的问题,而是美国逼着我们非打不可。我们的自卫是正义的,正义的战争最后一定会胜利。特别是现在朝鲜政府、金日成首相一再请求我们出兵援助,我们怎能见死不救呢?(雷英夫:《抗美援朝几个重大决策的回忆》(续一),原载《党的文献》1994 年第 1 期)

陈云也对林彪反对出兵的理由表示怀疑。林彪出逃覆亡后,1971年 10 月 8 日,陈云撰写《我对林彪的揭发》,其中写道:"建国以后,林彪在抗美援朝出兵前的两次会议上,都反对出兵。我问毛主席,出兵后美国是否会轰炸我国?毛主席说不一定。结果证明,毛主席是英明的。"(中共中央文献研究室编:《陈云年谱》下卷,中央文献出版社 2000 年版,第 166 页)

(二)毛泽东原拟让林彪挂帅赴朝,但想不到林彪称病不就

林彪的态度,是毛泽东所没有料到的。本来,此前为预防万一,已经以四野的第十三兵团为基础,组建东北边防军,由第三十八军、第三十九军、第四十军、第四十二军共 4 个军 12 个师及 3 个炮兵师共 25.5 万余人组成。林彪还提了个重要建议,让第十五兵团司令员邓华和第十三兵团司令员黄永胜对调,由军政双全、有勇有谋的邓华指挥东北边防军。考虑到林彪解放战争期间在东北打过仗,对东北的地形熟悉,先期开到东北的第十三兵团又是四野的老部队,因此,按照毛泽东原来的打算,是拟让林彪出任志愿军司令员。

周恩来也认为由林彪挂帅是比较合适的。早在 9 月初,中国驻朝鲜大使馆政务参赞柴成文从朝鲜回国,写了一个《汇报提纲》给周恩

来,周恩来让柴成文去向林彪汇报。柴成文猜测,可能中央是想让林彪去朝鲜指挥的,所以才让他给林彪汇报。柴成文在汇报中,林彪问了很多问题,似乎已经看过提纲了,他问了朝鲜的道路怎么样,问了最大的困难是什么,还问了如果打败了怎么着,打胜了怎么着等等。柴成文后来回忆,他觉得林彪对于出兵朝鲜有所保留,在态度上有些不坚决。

(张素华等编:《说不尽的毛泽东》(上卷),辽宁人民出版社、中央文献出版社1993年版,第387页)

当中央决定出兵,讨论到志愿军司令员人选时,林彪以有病为名,推辞了,这令毛泽东大失所望。

正是在这种情况下,毛泽东紧急将彭德怀从西北用专机接到北京,请彭德怀发表意见,并有意请彭德怀挂帅。彭德怀毫不犹豫地承担了入朝作战的重任。

毛泽东和彭德怀谈话时,曾征询彭德怀对于谁挂帅合适的意见,彭德怀说:"中央不是已决定派林彪同志去吗?"毛泽东若有所思地叹口气说:"是啊,我们商量的一致意见是派林彪去。从各方面考虑,派他去率军援朝是很合适的。可是,我前天征求他的意见时,他表示身体不好,每晚失眠,怕光、怕风、怕声音,硬是不接受任务。我问了傅连暲同志,他告诉我,病是有一点,但不大。"毛泽东话题一转,说:"既然林彪说他有病不能去,常委几个同志商量,我们的意见,这担子,还是你来挑,你思想上没这个准备吧?"彭德怀沉默片刻,说:"我服从中央决定。"(胡哲峰、于化名:《毛泽东与林彪》,广西人民出版社1998年版,第453页)

后来,彭德怀曾对身边的人开玩笑说,我不算志愿军,"我是毛主席点将来的,本来是该林彪来的,可是他说他有病,毛主席命令我来了!"(洪学智:《抗美援朝战争回忆》,解放军文艺出版社1990年版,第17页)

对于林彪的身体状况,是否有病,病情多重,是个有争议的问题。从实际情况看,他身体不好,有病是肯定的。打平型关战斗时,他就神经衰弱,戴健脑器。在东北时,他自己看医书,自己开方吃药,有一次吃药还出了问题,休克了。在衡宝战役中,为了和"小诸葛"白崇禧斗智斗勇,他呕心沥血,累垮了身体,只好躺在担架上指挥。但是,林彪的有病,是不是到了不能挂帅赴朝的地步呢? 在中央很有威信的名医傅连暲认为病是有一点,倒也未必上不了前线。这件事得罪了林彪、叶群。林彪事后说:"等我好了,撤他的职,算他的账。"后来,到"文化大革命"中,傅连暲就被迫害致死了。

(三)林彪随即去苏联养病,此举在党内颇受非议

中央派彭德怀入朝作战的决心一下, 林彪就陪同周恩来前往苏联,先是同斯大林谈判要求空中掩护和提供军火,然后就留在苏联养病了。

对于林彪的这个态度,党内许多人是不满意的。

林彪对自己的病,历来看得很重。他的病因起于 1938 年山西那次负伤,子弹从右肋进,由左侧背穿出,伤及肺部和脊梁骨。很快,毛泽东便来电令林彪回延安养伤。由于延安的医疗条件有限,同年 5 月,中央决定林彪去苏联养伤,秋天成行,直到 1942 年春才回国。抗日战争最艰苦、最困难的阶段,林彪是在苏联度过的。(胡哲峰、于化民:《毛泽东与林彪》,广西人民出版社 1998 年版,第 259 页)

这次面对抗美援朝的紧急关头, 林彪像当年抗日战争时期一样,又去异国养病,自然受到非议。

在中央最终作出让彭德怀挂帅决定的前夕, 邓小平受毛泽东委托,到北京饭店约刚刚到京在中共中央政治局会议上未赶上发言的彭德怀去中南海,两人的对话便流露出对林彪的不满。邓小平带有暗示说:麦克阿瑟在美国颇有名气,既好战又疯狂自负,很可能是老总你的主要对手。彭德怀感到奇怪:调东北的边防军是四野十三兵团,林彪去比较合适……邓小平说:毛主席想要林彪挂帅出征,但是林彪对入朝作战的不利因素看得过重,借口有病予以推脱。(胡哲峰,于化民:《毛泽东与

林彪》,广西人民出版社 1998 年版,第 452~453 页)

多年之后,聂荣臻揭露说:"林彪是反对出兵朝鲜的。毛泽东同志原先决定让林彪去朝鲜指挥志愿军,可他害怕,托词有病,硬是不肯去。奇怪得很,过去我们在一起共事,还没有看到他怕死到这个程度。"

(聂荣臻:《聂荣臻回忆录》,解放军出版社 1983 年版,第 736 页)

邓小平在"九一三"事件后给毛泽东的一封信中也揭露说,他知道林彪历史上犯了两个错误,一个是会理会议时搞秘密串联,一个是在抗美援朝这个严重的政治关头,又反对主席的极端重要的政治决策,并且拒绝到朝鲜作战。从实质说,他是怕美国,不相信会打败美帝,不相信自己的正义立场和自己的力量。

关于林彪为什么拒绝出任志愿军司令员一职,从林彪的心态来分析,"怕死"倒未必,但患得患失,怕打不赢坏了自己"常胜将军"的一世英名,倒有可能。据曾在林彪身边工作过的一位同志回忆:"在我们经常会面时,他暗示说,他拒绝为抗美援朝志愿军司令员,乃是因为他对美军既不够了解,也对朝鲜的作战环境感到生疏,他觉得没有打胜仗的把握。"(胡哲峰、于化民:《毛泽东与林彪》,广西人民出版社 1998 年版,第 454~455 页)

当然,林彪虽然对出兵朝鲜持反对态度,但他还是积极组织了四野部队的准备工作,其中包括组织十三兵团立即开赴东北,将十五兵团司令员邓华调换到十三兵团当司令员,而将十三兵团司令员黄永胜调换到十五兵团当司令员等。

二、在高饶事件中,林彪卷了进去,毛泽东派陈云去做争取林彪的工作

(一)林彪支持高岗拱倒刘少奇

1951 年 10 月,林彪在苏联养病 1 年后回国,中央确定他主持军委

工作。然而,他上班仅三个多月,就又晕倒,一病不起。到 1953 年,林彪一直处于养病状态,没有做多少工作。这时,发生了高饶事件,林彪卷了进去。

林彪和高岗曾经共过事。抗日战争结束后,党中央向东北派去一大批干部,光中共中央委员、候补中共中央委员就有 20 个,其中包括中共中央政治局委员彭真、陈云、高岗。从那时起,林彪和高岗相处了 4 年。高岗担任东北局副书记、东北民主联军副政委。一开始,东北局内部意见不一,担任东北局书记的彭真和担任东北民主联军司令员的林彪分歧严重,高岗站在林彪一边。由于高岗在党内的地位比林彪高,加上高岗做事干练,工作有魄力,能力强,林彪对高岗是既尊重又器重的,两人关系很好。据说,到林彪那里去不用报告直接进门的,只有两个人,一开始是罗荣桓,后来就加上了高岗。

林彪指挥辽沈战役胜利结束后,率四野百万大军入关,高岗留在东北,担任中共中央东北局书记、东北人民政府主席、东北军区司令员兼政委,成了名副其实的"东北王"。1952 年 10 月,高岗调中央工作,担任国家计划委员会主席,一时权倾朝野。

高岗奉调进京后,不分场合,不顾分寸,四处散布对刘少奇、周恩来的不满。与此同时,又四处散布称赞林彪的言论,说林彪政治上很强,将来是党内了不起的人物。(薄一波:《若干重大决策与事件的回顾》,中共中央党校出版社 1997 年版,第 308 页)鉴于毛泽东提出要准备召开全国人民代表大会,他退居二线,党中央领导机构要进行改革,正在磋商是否增设副主席或总书记,最高国家行政机关是否采取部长会议形式的问题,又鉴于毛泽东这段时间多次严厉批评刘少奇,高岗便以为时机到了,毛泽东不信任刘少奇了,要改换接班人了,便积极展开了反对刘少奇的活动。他甚至认为这是为党和国家、为毛泽东办一件大好事,帮助毛泽东把刘少奇从接班人的位子上拉下来。后来他在反省时说:"谁上去都行,就是少奇不行。"在游说活动中,他说他主张设部长会议,部长会议主席他建议林彪来当。

1953 年 6~8 月全国财经会议期间,高岗明里暗里散布了不少反对刘少奇的言论。林彪作为高岗担任主席的国家计划委员会的委员、华中行政委员会主席,因病没有参加财经会议,当时正在北京西山休养。会议期间,高岗出面联络了二三十位大区和军队高级将领,前往西山林彪住处看望林彪。林彪当时参与了这些人对刘少奇等的议论,并且表示支持高岗的看法。据高岗秘书赵家梁回忆:事后,参与探望林彪的王鹤寿曾对别人说:"林总的水平确实很高,看问题深刻、尖锐,击中要害。刘少奇这些白区的人有篡权的危险性和可能性,是毛主席身边的危险人物。""看来,现在中央的领袖中,刘少奇是不行了,只有高主席(高岗)是久经考验的……"

1953 年 10 月,林彪又到杭州养病,高岗以休假为名,特意赶到杭州,和林彪多次商量中央人选名单和军队八大代表团名单等。林彪的妻子叶群也代表林彪常常到高岗住处,谈政治问题。(谭宗级、郑谦等:《十年后的评说》,中共党史出版社 1987 年版,第 61 页)高岗将离开杭州时,林彪又派叶群对高岗说:"林彪与你谈话后,很兴奋,他的意见,主席退居二线,同意你兼职掌握实权,总理摆名义职务,不要他掌实权。"事后,高岗也得意地对别人说:"关于中央人选名单已与林彪商量好了,他同意这个名单。"(李力群,1971 年 11 月 1 日揭发材料)

(二)陈云捎来毛泽东的话震动了林彪

党中央、毛泽东很快发现了高岗与林彪的联络情况,也发现了林彪的政治态度。1953 年 12 月中旬,毛泽东决定派陈云沿着高岗外出走过的路线,代表党中央向高岗游说过的干部打招呼。陈云从北京出发,一路到了上海、杭州、广州、武汉等地,向当地大区、中央局、中央分局负责人通报高岗用阴谋手段反对刘少奇、分裂党的问题,并向高岗游说过的干部打招呼。

毛泽东要陈云转告在杭州休养的林彪：不要上高岗的当，如果林彪不改变意见，就与他分离，等改了再与他联合。（金冲及、陈群：《陈云年谱》，中央文献出版社 2000 年版中卷，第 192 页、下卷，第 166 页）

毛泽东的这几句话，对林彪来说既是很亲切的关怀，也是很严厉的警告。

陈云向林彪原原本本地转达了毛泽东的话，并向他介绍了高岗利用四野旗帜，如何在全国财经会议上煽动各大区负责人，如何到处活动等问题。

陈云和林彪在东北解放战争中搭过班子共过事，关系不错，陈云担任过东北局副书记、东北民主联军副政委，党内职务比林彪高，能力又为林彪所佩服。这样，陈云的话，林彪是听得进去的。

林彪答复陈云说："对这件事，主席和你比我了解，我同意。"

林彪又问陈云："想不想当党的副主席？"陈云说："我不配，不要当。"

林彪说："那么除刘少奇外不要再提别人了。"

林彪还判断说："高岗可能会自杀。"

陈云立刻回上海把他同林彪谈话的情况报告了毛泽东。

毛泽东问陈云："难道副主席只要刘少奇一个？不要恩来？"

陈云说："我当时理解林彪说除刘少奇以外不要再提别人的意思，是林彪自己不想当副主席。"（金冲及，陈群：《陈云传》(下卷)，中央文献出版社 2005 年版，第 886~887 页）

由于毛泽东最终放弃了对高岗的信任和支持，高岗、饶漱石很快倒了台。在 1954 年 2 月召开的七届四中全会和此后紧接着召开的两个座谈会上，揭发、批判了高饶的反党活动。林彪也受到了很大触动，尤其是高岗的自杀身亡，尽管他事先曾有预言，一旦成真，还是令他痛惜不已，也惊骇不已。党内斗争的复杂、诡谲和残酷，在他心头留下了一道挥之不去的阴影。

三、反对抗美援朝和卷入高饶事件并没有影响林彪的升迁，他相继当上了中共中央政治局委员和中共中央副主席

(一)毛泽东着意保护林彪

林彪虽然在养病中,但毛泽东一刻也没有忽视他。林彪虽然在抗美援朝问题上和自己唱反调,并且卷入了高饶事件,但毛泽东一刻也没有忘记团结、争取他。高饶事件发生一年后,在1955年4月召开的中共七届五中全会上,林彪和邓小平两人一道被补选为中共中央政治局委员。这时,后来授予元帅军衔的十名战将中,进入中共政治局的只有朱德、彭德怀和林彪三人。

第二年,即1956年9月,中共八大召开。林彪再次当选为中共中央政治局委员,这时的十大元帅中,进入政治局的有朱德、彭德怀、林彪、罗荣桓、陈毅、刘伯承、贺龙。值得注意的是,一年前同林彪一道被补选为中共政治局委员的邓小平,这时进入了中共中央政治局常委,担任了中共中央总书记职务,排在了林彪前面。

1958年5月召开了中共八届二中全会,全会经毛泽东提名,增选林彪为中共中央副主席、中共中央政治局常委。同样值得注意的是,此时林彪又排在了邓小平前面。

林彪自从当选为中共中央政治局委员后,出场多了起来,尤其是当选为副主席之后的大半年内,他频频露面,重新活跃了起来。他的身体状况似乎明显好转,问题不大了。

为什么长期养病脱离工作,并且在两个重大问题上犯有严重错误的林彪,竟然政治上毫发未损,依然受到信任重用,并且政治地位不断上升呢?这要从毛泽东对林彪的看法,党内生活的状况,林彪在党内的影响,以及林彪的政治策略,尤其是毛泽东在高层用人上的战略布局

等诸多方面来分析。

第一，当时党内不赞成出兵朝鲜者大有人在，像刘少奇、朱德、周恩来、任弼时等一开始都持保留、慎重态度，加之新中国成立初期党内生活还比较民主，决定重大问题时如有不同意见，都可以畅所欲言，事后并不抓辫子，算总账。因此，林彪的不同意见也被看做是正常的，甚至是可贵的。至于在党中央已经决定了之后他还唱反调，最多也是个固执己见的问题，是个性格倔犟的问题。再说，开国将帅哪一个不是个性很强呢？深知林彪脾气、秉性的毛泽东，因而也就并未记他的账。

第二，林彪负过伤，身体不好，这是人所共知的。据萧克回忆，1928年从井冈山南下的一次战斗中，他的颈部和左肩受了重伤，"营长林彪也挂了彩"。(萧克：《萧克回忆录》，解放军出版社1997年版，第104页)加上在山西那次负伤，林彪至少两次负伤。林彪自己说有病，人们没有理由怀疑，而且眼见为实，只能给予同情。连"红色御医"傅连暲都说他"病是有一点"，别人也就不好再多说什么了。

第三，延安整风"惩前毖后，治病救人"的思想深入人心，有错误改了就不再抓小辫子。毛泽东对林彪卷入高饶事件提出了严重警告，林彪表示不再支持高岗，接受了毛泽东的意见，这正是毛泽东所期待的，他当然持高兴和欢迎态度。何况，毛泽东在对整个高饶事件的处理中，注意维护党的团结，有意识地保护了一些干部，林彪当然更是毛泽东着意保护的一个。

第四，当时中华人民共和国建国不久，战争年代林彪战功显赫，人们记忆犹新，毛泽东赞赏有加。毫无疑问，开国功臣总是能够更多地得到人们的同情和谅解，况且，保卫新生的人民政权还是要靠忠心耿耿、智勇双全的将帅。

更重要的，从中央领导层力量对比的全局看，高饶事件让"红区"即打仗出身的一些领导干部受到敲打，而让"白区"即做地下工作出身的一些领导干部扬眉吐气，毛泽东不能不考虑二者的力量平衡。况且，高岗问题的出现,他本人也负有一定责任,至少,他在高岗面前说过一些对刘少奇不满的话,令高岗产生了错觉。因此,对拥护、支持过高岗的人,他不能一概否定。政治谋略上高人一筹的毛泽东,此时已经准备把林彪当做日后制衡某种势力的重要力量来看待了。

七届四中全会是毛泽东当权后唯一没有出席和主持的中央全会,他当时留在杭州,委托刘少奇主持这次全会,委托周恩来、邓小平主持解决高饶问题的两个座谈会。毛泽东为什么不出席?他有他的特殊用意,很可能是避免难堪。但后来高岗自杀后,毛泽东认为座谈会没有开好。他说:高岗的问题处理得不好。高岗不自杀,即使不能在中央工作,还可以在地方上安排嘛。(张秀山:《我的八十五年》,中共党史出版社2007年版,第315页)

毛泽东既然对高岗是这样看法,对高岗的同情者和支持者林彪,自然也会生出某种不便明说的感情,至少要宽容、大度得多,更不要说准备日后对林彪的倚重和使用了。

(二)林彪成功地运用了政治韬略

军事上素来机警的林彪,政治上也变得机警起来。在中央揭露、处理高饶事件的过程中,他见势不妙,不失时机地实施了退却,结果有效地保护了自己。

全国组织会议期间,高饶活动被发觉,林彪闻讯,即留了一手。他写信给某人说:"关于高所谈机构问题,盼你对张(张际春)、邓(邓子恢)不必谈,且望在粤、在汉、在京对一切熟的同志亦均勿谈",并一再嘱咐:"在谈话中勿涉及人事问题。"七届四中全会后,他一面通过他人散布"林彪反对高岗",一面通过别人同高岗订立攻守同盟,要高岗做好精神准备,自己承担,不要牵扯别人,绝对不要牵扯林彪。(邓子恢,1971年10月6日揭发材料)

林彪政治上看得很远,1954年中央处理高饶时的暂时过关并没有使他麻痹大意，直到8年后，其时高岗早已自杀身亡，他还努力洗刷自己参与高饶活动的问题。1962年，他指使叶群对高岗妻子李力群编造说：1953年11月末林彪交李力群转给高岗的那封信，是林彪批评高岗搞地下活动是危险的，不让别人知道是想让高岗偷偷改了。说当年高岗在杭州给林彪看中央人选名单，林当时曾批评高岗说这是非法的活动。由于林彪成功地掩盖了他和高岗的关系，中央对他未予深究，使他平安地过了关。(谭宗级，郑谦等：《十年后的评说》，中共党史出版社1987年版，第61页)

毛泽东派陈云去杭州争取林彪，林彪审时度势，随机应变，见高岗已经失势，便答应不再支持高岗，这是他政治上的敏锐、机智、过人之处。其实，就林彪的真实思想而言，他是同情高岗的。据高岗妻子李力群讲，高岗死了之后，林彪还替高岗说好话。李力群说："过去林彪也说过，东北解放战争，我没有高岗的配合，没有高岗和我一块补充部队，部队到了一百多万，我打不了胜仗。我能说高岗坏吗？我不能。我林彪还是有良心的。""林彪从杭州回来当副主席。他找我，要叶群接我到他家里，问我几个孩子的情况。他说高岗是冤枉的。他说陈云去叫他揭发高岗，他当时就说，我不能昧着良心说高岗不好。在东北对刘少奇有意见，你陈云也有一份，我林彪也有一份。对刘少奇有意见是毛主席。反刘少奇不是他一个人，就是他出头说了就是了。"

但林彪这些话，他也只是私下里讲。在公开场合，他的调子很高，绝对和毛泽东保持一致。

(三)林彪特有的优势被毛泽东所看中

还有一个更为重要然而以往容易被忽略的问题，这就是已经提出退居二线的毛泽东，此时已开始对接班人问题进行深层次的考虑。

林彪能打仗，是有名的军事家，这是公认的，并为毛泽东所喜爱；林彪是毛泽东一手提拔起来的，两人的历史渊源很深；林彪年轻，在后来授衔的十大元帅中,他是最年轻的一个。

当时主持军委日常工作的是彭德怀,而彭德怀和毛泽东,无论是历史上,还是现实中,总有某些不和谐的地方,甚至可以说是有成见,有宿怨。

论资历,论战功,论能力,加上论年龄优势,林彪足以与彭德怀并驾齐驱,甚至略胜一筹。敢于直言、刚正不阿的彭德怀,一直为毛泽东和一些中央领导人所担忧。

后来 1959 年庐山会议批判彭德怀时,这种担忧便公开谈了出来。在常委会上,刘少奇当着彭德怀的面说了这样一件事:有一次,他和彭德怀一起去看病中的关向应,关向应流着泪说:"彭总,你不要反对毛主席,闹派别。我是快死的人了。"

毛泽东则当着彭德怀的面说:"我 66 岁,你 61 岁。我快死了。许多同志有恐慌感,难对付你,很多同志有此顾虑。"(李锐:《庐山会议实录(增订本)》,河南人民出版社 1995 年版,第 200 页、第 193 页)

在毛泽东看来,今后一旦彭德怀出了问题,还有一个林彪可用。唯一能制衡彭德怀的,只有一个林彪。

毛泽东还有更深一层的考虑和谋划。尽管他转而支持刘少奇,把高饶打了下去,但他对刘少奇的不满和戒心并未根除。刘少奇是一面旗帜,林彪也是一面旗帜。林彪对刘少奇有意见,今后一旦接班人出了问题,比刘少奇小 9 岁的林彪无疑是一颗有用的棋子。

关于接班人,在当时条件下全面衡量,林彪确实是难得的人选。很可能,此时毛泽东已经把林彪作为战略预备队来考虑和使用了。

果然,林彪担任中共中央副主席一年后,就在反对彭德怀的斗争中大大地派上了用场。到了"文化大革命"中,林彪更是取代刘少奇成了毛泽东的接班人。

至于刘少奇的"罪状",则正是当年高岗攻击刘少奇的那些材料。这一切,难道是偶然的吗?

四、林彪在 1959 年批判彭德怀的庐山会议上成了毛泽东的"援兵"，会后取代彭德怀，执掌了军队大权

（一）毛泽东一声令下，原本请了病假的林彪招之即来

1959 年的庐山会议，是指先后举行的中央政治局扩大会议和中共八届八中全会。会议从 7 月 2 日开始，原定的会议主题是反"左"。此前，毛泽东已觉察并着手纠正"大跃进"和人民公社运动中的"左"的错误。7 月 14 日晚，当一向耿直的彭德怀给毛泽东写了一封信，对"左"的错误提出批评意见之后，毛泽东突然决定会议由反"左"改为反右。7 月 16 日上午，毛泽东把刘少奇、周恩来、朱德三位常委召到他的住处说，要评论彭德怀的信的性质，彭真、陈毅、黄克诚、薄一波、安子文同志也上山来，参加会议。如果林彪同志身体还可以，也请他来。

毛泽东要请林彪上山，是他感到此次批彭阻力和难度不小，自己方面力量不够。因为彭德怀的意见书得到大多数人的赞成，尤其是理论上很强的张闻天支持彭德怀，在小组会上一口气讲了 3 个小时，很有说服力。以至华东组组长柯庆施跑到毛泽东那里汇报，急急地说："主席要赶紧亮明观点，否则人都被他们(指彭德怀、张闻天)拉跑了！"

本来请了病假的林彪，闻毛泽东之命雷厉风行，于次日就上了山。摸透了毛泽东底的林彪，在会上的调子很高。他自称是毛泽东的"援兵"，大有"进京勤王"的意思。仅此一举，便深讨毛泽东欢心。

（二）林彪发言尖刻，上纲很高，充当了批彭的急先锋

虽然上山晚，但林彪的思想却一步不落地跟着毛泽东的思想走。在常委会上，林彪当着彭德怀的面，说彭德怀是"招兵买马，是野心家、阴谋家、伪君子，冯玉祥式的人物"。他巧妙地吹捧毛泽东说："在中国，

只有毛主席是大英雄,谁也不要当英雄。"中央全会召开前,林彪还接受毛泽东的委托,给刚刚上山的中央委员们打招呼,实际上是给全会、给彭德怀定调子。林彪在讲话中自称是先到的"援兵",大家是最后到的一批"援兵",意思是支持毛泽东来了。并点名批判彭德怀是"个人野心家",通篇不称彭德怀一个"同志"。

林彪打仗善于动脑子,在党内斗争中也善于动脑子。他发言说,这次批判彭德怀,是党取得的一个大胜利,避免了两个东西:一个是避免了大马鞍形,如果彭德怀挂帅,天下就要大乱,泄掉干劲;另一个是避免了党的分裂,及时阻止了党的分裂。林彪懂得,他把问题的性质说得越严重,对毛泽东的支持就越大,从毛泽东那里讨得的信任就越多。

(李锐:《庐山会议实录》,河南人民出版社1994年版,第311~313页)

毛泽东对林彪的发言十分赞赏,他问彭德怀:"多次重要时期,从没写信给我,为什么这次要写万言书……我同常委之间、同别人,从来没讲过你什么,为了让你安心工作,给林彪发'转业费'。"毛泽东说给林彪发转业费,意思是说不让林彪过多地管军队的事。中国有十大元帅,为什么单提给林彪发"转业费"?看来,在毛泽东的心目中,最适合掌管军队的人选,也就是彭德怀、林彪二位了。

会后,彭德怀在意料之中地失去了国防部长的职位,林彪也在意料之中地取代了彭德怀。

(三)毛泽东不采纳罗荣桓的意见,把国防部长一职交给了林彪

打倒了彭德怀,毛泽东准备让林彪接替彭德怀的国防部长职位。为此,毛泽东要彭真打电话,征求未出席庐山会议的同志的意见。依毛泽东的威望和林彪的威信,通过毛泽东的提议是完全不成问题的。但是,党内还是有人正直无私地提出了自己的不同意见,这就是有"党内圣人"之称的罗荣桓。罗荣桓说,国防部长外事任务较重,林彪身体不

好,似不宜担任这一职务。罗荣桓建议由贺龙担任这一职务。彭真把罗荣桓的意见报告了毛泽东,然而毛泽东没有采纳。(黄瑶、李志经、杨国庆:《罗帅的最后十五年》,人民出版社 1987 年版,第 94 页)

1959 年 9 月 26 日中共中央政治局决定,中央军委主席为毛泽东,副主席为林彪、贺龙、聂荣臻。军委常委为毛泽东、林彪、贺龙、聂荣臻、朱德、刘伯承、陈毅、邓小平、罗荣桓、徐向前、叶剑英、罗瑞卿、谭政。军委日常工作由林彪主持。这时林彪的政府职务是:国务院副总理兼国防部长,他大权在握了。(李锐:《庐山会议实录(增订本)》,河南人民出版社 1995 年版,第 155 页)

庐山会议林彪坚定地维护毛泽东的权威地位,毫不留情地批判彭德怀,彻底扭转了新中国成立以来林彪留给毛泽东仅有的不良印象,林彪在毛泽东心目中的位置越来越重要了。

林彪主持军委日常工作后,很是活跃了一阵子。然而没有多久,大约到 1963 年前后,他就又称病不出,进入病休状态了。

五、林彪的身体状况到底如何? 他究竟是真的有病,还是在行韬晦之术

(一)林彪的病情和"怪异",令人难以理喻

人们都承认林彪是个"怪"人,这个"怪",毫无疑问包括他的身体、病情、生活习惯和癖好。

林彪不大相信医生,他从解放战争在东北时就开始自己开药方。有一次他开的方子里砒霜过量,差一点送了命。为了对他负责,谭政和何长工(当时任军工部部长)甚至商量过把他用的医书烧掉,但谁也不敢去做,怕他发脾气——他发起脾气来吓死人。后来还是罗荣桓规定了一条:今后林彪开的方子必须经过医生认可方能抓药。这一条直到解

放后仍然坚持了下来,林彪开的方子,他身边的工作人员要拿给傅连暲(当时担任总后勤部卫生部副部长)过目。(黄瑶、李志经、杨国庆:《罗帅最后十五年》,人民出版社1987年版,第131页)

整个20世纪50年代,林彪除了他当选中共中央政治局委员和中共中央副主席,以及取代彭德怀主持军委日常工作后一段短暂时间,其余都是在病休之中度过的。而且,他成了生活中的一个怪人,不洗脸,不洗澡,胡子老长也不刮,大便不上厕所,在床上进行。他怕风,怕光,怕水,怕声,房子里每天窗帘拉得严严实实。他不出门,不露面,终日习惯正襟危坐在沙发上。叶群就说:"毛家湾的沙发让首长坐坏了好几个,他有'坐功'!"他唯一的锻炼身体的方式是"转车",即坐着他的高级防弹轿车外出狂奔。此外,他还喜欢一根接一根地划着火柴放在鼻子前嗅味。他的饮食也与众不同,他不吃鱼肉,不吃大米,喜欢吃麦片,喝麦片糊糊。偶尔吃一点肉饼,以及黄豆之类。他吃食物不在乎味道,而讲究热量和温度,热量由保健医生暗中掌握,温度则必须到烫嘴的程度。他吃白菜不让切,不放盐,不放油,说是可以治疗植物神经紊乱症。

林彪生活中的怪异令人难以置信。"文化大革命"中,服侍林彪的内勤陈占照就没见他洗过澡,连脸也不洗,外出有场合时顶多用热毛巾抹一把。一次,林彪提出要洗脚,陈占照只给他洗了一只,另一只他就坚决不洗了,说是怕出汗。"九一三"事件后,陈占照写的材料中说到这一点,连周恩来都不相信,说每次见到林彪看他都脸白白的,怎么会不洗脸、不洗澡呢?为此,纪登奎专门找陈占照核实,向周恩来汇报后,周恩来听后一脸惊愕,连连摇头。(采访陈占照谈话记录)

服侍过林彪的内勤刘文儒也证实林彪不洗澡,他介绍了这样一些情况:平时叶群动员林彪洗澡、洗脸,林彪就是不洗,并说:你看农村人讲卫生吗?不是也活得很好吗?西藏人一生只在生、死时洗两次澡。林彪还说:人三天拉一次,五天拉一次,多可惜呀!人是可以不拉的。

刘文儒对林彪的怪异感到不解,说:"当时我真是闹不清,怎么会是这样呢?"

刘文儒对林彪有病是持肯定态度的。他介绍说:叶群说林彪在战争中受过伤,损坏了神经,植物神经失调。林彪却说,自己是硫磺中毒。1964年、1965年时,林彪的身体状况已经很不正常了。有一次,在广州住在原汪精卫公馆,我陪他坐着,他让我用一根木棍绑在他的胳膊上,免得翻身、出汗、受凉。

林彪虽然承认自己是硫磺中毒,但他不相信医生。据林彪秘书宋德金回忆:林彪说过这样的话:"人有什么病,自己最清楚,医生怎么能知道呢? 听医生的话人就没法活。"林彪不要保健大夫,组织上给他派的保健医生蒋葆生在毛家湾林办一直是"黑人",林彪甚至不知道有蒋葆生这个人存在。

(二)医学专家对林彪的病情意见不一

医学专家都不否认林彪有病,但对林彪病情的看法却意见不一。

医生出身的王稼祥夫人朱仲丽认为,林彪没有大病,属于小病大养。她回忆说,抗美援朝时期林彪在莫斯科以治病为名带着妻子儿女长期不归,引起了斯大林的注意。斯大林对当时的中国驻苏大使王稼祥说:"你们党中央怎么把林彪给忘记了! 他没有大病。"后来,她在北京苏联红十字医院担任中方院长时,苏方院长奉莫斯科之命告诉她:"请转告你们党中央,林彪同志的身体没有器质性的毛病,只是神经衰弱,工作就会好的。愈不工作,愈神经衰弱。"王稼祥把这一情况报告了周恩来,这才中止了林彪的莫斯科治病。但林彪却迁怒于王稼祥。

(朱仲丽:《黎明与晚霞》,解放军出版社1986年版,第416页)

名医,1955年被授予中将军衔的中央军委卫生部副部长傅连暲认为,"林彪身体很好,没什么大病",所谓有"病","完全是精神作用"。称病杜门的林彪,每次见了傅连暲,都拉着傅的手可怜巴巴地说:"傅部长呀,我活不了啦,你要救我呀……"1953 年,毛泽东指示傅连暲组织北京、上海、天津等地的名医给林彪会诊,党中央还派萧华做代表参加会诊小组。会诊前,叶群出面,暗示傅连暲给林彪开个有病的证明,报告中央。叶群的动作也很可能是林彪的主意,因为,只有医生说他有病,才能打消人们尤其是毛泽东对他拒不入朝作战的疑虑。谁知傅连暲为人正直,敢于负责,并且出于好心,表示还是检查一下看。仔细检查和名医会诊的结果,使傅连暲对林彪的病情有了数。他告诉林彪、叶群说,林彪身体很好,没什么大病,要多注意户外活动,锻炼身体。所谓"见风感冒,见水拉稀"之类,完全是精神作用。当时林彪有个大便不正常的毛病,一周才便一次,干硬得非得医务人员用手抠出不可。傅连暲建议林彪多吃蔬菜,并告诉他纤维素有助于肠蠕动,可以解决便秘问题。还十分关切地劝林彪不要吸毒,一定要戒除吃吗啡的恶习。要治病,有别的办法,吸毒是万万要不得的。事后,傅连暲委婉地向毛泽东作了汇报,说:林总没有大病,请主席得便时劝劝他,让他见太阳、吃青菜、散步、喝水……(黎勤、郑淑芸:《林彪扎毒与傅连暲之死》,载《百年潮》2000 年第 4 期)

毛泽东是相信傅连暲的医术的,因为早在瑞金时期,傅连暲曾救过毛泽东的命。傅连暲说请毛泽东劝劝林彪,于是,毛泽东特地手书了曹操《龟虽寿》的诗,送给林彪,用这种含蓄的方法对林彪进行了规劝和批评。

但是,林彪没有任何改变。不过,他还是采取了一点动作,"文化大革命"前夕,他把毛泽东给他的信和手书的《龟虽寿》翻拍成照片,分送给中共中央政治局诸成员。对此,陈毅颇有微词,不满地对家人说:"只有他可以这样做,别人要是这样就是吹嘘自己。"(《陈毅在"文革"中》摘自《文摘旬刊》1986 年 7 月 1 日)

另有中国名医和苏联医学专家认为林彪有精神方面的疾病,但遭到林彪本人和叶群的否认。

　　新中国成立之初,毛泽东委托他的保健医生兼生活秘书王鹤滨去看望林彪。王鹤滨看过之后,问同在那里的朱德的保健医生翁永庆大夫:"林彪患的什么病?"后来,王鹤滨回忆说:"我当时怀疑林彪是否患有精神分裂症,因此发出提问。我一进到林彪的卧室,给我的视觉印象是精神上的症状。"(王鹤滨:《在伟人身边的日子》,中国青年出版社 2003 年版,第 403 页)

　　住在毛家湾的林彪的保健医生蒋葆生也认为林彪有精神病。别人问起林彪的病情, 他曾悄悄对人说:"早在 50 年代就有人说林彪有精神病,苏联专家也说过。叶群一听就火了,把这位苏联专家赶回国了。还有位老同志,他在延安时就是中央领导同志的保健医生,原来是胡宗南的医务官。他也说林彪有精神病,也被叶群赶到西南地区一个医学院去了。"

　　这位蒋医生还对人说:"你看过一本国外的《病夫治国》这本书没有?毛家湾里就有,大约你没注意。我看过。林彪的病就类似书中说的某些人的病。有这种病的人,有时在某些领域里他完全跟常人一样,但在另一些领域里,他就是个白痴。"

　　据林彪秘书宋德金介绍,1964 年林彪在长春,曾请上海精神病医院院长粟宗华专程到长春为林彪看病。在会诊中,主述的叶群尽量把林彪的病情说得轻一些,说林彪是因为在山西受了枪伤,交感神经系统出了问题。参加会诊的专家多数不同意叶群的说法,认为是林彪用脑过度,不会休息所致。不过专家中也存在很大分歧,争得一塌糊涂。(宋德金:《真实的林彪——林彪秘书最后的回忆录》,香港皇福图书国际有限公司 1998 年版,第 84 页)

　　林立衡也说林彪有精神病。她看到过林彪的病历档案,早在 1953 年就有记载。林立衡还披露了这样一个情节:当给林彪会诊的医生说林彪是神经系统有病时,与叶群发生了激烈冲突。双方都给中央写了报告,都指责了对方。

林彪不承认自己有精神病,他站在叶群一边。(官伟勋:《我所知道的叶群》,中国文学出版社1993年版,第207页)

长期在林彪家工作的服务员王淑媛也认为林彪精神不正常。"文化大革命"期间,她曾目睹一次林彪触电门自杀的反常举动,是她及时救了林彪一命。此事吓坏了李文普,后来就在林彪卧室架了张行军床,李文普夜间守护着林彪入眠。此外,还把林彪房间凡有电门的地方,都加装了变压器以降低电压,防止再出类似问题。(采访毛家湾服务员王淑媛谈话记录)

说林彪有自杀倾向的不止一个王淑媛。林彪秘书宋德金听林彪另一位秘书张云生说过:中共九大前,林彪曾想自杀,他厌倦政治。林立衡也说过:林彪曾经想触电或吃安眠药死,他贮藏过安眠药,还曾吃过钡,他以为钡有毒,吃了可以致死。

叶群私下里,也不否认林彪有精神病。林立衡回忆:"叶群对我和林立果说:你爸爸的病是精神系统的病,是恶劣的政治环境造成的,看来是没法治了。要治其实也不难,只要让他再像战争年代那样工作,或者是辞职,因为主席需要一个挂名的'接班人',像你爸爸这样穿军装的病号……"

(三)警卫参谋认为林彪身体总的是好的,所谓"吸毒"言过其实

对林彪身体的实际状况,从1954年起就一直跟随林彪,最后林彪出逃时中途跳下车来的卫士长李文普却有自己的说法。他说:"在林彪不断得势、地位上升的时候,叶群都说林彪的身体很健康。老秘书关光烈因为向萧向荣汇报林彪怕水、拉稀,连山水画都不想看的事,就被认为泄密狠狠批了一顿。林彪的心脏、肝、肺等主要器官都没有毛病,只是容易出汗、拉肚子。夜间穿衬衣睡觉,早晨起床我给他穿衣服,他说又出汗了,我用手摸,果然衬衣汗湿了。出汗就容易感冒,我们和医生、

专家商量,注意控制室内温度,及时增减衣服。1966年冬天陪毛主席接见红卫兵,给他穿了棉大衣,有时在天安门,有时乘敞篷车到西郊机场沿途检阅一次活动好几个小时,他也没有犯病。他有时患便秘,拉不出屎,几乎到了我们要用手给他抠出来的程度。有时大便略软细一点,他就认为是拉稀,找药吃。为了查清他肠胃的毛病,医生建议做钡餐造影,可是他不去医院,也不听叶群的意见,叶群要我去做工作。林彪听了我的话,同意体检。我和301总医院及北京医院的专家一起,把机器搬进林彪卧室,趁林彪起床后,我把钡餐粉调好,一勺一勺喂到他的口里,使肠胃达到照相的要求。那次检查效果很好,搞清楚他的胃没有病,肠有一点功能紊乱。"

李文普否认了林彪吸毒。他说:"关于外界传的林彪吸毒的问题,言过其实。在我到'林办'工作之前,听说他在广州偶尔打过杜冷丁的针药,那是为吃狗肉拉肚子止泻才使用的。从1964年我回到他身边,7年多从没有见他吸食毒品或打过杜冷丁、兴奋剂之类的药针。有时打针是注射丙种球蛋白。他睡眠不好, 常吃安眠药片, 有时一夜连吃3次。那次在天安门出席欢迎西哈努克大会上讲了错话,是因为服了3次安眠药,头脑还未完全清醒所致,属于少有的差错。""尽管林彪肠胃不好,休息不行,但绝没有像张宁等一些人所描绘的那样,'三分像人、七分像鬼',到了'一阵风就能吹倒'的可怕程度。"(《中华儿女》杂志1999年第2期)

李文普说林彪在大会上讲错话是吃多了安眠药,林彪秘书张云生却有另外说法。1970年5月20日,首都百万人在天安门广场集会,林彪发表讲话,结果出了问题。林彪语无伦次地说:"我要发表讲话……我讲讲关于越南……两个越南……半个越南……"他讲了几句胡话后声音停顿了,过后才恢复正常,开始宣读毛泽东的"五二〇声明"。林彪这次说胡话,叶群大骂工作人员给林彪吃多了安眠药。但当事的工作人员直叫屈,因为这次用药和以前的用量一样大。张云生写道:"其实,这谁也不能怪,只能怪叶群自己。后来我才听说,林彪每次正式'出场'前,她都让内勤给他打一种针。一针下去,林彪顿时兴奋异常,以致上了天安门,比常人还'精神',回到家里,针剂的药力过去,又像大病一场。林彪这次的'失常',是否与此有关?她给林彪用的那种'兴奋剂'又是什么?请懂行的人们去分析,我是说不清楚了。"(张云生:《毛家湾纪实》,春秋出版社 1988 年版,第 332~333 页)

张云生的这个说法,有暗示林彪"扎毒"之意。后来,张云生了解真实情况后,便否定并纠正了自己的说法。

林彪内勤刘文儒也断然否认林彪吸毒,他说:"林彪吸毒,没有的事。晚上打针,是为了镇静,能睡觉。对他说是打维生素 C,其实是巴比妥之类,属长效类催眠药,具有镇定、催眠、抗惊厥及抗癫痫作用。"

(四)实际情况是林彪患抑郁症,病情时好时坏,并且有个发展过程

林彪确实有病,他主要患抑郁症。病因与当年负伤和长期积劳成疾有关,也与政治上压力大、思虑过度有关。

新中国建国前后,林彪处于病重期。1949 年战事顺利发展时,林彪身体便垮了下来,他因长期失眠发展到头痛,头痛越来越厉害,一痛起来,头直晃。后来又因在汉口吃了两个桃子开始拉肚子,怎么也止不住。1950 年 9 月他去苏联治病和疗养。1951 年回国后,一度还好。到 1953 年春天,又出现反复。这年初夏他搬到颐和园的翠云轩居住,因为路不适合汽车行走,他连几步路都走不了,是被人用担架抬进翠云轩的。那段时间他烦躁、怕冷、怕热、腰痛、失眠,累倒了几拨照顾他的服务员。(《我给林彪治"怪病"——访离休战士楚成瑞》,载《南方周末》2000 年 11 月 23 日)

20 世纪 50 年代中期,是林彪病情发展比较重的一个时期。"他脸色黄瘦,胡须很长,看上去就是一副病人模样。林彪的病情时好时坏,实难掌握。""首长身体不好,本想做些湖北口味的拿手菜给他吃,可是

他每顿只是馒头丁泡汤,鸡鸭鱼肉做好也很少吃上几口。看到他身体一天天瘦下去,真叫人担心。""林彪自己也在积极设法想把病早日治好。看医生,找药方。"(宋德金:《真实的林彪——林彪秘书最后的回忆录》,香港皇福图书国际有限公司 1998 年版,第 76~77 页)

经过几年的治疗休养,1958 年之后,林彪身体慢慢有所好转,1961年前后,病情大有起色。以至 1961 年 8 月 25 日,毛泽东致信胡乔木说:"……你的病近似陈云、林彪、康生诸同志,林、康因长期休养,病已好了,陈病亦有进步,可以效法。"(毛泽东:《毛泽东书信选集》,人民出版社1983 年版,第 585 页)

林彪的病看似"好了",实则并未去根,并且也不排除林彪接替彭德怀复出后的精神作用。但也不过三四年时间,到 1963 年秋,林彪就又不行了,要求休养。1963 年 9 月 27 日,毛泽东在中南海颐年堂召开的一次中共中央政治局常委扩大会议上提出:"林彪同志长期生病,身体不好,我建议由贺龙同志主持军委日常工作。"与会的政治局委员一致通过了毛泽东的提议。从此,林彪又转入幕后了。

"文化大革命"前夕打倒罗瑞卿后,林彪的出场又逐渐多了起来。结果在残酷的党内斗争和大规模难以控制、预料的政治运动的大环境中,林彪的病情又恶化了。他的工作量是:一天最多听秘书"讲"文件上、下午各一次,每次一二十分钟,最多半小时。1966 年 8 月"文化大革命"开始后,他听完新调来的秘书"讲"文件,和秘书聊了几句天,他问:"能睡觉吗?"秘书回答:"能睡。"他说:"能睡觉,这是很难得的优点。到底是年轻人,我就不行了,一天睡不了几小时的觉,离开安眠药就不行。"他还交代秘书不要给他敬礼,说:"我一见人敬礼,就紧张,就出汗。"特别是他正在吃饭和饭后半个小时内,任何人不能和他说话,否则他又紧张、出汗。他时常一个人枯坐半天,不言不语,只是喜欢一根接一根地划火柴,然后立即吹灭,嗅火柴燃烧的硝烟味,半天茶几上、地毯上会扔下数十根划过的火柴棒。

这显然不是正常人的生理和身体状态。(张云生:《毛家湾纪实》,春秋出版社1988年版,第12页、第14页)

1971年夏天在北戴河,发生过这样令人难以置信的一幕:叶群在游泳池里游完了泳,披头散发地坐在房间里的一张小床上看电影,还和办公室的一些工作人员边看边聊天。这时,林彪的一个内勤突然跑进来,来到叶群小床前小声问叶群:"首长说他口里有口痰,让问问主任是吐出来,还是不吐出来?"叶群皱起眉很不耐烦地一挥手:"告诉他吐出来!"内勤急忙掉头跑了回去。叶群很不耐烦地咕噜了一阵子。(官伟勋:《我所知道的叶群》,中国文学出版社1993年版,第213~214页)

中共九届二中全会后,林彪和毛泽东的关系彻底闹僵,政治上的极度失意和彻底绝望,与对毛泽东入骨的怨恨、畏惧交织在一起,使得他出逃前在北戴河说出这样的话来:"北戴河的房子不要盖了,反正我活不了几天啦!"(图们,肖思科:《特别审判——林彪、江青反革命集团受审实录》,中央文献出版社2003年版,第336页)

林彪身体状况的真相之所以如此重要,是因为从某种意义上讲,它是分析、研究林彪的一把钥匙。比如,如果抗美援朝时他身体真的不行,那么他的不入朝作战便无可厚非了。如果他的身体状况后来确实发展得很糟糕,那么说他想当国家主席、抢班夺权就显得不近情理了。再比如,如果他晚年确实有精神方面的疾病,那么他的某些重大决策包括出逃的性质就会起某种细微的变化了。

事实上,压根否认林彪有病是说不通的。同时,把林彪的病情只固定在新中国成立之初那个时期,否认林彪的病情后来时好时坏最终有所发展,也是说不通的。据1954~1956年间在林彪身边当过秘书的姜树华回忆:"林彪在(上海)有病期间也坚持看书学习。他喜欢看史书……除史书外,他还喜欢看医书。我观察他侧重阅读能够治疗他自己病症的医书。有时戴上花镜,一看就是一两个小时。"但是,又很难说林彪的病情有多重,也很难说林彪患的不是一种"怪病"。

其实,林彪患的是当时罕见而今天却很常见的抑郁症。"文化大革命"期间,林彪的保健医生蒋葆生在"林办"干了几年,却从未和林彪照过面,林彪甚至不知道毛家湾有这么个医生存在。如果说林彪的病情很严重,又何以如此对待保健医生呢?

看来,准确判断林彪的病情和身体状况,实非易事。

有一种略微折中的看法认为,不能说林彪的称病是以生病为名搞阴谋,但有些时候,林彪又确实把"生病"当做一种策略,用以收敛锋芒,回避政治,不担责任,行韬晦和隐蔽、退却之术。他是以退为进,先保全自身,再坐待良机,大展宏图。他有常人难以想象的更深一层的政治考量。

无论怎么说,有一个基本的事实是人们所看到和公认的:从新中国成立到 1959年,林彪称病不朝,基本上是在沉默中度过的。他似乎信奉这样一种哲学:不鸣则已,一鸣惊人,不飞则已,一飞冲天。果然,打倒了彭德怀,他就一反常态,带着一股逼人的锐气在中国的政治舞台上突然活跃起来了。

第四章　崇拜与信任

　　在 1958 年 3 月的成都会议上，毛泽东提出了两种个人崇拜的观点。他说：个人崇拜有两种，一种是正确的，如对马克思、恩格斯、列宁、斯大林正确的东西，必须崇拜，永远崇拜，不崇拜不得了，真理在他们手里，为什么不崇拜呢？另一种是不正确的崇拜，不加分析，盲目服从，这就不对了。有人反对参见列宁，说列宁独裁，列宁回答得很干脆：与其让你独裁，还不如我独裁好。(薄一波：《若干重大决策与事件的回顾》(下卷)，人民出版社 1997 年版，第 1332 页)

　　会上，中共党内唯一见过列宁、中共中央上海局书记柯庆施极力颂扬毛泽东，他说："我们相信毛主席要相信到迷信的程度，服从毛主席要服从到盲从的程度。"这一表态对全党有很大影响。成都会议不久，到 5 月召开中共八届五中全会，柯庆施便当上了中共中央政治局委员。

　　政治嗅觉相当灵敏的林彪，很快从中领悟到了风向标。在他第二年取代彭德怀后，立即不遗余力地落实毛泽东关于个人崇拜的主张，雷厉风行地掀起了现代"造神"运动，大肆宣扬对毛泽东的个人崇拜。

　　与此同时，毛泽东也以欣喜的目光注视着林彪的所作所为，对林彪给予了前所未有的赞扬和信任。可以这么说，进入 20 世纪 60 年代，毛泽东和林彪的关系一步比一步密切，到 1966 年毛泽东发动"文化大革命"，再到 1969 年党的九大，林彪对毛泽东的颂扬达到了巅峰，毛泽东对林彪的信任和倚重也达到了顶点。

从 1959 年庐山会议到 1969 年党的九大之前,十年间,就个人关系而言,是毛泽东与林彪最亲密的合作时期。

毛泽东和林彪密切合作的这 10 年,双方都是受益者。毛泽东的个人威望因林彪的"造神"运动而大大提高,林彪所受的信任也因讨得毛泽东的欢心而大大巩固。

一、林彪极力宣扬对毛泽东的个人崇拜,赢得了毛泽东的喜爱、赞赏和信任

(一)提出"走捷径"、"顶峰论",不遗余力地号召开展学毛著运动

庐山会议批判彭德怀后,林彪日益受到毛泽东的赞赏,他被认为"毛泽东思想学得最好"、"毛泽东思想伟大红旗举得最高",他的威望也因毛泽东的赞赏而迅速提高。

不能说林彪一开始提倡学习毛泽东思想就是别有用心,但他后来把学毛著视为自己的发明创造,并赋予了以此获取毛泽东信任、抬高自己身价和权威的含义,却是不容否认的事实。问题在于,这里面有一个发展过程。

1959 年 9 月,林彪主持军委工作伊始,就在军委扩大会议上鼓吹"走捷径":"我们学习马克思列宁主义怎样学,现在我向同志们建议,主要是学习毛泽东同志的著作,这是学习马列主义的捷径。""学习毛主席著作,这是捷径。这并不是捧场,不是吹毛主席的。这是告诉你们一个学习的简便的窍门。"

1960 年 2 月,林彪在广州召开的中央军委扩大会议上提出,学习毛主席著作就是要背警句:"我们不要背那么多,背上那么几十句,就

差不多了。"

在 9 月的军委扩大会议上，林彪提出了"四个第一"，即政治工作第一，人的因素第一，思想工作第一，活的思想第一。随后，林彪又提出了"顶峰论"，称毛泽东思想"站在现代思想的顶峰"。

1961 年 1 月，林彪提出了学习毛主席著作的"三十字方针"："带着问题学，活学活用，学用结合，急用先学，立竿见影，在'用'字上狠下功夫。"从这年"五一"开始，《解放军报》根据林彪的指示，每天在报眼位置刊登一条毛主席语录。

1964 年 5 月，根据《解放军报》刊载过的毛泽东语录，补充编纂成了《毛主席语录》一书，在军内外发行。这就是"文化大革命"中林彪带头，全国人手一册，重大场合举在手中热烈晃动的著名的"小红书"。

此后，学习毛泽东著作的群众运动由全军发展到全国各行各业，如火如荼，方兴未艾。

毛泽东以欣喜的目光注视着这一切，并及时给予了肯定和表扬。

1961 年 6 月，毛泽东在北京的一次会议上表扬林彪："最近林彪同志下连队做调查研究，了解到很多情况，发现了我们部队建设中一些重要的问题，提出了几个部队建设的很好措施。"

1964 年 2 月，毛泽东在一次接见活动中，又一次肯定了林彪的做法："四个第一好。我们从前也未想到过四个第一，这是个创造。谁说我们中国人没有发明创造？四个第一就是个创造，是个发明。""我们以前是靠解放军，以后仍然要靠解放军。"

然而，林彪将毛泽东思想庸俗化的做法，并非没有遇到抵制。林彪借颂扬毛泽东提高自己威望的不良用心，也并非没有人看得出来。如总政治部主任谭政大将就对林彪概括的"三八作风"持有异议，说这样容易和"三八"妇女节发生误会。罗荣桓元帅也对林彪所提的"带着问题学"有不同意见，主张从文件中删去。罗荣桓看出了其中的名堂，他不忘提醒人们："要防止借宣传毛主席来突出自己。"（胡哲峰，于化民：《毛

泽东与林彪》,广西人民出版社 1998 年版,第 481 页)

　　林彪历来是个人意见第一,容不得不同意见的。他在会议上疾言厉色地批判谭政,将谭政由总政治部主任降为副主任。他在会上听了罗荣桓的不同意见后当即发作,气冲冲地拂袖而去。事后,他还恶狠狠地说:"什么林(彪)罗(荣桓),林罗要分开,林罗从来不是一起的!"(黄瑶、李志经、杨国庆:《罗帅最后十五年》,人民出版社 1987 年版,第 146 页)

(二)为毛泽东护短,处心积虑地为毛泽东的错误辩护

　　1962 年年初,林彪在扩大的中央工作会议上独树一帜的讲话,大大赢得了毛泽东的好感。

　　这次会议于 1 月 11 日至 2 月 7 日召开,出席会议的有 7118 人,史称"七千人大会"。大会的主旨是通过批评与自我批评,总结 1958 年"大跃进"以来的经验教训。

　　毛泽东在大会上第一次作了自我批评。

　　刘少奇在会议上作了很大胆的讲话,提出有的地方产生困难的原因是"三分天灾,七分人祸",并讲到这几年民主集中制没有贯彻好。

　　彭真则直言,毛泽东有缺点错误也可以批评。

　　林彪的发言与刘少奇、彭真等人截然不同。当毛泽东本人尚且在为这几年的困难作自我批评、主动承担责任的时候,林彪却出来为毛泽东开脱。他说:"毛主席的思想总是正确的。""事实证明,现在这些困难……恰恰是由于我们没有照着毛主席的指示、毛主席的警告、毛主席的思想去做。""毛主席的优点是多方面的,不是一方面的。我个人几十年来体会到,毛主席最突出的优点是实际。他总比人家实际一些,总是八九不离十的。""我深深感觉到,我们的工作搞得好一些的时候,是毛主席的思想能够顺利贯彻的时候,毛主席的思想不受干扰的时候。如果毛主席的意见受不到尊重,或受到很大的干扰的时候,事情就要出毛病。我们党几十年的历史,就是这么一个历史。"

会后,林彪把讲话稿送给正在武昌的毛泽东。

1963 年 3 月 30 日,毛泽东在就修改林彪的讲话致田家英、罗瑞卿的信中说:"此件通看了一遍,是一篇很好、很有分量的文章,看了很高兴。"(薄一波:《若干重大决策与事件的回顾》下卷,中共中央党校出版社 1993 年版,第 1045 页)以后,毛泽东曾问罗瑞卿,林彪的讲话他讲不讲得出来?罗瑞卿说他水平低,讲不出来。毛泽东说:"讲不出来,要学嘛!"(罗点点:《非凡的年代》,上海文艺出版社 1987 年版,第 171 页)

毛泽东的举动,表现了对林彪讲话的赞赏。

在毛泽东因"大跃进"的重大失误而使自己威信下降的时候,林彪站出来给毛泽东评功摆好,无疑在毛泽东困难的时候拉了毛泽东一把。林彪的及时解围,给毛泽东留下了难忘印象。

(三)强调"突出政治",极力迎合毛泽东"左"的倾向

林彪清楚地看出,毛泽东在处理和看待政治与经济、精神与物质的关系上,更多地强调政治与精神的作用。于是,他便极力迎合毛泽东的想法,大讲特讲政治与精神的巨大作用。

1963 年后,林彪"突出政治"的指示日益多了起来。他强调把政治摆在第一位,甚至提出了"政治可以冲击其他"的口号。他在军内广泛树立学习毛泽东著作的积极分子典型,由他倡导所兴起的学习毛泽东著作的群众运动,也由全军推向全国,蓬蓬勃勃地开展起来。

林彪对毛泽东逐渐出现的"左"倾思想持积极拥护的态度,这一点尤为毛泽东所满意。当毛泽东把刘少奇、周恩来、朱德、陈云、邓小平等人看做"右倾"、"保守"的时候,他由衷地把林彪引为自己政治上的知己。

1963 年 12 月 5 日,林彪致信毛泽东,提到看到两个文件很高兴,一是中央关于农村社会主义教育运动问题的文件,一是赫鲁晓夫给毛泽东的信。不久,毛泽东在回信中,称赞林彪"对两个文件的看法是正

确的。国内外形势均已向好，均已走上正确的轨道。可以预计，更大的发展则会到来的"。(胡哲峰，于化民：《毛泽东与林彪》，广西人民出版社 1998 年版，第 488 页)

在"文化大革命"前的三四年间，毛泽东对中央其他一线领导人有诸多不满和批评，唯对林彪不断表扬，显示出极大的信任和期望。

1963 年 12 月，毛泽东在一封信中写道："四个第一好，这是个创造。解放军的思想政治工作和军事工作，经林彪同志提出'四个第一'、'三八作风'之后，比较过去有了一个很大的发展，更具体化又更理论化了。"

1964 年，毛泽东发出了"全国学人民解放军"的号召。

对于林彪在一些重大问题上的立场、观点和举措，毛泽东所表示的喜悦和赞同是意味深长的，他甚至用这样的语言来表达他和林彪的关系："英雄所见，大抵略同。"(毛泽东：《建国以来毛泽东文稿》第 11 册，中央文献出版社 1996 年版，第 197 页)

"文化大革命"前夕，林彪和毛泽东有着一系列的密切配合，如林彪给毛泽东写报告，引起毛泽东发出著名的"五七指示"；林彪支持江青参政，委托江青召开部队文艺工作座谈会等。

在旁人看来，这一切都使林彪和毛泽东政治思想上的一致默契、工作配合上的得心应手、个人感情上融洽亲密达到了他人难以企及的程度。

林彪摸透了毛泽东的心思，完全适应了毛泽东的战略思路。

（四）着意突出毛泽东的最高领袖地位，故作谦虚地以"小学生"自居

林彪处处在毛泽东面前表现得谦恭、忠诚，无论是 1966 年 8 次接见红卫兵，还是参加中央召开的会议，他都手举"小红书"，毕恭毕敬地与毛泽东保持一定距离，小心翼翼地跟在毛泽东身后，像个百依百顺、

十分听话的"小学生"。

1967 年 5 月,为纪念毛泽东《在延安文艺座谈会上的讲话》发表25 周年,在人民大会堂举行文艺演出。毛泽东和林彪在前排就座,演出即将开始时,全场观众在台上有人指挥的情况下,有节奏地挥舞语录本,高呼:"敬祝毛主席万寿无疆! 万寿无疆! 万寿无疆! "

这时,毛泽东用手肘碰了碰林彪,笑着看着他,说:"该你了。"

与此同时,众人紧接着高呼:"敬祝林副主席身体健康! 永远健康! 永远健康! "

林彪一下子变得十分尴尬。

第二天,"中央文革小组"便接到"林办"的电话,要求以"中央文革小组"的名义,向全国印发一个通知,今后只许喊"敬祝毛主席万寿无疆",不许喊"敬祝林副主席身体健康"!

政治反应极快、政治灵敏度极高的林彪,在 6 月 16 日又亲自出面,给周恩来和"中央文革小组"写了一封信:"近一个多月来,我看了 3次演出,每次演出中,都有'祝毛主席万寿无疆'和'祝林副主席身体健康'这两个口号并提的情况。我认为'祝毛主席万寿无疆'这个口号是完全正确的,非常必要的。为了在党内、党外、国内、国外突出毛主席的伟大作用,树立毛主席的绝对威信,不宜提'祝林副主席身体健康'的口号。只有突出我们伟大领袖毛主席,才符合于全国和全世界革命人民的需要和客观实际。今后一切会议、一切文件、一切报刊以及其他各种宣传形式都应突出毛主席,不要把我和毛主席并提。盼总理和中央文革小组的同志们今后帮助注意掌握这一点,并希望将我这封信转发到县团级,由他们传达到所有的基层组织和革命群众组织。"(叶永烈:《追寻历史真相——我的写作生涯》,上海文艺出版社 2001 年版,第 825~834 页)

像这样的例子在林彪身上还有一些。他给人们留下的,是一个毛泽东的忠实信仰者和维护者的形象。

二、林彪私下对毛泽东的真实看法令人吃惊，
他是个"天才"的两面派

（一）林彪对毛泽东的成见很深

担任中共中央副主席和主持军委日常工作后的林彪，思想上开始了可怕的蜕变。他处心积虑地研究如何讨得喜欢，赢得上峰信任，进一步爬上去。就个人性格而言，这和他战争年代乃至新中国成立初期无论对错尚能直言、尚能提出尖锐的不同意见，形成了鲜明对比。当一个个性强、眼光高、脑子灵、轻易不肯服输的人，突然变得驯顺起来，谦逊起来，以近乎肉麻的语言恭维最高领导人时，那肯定是件很可怕的事情。

实际上，林彪对毛泽东的真实看法，和他在公开场合讲的大相径庭。他出逃后，从他毛家湾的住处查出了不少他的读书眉批，人们这才惊讶地发现，林彪原来是个高级"政治演员"，他在对待毛泽东的态度上，耍了两面手法。正如周恩来在党的十大政治报告中所概括的，林彪是"语录不离手，万岁不离口，当面说好话，背后下毒手"的典型的两面派。

比如：

林彪在一张《新华报》的散页上写下了这样一段话："他先为你捏造一个'你的'意见，然后他来反驳你的意见。并无，而捏造——老东（指毛泽东）的惯用手法，今后当注意他这一着。"

林彪在1950年版的《论斯大林的辩证唯物主义与历史唯物主义》一书的封底，写下了这样一段话："毛，应照顾他，使他没有小帮帮的必要，他就不要小帮帮了。政治上对其每一创举与功绩公道主动地指出来，则他自无锋芒的必要。"

林彪在1961年版的《辞海》扉页上，写道："你先说了东，他就偏说西，故当听他先说才可一致。"

林彪在1958年版的《学文化辞典》中"个人崇拜"条目旁写道："他自我崇拜，自我迷信，崇拜自己，功为己，过为人。"

林彪在1967年版的《毛主席语录》扉页上写道："他最大忧虑在表决时能否占多数否。"（大华编著：《辉煌与罪恶》（下册），内蒙古人民出版社1998年版，第497页）

林彪还私下说过毛泽东"言行不一"，"玩权术"。

林彪私下对毛泽东的真实看法，实在令人惊异。

林彪对毛泽东的这些看法，对女儿林立衡产生了相当大的影响。1962年，林立衡还在上大学的时候，就对党的领导、对全国形势，尤其对毛泽东本人，都有了一些否定性的看法。她把这些看法写在日记上，被林彪秘书关光烈看到了，曾非常害怕地对林立衡进行了规劝。（官伟勋：《林豆豆的三次自杀》，见《作家文摘》合订本3，第61页）林立衡在林彪出逃事件发生多年后，曾对罗瑞卿的女儿罗点点说：林彪对毛泽东的弱点和党内生活的种种不正常现象是有深刻了解的。1964年除了与叶群关系紧张之外，更重要的原因就是林豆豆听了林彪一些对毛泽东的议论，一下子觉得不能接受，又万分失望，她才吃安眠药轻生。林立衡还说，很多最真实和知心的话，林彪都和她说，林彪也说过，他只能从豆豆那里听到真话。（罗点点：《红色家族档案》，南海出版公司1999年版，第297页）

一个在大庭广众之下用最美好的语言充满激情地歌颂毛泽东，这种歌颂到了不惜说过头话，甚至叫人感到肉麻地步的人，背后却对毛泽东有着这样深的成见，又用那样大不敬的语言加以攻击、贬损，这个人不是可怕的两面派又是什么?! 不是怀有深不可测的城府又是什么?!

（二）林彪摸到了讨毛泽东欢心的诀窍

凡挖空心思讨最高领导人欢心的人，不是私心过重，就是有政治野心。林彪可以说兼而有之。连忠诚于他的老部下都百思不得其解,为什么战争年代敢于讲话,甚至敢于和毛泽东争论、抗辩,有独立见解的林彪,1959年以后怎么会变得亦步亦趋、百依百顺、阿谀逢迎起来了呢? 他们不知道,林彪此时政治上、思想上已经开始了可怕的倒退、蜕变和堕落。

从1960~1965年,林彪以身体不好为名,不怎么工作,却读了不少书,其中包括中外历史书,各朝演义,军阀混战资料,文史资料等。他还要人给他讲一个个军阀是怎样一步步爬上去的, 又是怎样垮掉的,互相之间如何勾心斗角的,并重点研究了曾国藩、袁世凯、张作霖、胡宗南、戴笠等个案。他还津津有味地看了一些名人传记(不要文学家和科学家的)、历代开国皇帝传记等。研究的结果,是他摸到了"得一人而得天下"的"登龙术",摸到了如何讨得欢心,赢得信任,攫得更大权力和更高地位的规律。(于南:《林彪集团兴亡初探》,原载《十年后的评说》,中共党史出版社1987年版,第62页)

林彪覆亡后,从其毛家湾住处查获了叶群记录的林彪谈话的"笔记",其中表露出林彪如何当面揣摩、顺从毛泽东,而背后又是怎样说毛泽东坏话的阴暗心理。

在一则笔记中写道:"黑格尔说:何谓伟大人物? 伟大人物就是公众利益的代表者。一○一(林彪在东北时的代号)说:何谓当代伟大人物? 一号利益的代表者(应声虫)。""主席就是最大的群众,他一个人顶亿万人,所以和他的关系搞好了,就等于和群众搞好了,这是最大的选票。"

在另一则笔记中写道:"要把大拥、大顺,作为总诀,要仿恩(格斯)之于马(克思),斯(大林)之于列(宁),蒋(介石)之于孙(中山),跟着转,乃大窍门所在。要亦步亦趋,得一人而得天人。"

在另一则笔记中记着林彪"三不"、"三要"的心得:"(1)不干扰人之决心(免己负责);(2)不批评(免争领导之嫌);(3)不报坏消息(去影射之嫌)。""要响应;要表扬;要报好消息。""出主意,勿倒行逆施。"

笔记上还有其他一些林彪的经典语言:"三不主义"——"不负责,不建言,不得罪。""闭目养神,照上面办"。"面带三分笑"。"勿讲真理而重迎合","决议不好也同意——头等意义,不然是书呆子。"(冯建辉:《林彪与个人崇拜》,《炎黄春秋》1999年,第10期)

(三) 林彪的表里不一,表明他不仅注重自我保护,且心怀叵测,另有他图

林彪是以号召学毛著而闻名于世的。可是谁能想到,叶群在一则笔记中却记着他说过的这样的话:"为省脑力,勿读一号(指毛泽东)和斯(大林)。"(胡哲峰、于化民:《毛泽东与林彪》,广西人民出版社1998年版,第476页)

仅凭这话,当然不能简单地得出林彪反毛泽东的结论,也不能说从20世纪60年代初林彪就站在了毛泽东的对立面;但也不可否认,林彪实际上不但并不完全信服毛泽东这尊"神",而且对毛泽东有着相当不佳的看法——尽管他在卖力地推行"造神"运动。

阿谀奉承最高领导人的目的,不外乎两种:或者为了有效地保护自己,或者为了骗取信任实现个人图谋乃至野心。就林彪的资历、经历、功绩而言,他其实是用不着刻意保护自己的,大不了像朱德那样,给个"闲职"养起来、供起来罢了。因此,他毫无原则极其肉麻地吹捧、讨好毛泽东,既不符合他看人看事目光尖锐的水平,也不符合他清高孤傲的个性,其目的只能属于后者了。

在林彪的卧室里,悬挂着一张条幅:"勉从虎穴暂栖身,说破英雄惊煞人。巧借闻雷来掩饰,随机应变信如神。"这从一个侧面表明,林彪很欣赏这种深藏不露的两面策略。

全党公认,在党的七届二中全会后,党内军内敢于在毛泽东面前坚持意见、敢于和毛泽东当面争论问题的,一个是彭德怀,另一个是林彪。彭德怀、林彪都是战功显赫且极具个性的人物,连毛泽东也不能不礼让三分。彭德怀直到被打倒也没有改变自己的豪爽和正直,没有放

弃自己的政治观点。林彪受到信任和重用,却谦恭地以毛泽东的"小学生"自称,完全收敛了自己要强的个性,掩藏了自己闪着寒光的政治锋芒。他的收敛,显然有着更加深不可测的用心。

三、打倒刘少奇后,毛泽东选定林彪作为自己的接班人

本来,从党的七大起,毛泽东的接班人就是刘少奇,这一点虽然没有写入党的决议,但在党内是明白无误的。1945年毛泽东赴重庆谈判,刘少奇代理中共中央主席。1950年毛泽东访问苏联,刘少奇代理中共中央主席,并代理主持中央人民政府的工作。正因为如此,当高岗、饶漱石1953年准备拱倒刘少奇时,邓小平表示了反对意见,说:"刘少奇同志在党内的地位是历史形成的,从总的方面讲,刘少奇同志是好的,改变这样一种历史形成的地位不适当。"(邓小平:《邓小平文选》第2卷,人民出版社1993年版,第293页)

新中国成立之初,毛泽东对刘少奇颇不满意,甚至一度有了更换接班人之意。毛泽东属意于高岗,高岗也错误判断形势,有点忘乎所以。高饶事件发生后,毛泽东改变了主意,不再或暂时搁置另选接班人。此后,毛泽东对刘少奇的接班人地位还曾亲口明确地表示和肯定过。1959年,毛泽东对赫鲁晓夫谈到过刘少奇:"无论能力、经验还是声望,都完全具备(当接班人的)条件了。"(林克:《我所知道的毛泽东》,中央文献出版社2000年版,第145页)1961年英国陆军元帅蒙哥马利访华,问毛泽东"谁是你的继承人"时,毛泽东回答说:"很清楚,是刘少奇。他是我们党的第一副主席,我死后就是他。"后来,毛泽东在翻阅一篇《关于斯大林问题》的文章时,把"以毛泽东同志为代表的中国马克思列宁主义者"改为"早在二十年代末期和整个三十年代,随后又在四十年代的初期和中期,以毛泽东同志和刘少奇同志为代表的中国马克思列宁主义者",又一次明确地肯定了刘少奇的历史地位。

然而,事情的发展变化超出了一般人的想象和判断,又正是毛泽东本人,最后竟彻底改变了对刘少奇的看法,并运用发动和开展"文化大革命"的办法,更换了自己的接班人。(王光美、刘源等著:《你所不知道的刘少奇》,河南人民出版社 2000 年版,第 129 页)

　　废黜刘少奇,毛泽东提名林彪接任刘少奇的角色。

　　领导者个人选择接班人,带有浓厚的封建色彩,既不民主,也不科学。历史的教训已经证明,这样做是很不明智、很不可取的。但是,当历史的车轮尚未发展到某一进程、党内外的认识尚未达到一定高度的时候,人们不但认为这样做是正常的,而且认为是必需的。甚至,一旦领导者没有及时这样做,反而会受到人们发自内心的企盼和敦促。

　　那么,毛泽东为什么弃刘选林,林彪又为什么坚定地支持毛泽东呢?

(一)毛泽东在党内遇到挑战,他需要林彪的鼎力支持

　　毛泽东对刘少奇,早在新中国建国初期就屡有批评,两人在几个重大问题上的确存在不同认识和意见分歧,但从根本上说来,这还没有影响毛泽东对刘少奇的信任,也没有动摇刘少奇的接班人地位。从 1962 年开始,毛泽东对刘少奇的不满又多了起来,而且,一步步升级,到 1964 年年底围绕"四清"运动,两人产生了严重分歧,甚至当众发生了争执,这次争执成了毛刘分歧发生质变的分水岭。

　　1964 年 12 月 15 日至 1965 年 1 月 14 日,开了一个月的全国工作会议。会前,邓小平以为是中央书记处召集的一般汇报会,出于好意,对毛泽东说:主席身体不好,可以不必参加。毛泽东听了不高兴。会上同刘少奇就"四清"运动的性质发生争执后,于是发生了这样惊人的一幕:一天晚上,毛泽东一手拿着《党章》,一手拿着《宪法》,怒气冲冲地到会场疾言厉色地质问:"一个不叫我开会(指邓小平),一个不叫我讲话(指刘少奇),为什么剥夺《党章》、《宪法》给我的权利?"毛刘矛盾闹到如

此地步,党内人人焦虑,无所适从。中共中央组织部部长安子文请出开国元勋进行调解,在专门为此召开的党的民主生活会上,朱德、贺龙、陈毅等对刘少奇进行了批评。政治局开会时,刘少奇检讨说:对主席不够尊重。毛泽东说:"这不是尊重不尊重的问题,而是马克思主义同修正主义的问题。在原则问题上,我是从来不让步的。"毛泽东的话表明,两人的矛盾不但没有消除,反而继续向着对抗的方面发展。(王光美、刘源等著:《你所不知道的刘少奇》,河南人民出版社2000年版,第115~118页)

后来,毛泽东对斯诺讲,正是此时,他决定打倒刘少奇。(金冲及主编,中共中央文献研究室编:《刘少奇传》(下卷),中央文献出版社1998年版,第974页)

毛泽东在党内遇到的挑战不光来自刘少奇、邓小平,还有彭真。江青按照毛泽东的意图组织的姚文元的《评新编历史剧〈海瑞罢官〉》一文于1965年11月10日在上海《文汇报》发表后,由于中共中央政治局除毛泽东外,别人都不知道姚文元的背景,结果北京的报刊在10多天内未予转载,身兼北京市市长的彭真还对事先不打招呼就发表姚文元批判北京市副市长吴晗的文章表示不满。正在上海的毛泽东对此甚为恼火,提出印小册子向全国发行。上海新华书店向各地征订时,北京书店又未征订,于是毛泽东更加生气,认为北京是"针插不进,水泼不进的独立王国"。这无疑表明,毛泽东在党内至高无上、金口玉言的权威受到了挑战。

毛泽东同刘少奇等人的矛盾,集中表现在对国内外形势的分析,对阶级斗争的认识和工作思路、工作方法上。毛泽东的秘书林克认为:不能把毛在政治上倒刘简单视为权力斗争。"文化大革命"期间,毛泽东几次提到与刘少奇的分歧及渊源,无不围绕建设社会主义中国的理论、路线、方针等重大问题。(林克:《我所知道的毛泽东》,中央文献出版社2000年版,第146页)毛泽东后来写了著名的《炮打司令部》的大字报,也说明在他看来,党内存在一个与他唱对台戏的以刘少奇、邓小平为首的"资产阶级司令部"。既然是"司令部",那就不是一两个人,而是一股势力。

虽然毛泽东勃然大怒时曾对刘少奇说："你有什么了不起，我动一个小指头就可以把你打倒！"（王光美、刘源等著：《你所不知道的刘少奇》，河南人民出版社2000年版，第118页）但毛泽东也知道，赞同刘少奇看法的不在少数，况且，刘少奇的威信正日益提高。

有这样一个例子：毛泽东提倡蹲点，刘少奇率先行动，但响应者寥寥。刘少奇对此提出了严肃批评，并要中共中央组织部部长安子文下文，"不下去不能当中央委员，不能当省、地委书记，不能当部长、司局长。"不多日子，180多位正副部长、1000多位司局长都下去了。毛泽东知道后，在几个省讲："我多次叫你们下去蹲点，你们不听。少奇一句话，你们都下去了，还是少奇厉害。"（王光美、刘源等著：《你所不知道的刘少奇》，河南人民出版社2000年版，第111页）退居二线的毛泽东说这话，心态复杂，其中对工作在一线的刘少奇"尾大不掉"，说话比他更算数，已流露出明显的隐忧和妒意。

既然如此，要打倒刘少奇，也不是件轻而易举的事，需要得到党内强有力的支持。于是，毛泽东自然而然地想到了在政治上、思想上、感情上和自己配合默契，并且因宣传毛泽东而大大提高了威信的林彪。

（二）林彪在党内受到抵制，他更需要毛泽东做他的强大后盾

1959年庐山会议后，虽然林彪的声望越来越高，但党内并非没有异议，并非没有不同声音。他的一套过左的理论、观点和做法，也受到了某些批评和抵制。

打倒彭德怀后，毛泽东提议林彪接任国防部长，对此罗荣桓元帅便持异议。

林彪不提马列主义，只提"以毛泽东思想为指针"和主张背警句，受到总政治部主任谭政大将的抵制。

林彪的"带着问题学毛选"这个提法，罗荣桓也不赞成。罗荣桓多次

讲,他主张学根本,学习立场、观点、方法,甚至还不忘提醒人们"要防止借宣传毛主席来突出自己",为此惹恼了林彪。罗荣桓把问题反映到邓小平那里,邓小平拿到中共中央书记处会议上讨论,大家一致赞成罗荣桓的意见。(黄瑶等:《罗帅最后十五年》,人民出版社1987年版,第130页)

外交部长陈毅元帅也对林彪的做法深表不满。了解林彪底细的陈毅看穿了林彪大吹毛泽东的不良用心,1966年9月,他在国务院外事办公室全体人员大会上直言不讳地揭露说:有人嘴上说得好听,拥护毛主席,实际上不按主席思想办事;别看他把主席语录举得很高,是真拥护毛主席,还是反对毛主席?我怀疑,我还要看。(当代中国人物传记丛书编辑部:《陈毅传》,当代中国出版社1991年版,第599页)

林彪搞空头政治,忽视军事训练和战斗力提高,受到总参谋长罗瑞卿大将的抵制。罗瑞卿积极协助贺龙、叶剑英等组织了全军大比武,大比武轰轰烈烈,使得正在养病的林彪有被冷落之感,他甚至感到自己被架空了,有人在夺他的权。

值得一提的是,从1964年前后,林彪、叶群不断接到匿名信,信中大揭叶群的丑事和伤疤,其中说林豆豆不是林彪的亲生女儿,是叶群和王实味的"私生女"。

内忧外患,使林彪深受刺激,愤怒至极。在两年时间里,最使林彪恼恨,也最终激怒了林彪的是两件事:一是用最尖刻难听的语言攻击林彪、叶群的匿名信;二是罗瑞卿的"反林"、"逼林"问题。匿名信毁坏林彪名誉,破坏林彪家庭关系。罗瑞卿作为总参谋长、军委秘书长疏远、不听林彪而靠拢贺龙、叶剑英等元帅,使林彪面临被架空、被夺权的危险。

在林彪最困难的时期,毛泽东为他做了主、撑了腰。毛泽东下令公安部千方百计迅速破案,结果查明匿名信是陆定一妻子严慰冰所为。在中共中央政治局扩大会议上,林彪不惜蒙羞亲笔出具了替叶群打包票的"处女证明",并且暴跳如雷,不顾身份拍着桌子冲陆定一吼道:

"我今天要是带手枪来,一枪崩死你!"(陈清泉、宋广渭:《陆定一传》,中共党史出版社 1999 年版,第 500 页)

至于打倒罗瑞卿,更是靠了毛泽东的最终拍板。

1965 年 11 月 30 日,正在苏州养病的林彪让叶群持他给毛泽东的亲笔信到杭州,向毛泽东告罗瑞卿的状。罗瑞卿是毛泽东欣赏而器重的人物,身兼要职,风头正健。据说叶群讲了六七个小时,毛泽东听了六七个小时。毛泽东问得很仔细,但一直不表态。最后,毛泽东相信了叶群的话。

不过,在 1966 年 5 月政治局常委扩大会议上,毛泽东曾说,罗瑞卿的思想同我们有距离。罗瑞卿把林彪同志实际上当敌人看待,罗是野心家。(田酉西:《彭真传略》,人民出版社 2007 年版,第 281 页)

因此,在 1965 年 12 月 9 日于上海召开的中央工作会议上,毛泽东没有参加会议,倒是经毛泽东批准,不是中共中央委员的叶群在中央的会议上对罗瑞卿作了前后近 10 个小时的揭发发言,会议宣布撤销了罗瑞卿的书记处书记、副总理、公安部部长、国防部副部长、总参谋长、军委秘书长职务。罗瑞卿随后被批斗关押,以至被逼跳楼。

陆定一和罗瑞卿,彻底得罪了林彪,林彪对他们恼恨至极,视为死敌。死敌剪除,两仗打胜,解恨出气,林彪对毛泽东的感激之情可想而知。(萧克、李锐、龚育之等著:《我所亲历过的政治运动》,中央编译出版社 1998 年版,第 315 页)

(三)林彪特有的优势,使他成为接班人具有某种历史必然性

林彪在毛泽东的心目中,总体形象是满意的。除开红军时期是毛泽东最直接的部属,战争年代军功显赫之外,林彪还有另外四个别人难以企及的特点或优势:

第一,政治上强,善于领会毛泽东的意图,跟得上毛泽东的步伐。

毛泽东在批判彭德怀时就说过林彪："别的事情都是马列主义，就是对他自己的病的看法是唯心主义。"（萧克、李锐、龚育之：《我所亲历过的政治运动》，中央编译出版社 1998 年版，第 317 页）人非圣贤，孰能无过？其他均好，唯对身体的看法欠缺，不算什么大毛病，这已经是很高的评价了。

第二，爱学习，善思考，有很强的理论概括和逻辑思维能力。林彪的学习、思考能力，在党内是有名的，他的思想、语言和看问题的角度、方法，都极富特色，无人能比。典型的例子是"七千人大会"时的讲话。据林彪秘书宋德金介绍，开始他让人准备，稿子写出后，他不满意，说：全是学生腔，不能用。改由自己准备，那几天他在走廊里走来走去，有时在黑板上写几个字，别人根本看不明白他写的什么意思。这样走了三四天，不见人，不说话，只写了两三张纸的提纲，而在会上讲了两个多小时。大会讲话后，毛泽东听了很高兴，说："若不是读过很多书，是做不出这样一篇好文章的。"并当即指示罗瑞卿：尽快把林彪讲话稿整理出来，交给我，由我来进行文字润色，早一点作为正式文件发下去。随后，中央军委办公厅又按照毛泽东的建议，列出 30 本马恩列斯著作，作为全军高级领导干部的必读书目，在全军掀起了轰轰烈烈的读马列的高潮。

第三，不串门，不乱拉关系。平素，林彪绝少与人交往，"天马行空，独往独来"，给人以清心寡欲、不群不党之感。刘亚楼就佩服地说过："林总最大的优点是从不串门。"在毛泽东看来，林彪不属于什么"派"，绝对不是刘少奇线上的，林彪就是林彪。如果硬要划线分派的话，那么林彪是"毛派"，是"井冈"派。

第四，年纪轻，属于少壮派，党内接班能形成梯次。单从年龄来分析，林彪的优势是很明显的。在常委中，朱德年龄最大，年长毛泽东 7 岁，不可能接班。刘少奇、周恩来同年，均比毛泽东小 5 岁，年龄梯次并没有怎么拉开；况且，以刘少奇的身体状况，似乎不如 73 岁尚能畅游长江的毛泽东的身体硬朗。邓小平、陈云比毛泽东小十一二岁，应当说是比较理想的接班年龄,但除开政治上的因素外,他们均年大于林彪,仍不及林彪与毛泽东的年龄差。林彪比毛泽东小 14 岁,是再合适不过的接班年龄了。

"九一三"事件后,周恩来在 1972 年 8 月 1 日、2 日接见回国述职大使和外事单位负责人时也说:林彪取得接班人的地位是有历史原因的,是当时党内形势发展的结果。周恩来在另外的场合还这样说过:我们这一代就是这两件事,一是陈炯明炮打孙中山的总统府,一是林彪谋害毛主席。陈炯明是孙中山培养起来的,林彪是毛主席几十年培养起来的。(周恩来在中共中央召开的在京上层爱国人士座谈会上的讲话,1971 年 12 月 31 日)

(四)毛泽东错选林彪的经验教训

毛泽东选择林彪做接班人,事实证明铸成大错。以毛泽东的"高瞻远瞩","明察秋毫",怎么会被林彪骗了呢?似乎不可理解。其实,林彪有个发展过程,毛泽东对他也有个认识过程,这是识人辨才的规律。正如周恩来所说,我们认识林彪也有一个发展的过程;对林彪要作一个分析,他也有一个从量变到质变的过程,不要以为说他坏,从头到尾都是坏的;林彪摔死了是偶然性,但他失败是必然性。(中共中央文献研究室编:《周恩来年谱》,中央文献出版社 1997 年版,第 542 页)

需要特别指出的是,除开林彪有意迎合毛泽东"左"的东西外,毛泽东爱听恭维话、不爱听批评话的弱点,也导致了他在识人用人上的严重失误。这样的例子并非绝无仅有。

以毛泽东的秘书田家英而论,即是如此。田家英博闻强记,才华横溢,正直无私,从 1948 年起,年仅 26 岁便给毛泽东当秘书,得心应手,深得毛泽东欣赏。1956 年,中共八大召开,许多人听了毛泽东致的开幕词赞不绝口。毛泽东表扬说:"开幕词是谁写的?是个年轻秀才写的,此人是田家英。"1958 年,中央号召干部下放,有几位省、市委书记向毛泽东要田家英,毛泽东一口拒绝:"田家英我不能放,在这个问题上我是理论与实际不一致的。"可见毛泽东对田家英的信任。可是,也正是出于对毛泽东的爱戴和维护,田家英对他察觉到的问题,对毛泽东的一些失误十分忧虑。书生性格,使得他有时无所顾忌地直抒己见,有些话别人不敢讲,他却犯颜进谏,有时代人受过。结果到1962年后,渐渐被毛泽东疏远。1966年5月23日,给毛泽东担任了18年秘书的田家英,戴着"篡改毛主席著作"的"罪名",满怀冤愤自杀身亡。(林克:《我所知道的毛泽东》,中央文献出版社2000年版,第169页)

比田家英更早,毛泽东对一军团秘书长李韶九的信任也是个很说明问题的例子。李锐在《庐山会议实录》(李锐:《庐山会议实录》,河南人民出版社1994年版,第347页)一书中谈到了这一点:有一个原来反对毛泽东的一军团的干部何笃才,很称赞毛泽东的本事,说没有人能超过毛。有人问他,既然如此,你为什么要站在反对毛泽东的一边呢?他回答说,他不反对毛泽东的政治路线,而是反对毛泽东的组织路线,毛泽东过于使用顺从自己的人,对待不同意见的人不能一视同仁。像李韶九这个人,品质很坏,就是因为李会顺从,会恭维,骗取了信任,而受到重用被赋予很大权力,结果干了坏事情也不被追究。这样的组织路线,何以能服人?何笃才所说的李韶九,可谓江西时期的康生,他采用逼供信,大肆捕人,刑讯逼供,因而激起富田事变,造成了大打"AB团"的错误肃反。

毛泽东对田家英和李韶九的认识失误,同他对林彪的认识失误一样,殊途同归,都是他喜欢被颂扬、被顺从,不喜欢批评、拂逆,喜欢听恭维话、正面意见,不喜欢听批评话、不同意见,从而付出的沉重代价。

徐向前在自己的回忆录中这样阐明了他的看法:"毛泽东同志晚年听不得不同意见,对善于奉承、投机的野心家林彪,过分信任,委以重权,结果上了大当。这是一个十分沉痛的教训。"(徐向前:《历史的回顾》,解放军出版社1987年版,第840页)

当然,毛泽东毕竟是极富政治经验的政治家,他做事,尤其是选接班人这样的大事,自然不会草率为之。邓小平的女儿毛毛认为:"毛泽东选定林彪为接班人,是经过深思熟虑的。战争年代,从井冈山起,林彪就是毛泽东的得意部将。林彪能打仗,有战功,特别是在许多次党内或军内出现矛盾时,能够站在毛泽东一边,甚至不惜以其少年好胜之势与人争执。解放后,1959 年的庐山会议上,林彪极力附和批判彭德怀;60 年代,林彪大力号召学习毛泽东思想;1962 年的'七千人大会',在中央一线工作的刘少奇、周恩来、邓小平与广大干部致力纠'左',林彪却与众不同地对毛泽东吹捧阿谀。毛泽东是一个伟人,但同时又是一个性情中人,他记怨又记恩,看人和处理问题不免带有感情色彩。毛泽东认为,历史上,林彪是他的人;现实中,林彪不像刘、邓思想那样右,并会高举他的思想旗帜和忠于他的革命路线。在毛泽东觉得'大权旁落'和把阶级斗争扩大到党内之后,毅然决定选择林彪为新的接班人,并借助林彪所控制的军队势力发动了'文化大革命'。不过,在毛泽东选择林彪为接班人的同时,他对于林彪也并不是百分之百的满意和放心。特别是在林彪的野心不断膨胀而又有所显露之时,毛泽东更是多了一份警惕之心。"(毛毛:《邓小平"文革"岁月》,中央文献出版社 2000 年版,第132~133 页)

四、九大后,林彪所受信任达到了顶点,林彪集团也发展到了顶点

(一)利用"文化大革命"之机扫除了障碍

林彪平时沉默寡言,深居简出,似乎有点与世无争的样子,但他一旦整起人来,是相当厉害的。

他 1958 年借批判教条主义为名,整了刘伯承、叶剑英、粟裕、萧克、李达、陈伯钧、宋时轮等。这次军内大批判,前台组织者是国防部长

彭德怀,真正的挑起者,从中作祟的是林彪。1959 年 8 月林彪在军委扩大会议上讲话透了底。（萧克、李锐、龚育之等：《我所亲历过的政治运动》,中央编译出版社 1998 年版,第 187 页）

他 1959 年整了彭德怀。

他 1960 年整了谭政。

他 1965 年整了罗瑞卿。

到"文化大革命"中,他先是发挥了很大作用,积极参与打倒刘少奇、邓小平,后整了贺龙,此后又整了杨成武、余立金、傅崇碧。这样,到 1968 年春黄永胜、吴法宪、叶群、李作鹏、邱会作完全把持了军委办事组,执掌了军队大权。这几个人都是四野的,属林彪的老部下。林彪历来十分重视军权,他把军权看做是"权中之权"。他曾对黄永胜、吴法宪他们几个说过:军队的权就在你们几个手中,不要交给别人。有一次他同黄永胜谈话,讲到军队的作用时,他说:"要学习蒋介石,蒋介石把一国的军队抓住了,他就是把一个国家抓住了,这一点是值得学习的。"
（聂荣臻：《聂荣臻回忆录》,解放军出版社 1983 年版,第 864 页）

中国革命的历史进程客观上形成了"山头",红军时期三个方面军,抗日战争时期的八路军、新四军和各个抗日根据地,解放战争时期的四个野战军,都为中国革命的胜利建立了各自的功勋。在用人上,不照顾、平衡各个"山头"力量,搞成"清一色",显然是不利于党内团结的。林彪在"文化大革命"中有意扩充四野势力,动辄以"双一"（红一军团、红一方面军）画线,与他滋生了政治野心和思想意识的褊狭有关。

(二)继续当选为唯一的副主席,名正言顺地大权在握

在中共九大上,林彪当选为唯一的副主席,名字上了党章,名正言顺地成了毛泽东的接班人。此时,毛泽东对他的信任达到了顶点,他的权势也发展到了顶点。

把接班人的名字写入中共党章,是中共党史上从来没有过的。

把林彪名字写入党章,江青出了大力。1968年10月27日,江青在一次讨论修改党章的会议上,极力主张把林彪的名字写上,她说:"这一条不写上,我们通不过。"1969年九大召开前夕的一次会议上,江青进一步说:"林副主席的名字还是要写上(党章),写上了,可以使别人没有觊觎之心!"

九大使林彪登上了"一人之下,万人之上"的权力顶峰,林彪的表现也颇堪玩味。当周恩来在大会发言中,违心地称赞林彪是井冈山会师的"光荣代表"后,林彪听得非常激动,站起来打断了周恩来的话,说:我林彪没什么,一切都是毛主席,我如果跟着贺龙、朱德早完了,没有今天了!他一边说,一边还当场哭了。林彪的流泪引起一些老同志的反感,徐向前后来在回忆录中写道:"林彪在闭幕式的讲话中,大讲贺龙'迫害'他,还流了眼泪,然而却举不出任何迫害的事实来。他的表演,使许多同志不仅反感,而且心里打了问号。他们的胜利是暂时的,失败是必然的、永久的。"(徐向前:《历史的回顾》,解放军出版社1987年版,第845页)

如果说1966年的中共八届十一中全会确定林彪为接班人,还只是党内掌握,由报纸上加以宣传暗示的话,那么3年之后的九大上,就经过最高级别的最庄严的程序,使林彪成了法定的接班人了。此后,不要说别人,就是毛泽东自己,要想动摇林彪的接班人地位,也不是那么容易的了,至少要向全党作出能让人接受的合理解释才行。

(三)羽翼丰满,形成了一个帮派体系

九大所组成的中共中央领导机构对林彪来说,是一个不小的胜利。中共中央政治局常委只有5人,林彪是唯一的副主席。在21名政治局委员中,林彪的人加上同盟者江青的人占12名,控制了局面。林彪所绝对信任和倚重的黄永胜、吴法宪、叶群、李作鹏、邱会作成了政治局委员,完成了由军权向党权的过渡。尤其是黄永胜,差点成了政治

局常委。原因是毛泽东考虑黄永胜参加过井冈山的斗争,曾有意让他做常委,只是由于江青放言"黄永胜做常委,我也要做",而毛泽东认为江青进常委并不合适,这才一并放弃了黄永胜。

与"文革"派受重用的同时,党内老同志处于受批判的境况,被剥夺了实际的权力。党内、军内能和林彪抗衡的力量,几乎全部被打了下去。而且,通过"三支两军",地方的许多实际权力也落入了林彪一伙的手中。

林彪的权力和势力,九大时达到了鼎盛时期。

毫无疑问,这都是毛泽东信任和支持的结果。

第五章 分歧与裂痕

从 1959 年庐山会议,到 1966 年,毛泽东对林彪信任、倚重甚深。毛泽东在一个批示中用"英雄所见,大抵略同"八个字来评价他和林彪的关系(毛泽东:《建国以来毛泽东文稿》第 11 册,中央文献出版社 1996 年版,第 197 页)。但是,实际上林彪并非时时处处都和毛泽东完全一致,当然林彪也并非时时处处都耍了两面派。他们的分歧、矛盾有一个酝酿和发展过程,而他们分歧、矛盾的暴露和公开也有一个酝酿和发展过程。

毛泽东和林彪,都是那种天资甚高、个性极强的人物。治国、治党理念的不同和思想方法、工作方法、看问题角度的不同,加之背后有两个非同寻常、各怀鬼胎的女人推波助澜,决定了他们必然出现隔阂、分歧和矛盾。由于党内没有解决高层矛盾的科学机制,而最终必然导致两人彻底决裂,分道扬镳,造成了极其严重的后果。

一、林彪关于"政变"的讲话令毛泽东感到某种程度的担心和忧虑

(一)"文化大革命"发动前夕,林彪关于"政变"的讲话杀气腾腾

"文化大革命"前夕,国内外形势风云变幻,党内矛盾错综复杂。

就国际形势而言，中苏两党关系恶化，先是赫鲁晓夫大反斯大林，后是中苏两党论战，殃及国家关系。在毛泽东看来，苏联出了赫鲁晓夫修正主义，帝国主义的"和平演变"正在变为现实。印度利用中国的经济困难，越过"麦克马洪线"，侵占中国大片领土。美国日益加剧在越南南方的"特种战争"，战火在中国南大门熊熊燃烧。台湾的蒋介石集团在美国的支持下，发出"反攻大陆"的叫嚣。

就国内形势而言，三年困难时期刚刚过去，人们尤其是党的领导层对"三面红旗"（总路线、"大跃进"、人民公社）、对背离八大路线重提阶级斗争、对"突出政治"搞个人崇拜等重大问题持有不同意见。加上党内发生了牵连杨尚昆的"窃听器"事件，牵连陆定一的"匿名信"事件，牵连罗瑞卿的"向林彪夺权"问题和牵连彭真的"独立王国"问题，使得毛泽东对国际国内阶级斗争形势和党内形势作出了完全错误的判断，以致他尖锐地提出了"中央出了修正正义怎么办"的严肃问题。

1966 年 5 月，在北京召开了中共中央政治局扩大会议。毛泽东未到会，会议由刘少奇主持。会议在 5 月 16 日通过了发动"文化大革命"的纲领性文件《中共中央通知》（即《五一六通知》），5 月 18 日林彪发表了长篇讲话。

林彪在讲话中，除继续宣扬对毛泽东的个人崇拜外，还列举古今中外各种政变的例子，制造中央有人要搞反革命政变的恐怖舆论，这就是后来人们所说的"政变经"。

林彪说道："（彭罗陆杨）他们几个人问题的揭发、解决，是全党的大事，是保证革命继续发展的大事，是巩固无产阶级专政的大事，是防止资本主义复辟的大事，是防止修正主义篡夺领导权的大事，是防止反革命政变、防止颠覆的大事。这是中国前进的重大措施，是毛主席英明果断的决策。""世界上政变的事，远的不说，1960 年以来，据不完全的统计，仅在亚非拉地区的一些资本主义国家中，先后发生 61 次政变，搞成了的 56 次。把首脑人物杀掉的 8 次，留当傀儡的 7 次，废黜的 11

次。这个统计是在加纳、印尼、叙利亚政变之前。6 年中间,每年平均 11 次。"随后,他列举了中国历史上十几个朝代政变的例子,有儿子杀老子的,有兄弟杀兄弟的,并说:"这些历史上的反动政变,应该引起我们惊心动魄,高度警惕……野心家,大有人在。他们是资产阶级的代表,想推翻我们无产阶级政权,不能让他们得逞。有一批王八蛋,他们想冒险,他们伺机而动。他们想杀我们,我们就要镇压他们!他们是假革命,他们是假马克思主义,他们是假毛泽东思想,他们是背叛分子。毛主席还健在,他们就背叛,他们阳奉阴违,他们是野心家,他们搞鬼,他们现在就想杀人。陆定一就是一个,陆定一的老婆就是一个。他说他不知道他老婆的事!怎么能不知道?罗瑞卿就是一个。彭真手段比他们更隐蔽更狡猾,使人家不容易看出来。""我们一定要严重注意资本主义复辟这个重要问题,不要忘掉这个问题,而要念念不忘。要念念不忘阶级斗争,念念不忘无产阶级专政,念念不忘突出政治,念念不忘高举毛泽东思想伟大红旗。"

在作这篇讲话时,林彪没有忘记大赞大颂毛泽东。他搜罗了一切美好的词句,颂扬毛泽东的天才和伟大。他说的一些话,到了"文化大革命"中成了家喻户晓的"名言警句"。

(二)尽管毛泽东感到"不安",但还是违心地批转了林彪关于"政变"的讲话

林彪这篇有关"政变"的讲话稿送到毛泽东面前,毛泽东皱起了眉头,表示了某种程度的保留,这体现在 1966 年 7 月 8 日他写给江青的一封信中。

毛泽东写道:"我的朋友的讲话 (指林彪的五一八讲话),中央催着要发,我准备同意发下去,他是专讲政变问题的。这个问题,像他这样讲法过去还没有过。他的一些提法,我总感觉不安。我历来不相信,我那几本小书,有那样大的神通。现在经他一吹,全党全国都吹起来了,真

是王婆卖瓜，自卖自夸。我是被他们逼上梁山的，看来不同意他们不行了。在重大问题上，违心地同意别人，在我一生还是第一次，叫做不以人的意志为转移吧……我曾举了后汉人李固写给黄琼信中的几句话：峣峣者易折，皎皎者易污。阳春白雪，和者盖寡。盛名之下，其实难副。这后两句，正是指我。我曾在政治局常委会上读过这几句，人贵有自知之明。今年四月杭州会议，我表示了对于朋友们那样提法的不同意见，可是有什么用呢？他到北京五月会议上还是那样讲，报刊上更加讲得很凶，简直吹得神乎其神。这样，我就只好上梁山了。我猜他们的本意，为了打鬼，借助钟馗。我就在二十世纪六十年代当了共产党的钟馗了。事物总是要走向反面的，吹得越高、跌得越重，我是准备跌得粉碎的……"

毛泽东一生第一次违心地同意别人，批发了林彪的"五一八讲话"。(毛泽东：《建国以来毛泽东文稿》(第 12 册)，中央文献出版社 1998 年版，第 71~72 页)

林彪的讲话作为党的文件下发到县团级。中共中央加了批语，说讲话"是一个极为重要的马克思列宁主义的文件"，"是活学活用毛泽东思想的典范"，"全党全军都应当认真学习，认真讨论，认真领会，把它运用到文化革命和一切行动中去。"中央的批语还对林彪作了评价："林彪同志把毛泽东思想红旗举得最高"。

毛泽东虽然批转了林彪关于"政变"的讲话，但事情在毛泽东的心头还是留下了阴影。林彪把政变讲得活龙活现，阴森恐怖，任何当权者听了都会感到不安。林彪在讲话中还用了大量特有的近乎肉麻的语言，吹捧、颂扬毛泽东，一连串的过头话，也使毛泽东感到不自在。毛泽东在给江青的信中，坦然道出了自己的复杂心态。过后，毛泽东还指出，林彪的讲话太教条，它会产生这样一个问题：政治见解的深刻分歧会升级到武力冲突。(赵志超：《毛泽东十二次南巡》，中央文献出版社 2000 年版，第 316 页)

毛泽东讲得极具远见，深刻犀利。他是一贯反对党内斗争动用武力的，并坚持在党内斗争中不杀人。1959年庐山会议批判彭德怀时，毛泽东讲过这样一番话：张国焘的错误引导四方面军走上错误的道路，这个责任在张国焘。张是中央派去的，是阶级异己分子，同他作斗争，应当在党内斗，不能用武力。但长征中彭德怀提议过用武力解决，是在甘肃南部，那个两省分界地方的时候。这是资产阶级、封建集团互相吃掉的办法，无产阶级不能用这个办法。人家不服怎么办？只能等待，这是唯一的办法，无产阶级只能用说服的办法。（李锐：《庐山会议实录（增订本）》，河南人民出版社1995年版，第307页）正是因为毛泽东对党内斗争一贯持这样的看法，因此他对林彪的血雨腥风、杀人如麻的政变观点，从内心里是不赞成的。但是为了发动"文化大革命"，他需要借助林彪的力量，因此还是"违心"地批转了林彪的"政变"讲话。

（三）陷于个人崇拜误区的毛泽东仍保留了某种程度的清醒，他对林彪还要看一看

此时的毛泽东，尽管已经陷入个人崇拜的误区，但他作为一个经验丰富的政治家，头脑仍然保持了相当程度的清醒。从总体上说，相对而言，他对林彪是信任的，但他对林彪的某些提法和做法，确实有一定程度的保留，并且保持了一定程度的警觉。在他看来，林彪是为了打彭罗陆杨之"鬼"，借助他这个"钟馗"，林彪是在利用他。其实，毛泽东之所以"违心"地批转林彪的讲话，又何尝不是为了打刘少奇之"鬼"，借助林彪这个"钟馗"！

此时，毛泽东内心深处是有矛盾的，这一点他在1966年6月10日与越南胡志明主席的谈话中表露得更加清楚。他说："我们都是七十以上的人了，总有一天被马克思请去。接班人究竟是谁，是伯恩斯坦、考茨基，还是赫鲁晓夫，不得而知。要准备，还来得及。总之，是一分为二，不要看现在都是喊'万岁'的。"他特别叮嘱胡志明说："我劝你，

你们的人都是不是忠诚于你的。忠诚的可能是大多数,但小部分可能是只在口头上叫你'万岁',他叫你'万岁'时,要注意,要分析。越是捧你的越靠不住,这是很自然的规律。一个党不分裂? 没有那回事。一切事物都是一分为二。"(逄先知、金冲及主编:《毛泽东传》,中央文献出版社 2003 年版,第 1418 页)

毛泽东同胡志明的谈话和给江青的信,用薄一波的话说是"意味深长"的,"看来他当时对自己选的接班人也并不那么自信"。(薄一波:《若干重大决策与事件的回顾(修订本)》下卷,人民出版社 1997 年版,第 1204 页)

识别和判断"文化大革命"前夕和初期毛泽东与林彪的个人关系,有两个最为重要的文件:一个是林彪"五一八"关于"政变"问题的讲话,另一个是毛泽东"七八"给江青的信。

发人深思的有两个重要情节:一个是毛泽东给江青的信写成后,在武汉给周恩来及当时的湖北省委第一书记王任重看过,周恩来经毛泽东同意后飞赴大连,将信的内容转告给了正在那里休养的林彪,林彪同样表示了不安又有悔改的意思,答应回京后修改他的"五一八"讲话。然而后来的事实表明,林彪的不安是表面上的,他依然我行我素,继续用"顶峰"、"最高指示"、"四个伟大"一类语言颂扬毛泽东。(吴江雄主编:《毛泽东预言》下,红旗出版社 2000 年版,第 718 页)另一个重要情节是,毛泽东与胡志明谈话、给江青的信后一个多月,在中共八届十一中全会上,毛泽东就将林彪确定为自己的接班人。

林彪的我行我素除了表明他的执拗,还表明他对毛泽东作出了自己的判断,以为毛泽东属于"假意的谦虚"。

毛泽东选择林彪则表明,尽管他对林彪不那么满意,但总起来说是信任和放心的,或者可以理解为形势使然。即便有人走极端地认为是一种权宜之计和策略上的过渡——因为当时的主要矛盾是解决刘少奇,恐怕也多少有那么一点道理。

二、林彪成为无可争议的接班人后，
却几次流露不想干这种角色

（一）林彪的接班人地位是中共八届十一中全会上确立的，但事情来得有些突然

中共八届十一中全会于1966年8月1~12日在北京召开，由毛泽东主持。本来，会议的议程有四项：一是通过《关于无产阶级文化大革命的决定》（即《十六条》），二是讨论和批准中共八届十中全会以来中央在国家、国内问题上的重大措施，三是对五月政治局扩大会议关于中央人事变动的决定补行批准手续，四是通过全会的报告。会议开得气氛紧张，在对刘少奇、邓小平进行了批判之后，全会临时增加了一个议程，改组中央领导机构。

8月5日，毛泽东把他刚刚写好的决定刘少奇命运的《炮打司令部——我的一张大字报》的底稿拿给周恩来看，征询他对更换接班人的意见。毛泽东说：看来刘少奇是不行了，对他观察了21年，完全失望了；对邓小平观察了7年，也失望了。你看现在的副主席里面还有谁？周恩来表示：那就只好叫林彪回来吧。周恩来的提议，与毛泽东不谋而合。（访问吴法宪谈话记录）

林彪的出山，一开始也确实非他所愿。他原本是请了病假不出席八届十一中全会的，当时他在大连休养。8月4日，他认为全会即将结束，连夜从大连打电话给中央表明他对《十六条》修正稿的态度，说："这个决定，是一个很革命的决定，它保证了能横扫一切牛鬼蛇神，保证了能把运动更坚决而正确地扩大和深入起来并长期坚持下去。""我完全同意中央全会的看法和方针。"但在全会日程延长，毛泽东征询过周恩来的意见之后，毛泽东便要汪东兴给林彪打电话，请他参加下一

步的会议。林彪于 6 日飞回北京,由于天气热,汪东兴安排他住进有空调设备的人民大会堂浙江厅。他一到人民大会堂,毛泽东就亲自登门看望,和他谈事。林彪推说身体有病,不愿意当接班人。毛泽东很不满意他这个态度,指责说:"你想当明世宗!"明世宗即朱厚熜,是宪宗孙,孝宗侄。武宗死,因无子嗣,厚熜当了皇帝,年号嘉靖。厚熜后来喜好黄老之术,久居深宫,不理朝政。毛泽东的话,是对林彪长期托病的严厉批评。毛泽东还对林彪说:你不想介入运动是假的!(接班人)当也要当,不当也要当! 毛泽东把话说到这个分儿上,林彪只好答应下来。

会后,林彪取代了刘少奇,成为公开报道的党中央唯一的副主席。(张化、苏采青主编:《回首"文革"》下,中共党史出版社 2000 年版,第 687 页)此后,报刊上每提到毛泽东和林彪,法定的说法是:"伟大领袖毛主席和他的亲密战友林副主席";每提到党中央,则总是说"以毛主席为首、林副主席为副的党中央";在"敬祝毛主席万寿无疆"的同时,还要"敬祝林副主席永远健康"。

中共八届十一中全会确立了林彪的接班人地位, 对于林彪来说,情况显得有些突然。不过,这却是毛泽东深思熟虑的一步"妙棋"——打倒了原定的接班人刘少奇,总要选一个的吧;至于选谁,在毛泽东身体健康、尚能畅游长江的情况下其实并不多么重要,至少不多么紧迫,先顺利解决刘少奇的问题再说。

由党的中央全会对中央领导机构进行改组,可以说是非常时期的非常之举。这是发动"文化大革命",摧毁毛泽东所认为的"以刘少奇为首的资产阶级司令部"的需要,也是维护毛泽东在党内至高无上地位的需要。新选出的中共中央政治局常委是:毛泽东、林彪、周恩来、陶铸、陈伯达、邓小平、康生、刘少奇、朱德、李富春、陈云。林彪的地位升为第二位,刘少奇则由第二位降为第八位。全会没有重新选举主席和副主席,但刘少奇、周恩来、朱德、陈云原来的副主席职务,以后即不再提及,而林彪原来的副主席职务却照提不误。这样的宣传报道给人以强烈暗示,或者说传达了一个明确信息:全党只有一个副主席林彪,林彪是毛泽东唯一的接班人。

此时,毛泽东的权力和威望达到了顶峰,林彪的权威也大大上升。

(二)为了确保林彪的接班人地位,毛泽东最终赞成把林彪的名字写进党章

林彪的接班人地位经中共八届十一中全会确立后,党内并非没有不同意见。比如陈毅,就对林彪当接班人表示不满,认为要选接班人,应当是周恩来。大概针对林彪并不完全服众的情况,1967 年 9 月 24 日,毛泽东谈到召开九大问题时再次明确说:接班人当然是林。(《关于建国以来党的若干历史问题的决议》(注释本),人民出版社 1985 年版,第 407 页)

在 1969 年 4 月 1 日至 24 日召开的中共九大上,林彪当选为唯一的副主席,他的接班人地位写进了党章。林彪的名字写进党章是江青提议并力主的,康生、张春桥也都赞成写上。林彪要求把党章草案上提到他的那一段话删去,康生不同意,说这是林彪同志谦虚,这一段话必须保留。(张耀祠:《张耀祠回忆录——在毛主席身边的日子》,中共党史出版社 2008 年版,第 202 页)

一开始,毛泽东是不赞成把林彪的名字写进党章的,至少他没有想到过写进名字这一点。但他经不住江青等人的鼓动,最后不无勉强地说:既然你们都主张,那就写上吧。结果,经毛泽东首肯,全会通过,党章上破天荒写上了这样一段话:"林彪同志高举毛泽东思想伟大红旗,最忠诚、最坚定地执行和捍卫毛泽东同志的无产阶级革命路线。林彪同志是毛泽东同志的亲密战友和接班人。"

九大时林彪在党内的地位达到顶峰,名副其实地成了"一人之下,万人之上"。

应当说,此时毛泽东对林彪是满意而又信任的。在他看来,林彪是忠诚于他和他的思想、路线的,林彪不会是赫鲁晓夫,不会在他百年之

后反他。林彪 1966 年 5 月 18 日在中共中央政治局扩大会议上斩钉截铁的话给毛泽东的印象太深了,林彪说:"毛主席活到哪一天,九十岁,一百多岁,都是我们党的最高领袖,他的话都是我们的行动准则。谁反对他,全党共诛之,全国共讨之。在他身后,如果有谁做赫鲁晓夫那样的秘密报告,一定是野心家,一定是大坏蛋,全党共诛之,全国共讨之。"

（三）林彪私下里却表示不愿当眼下这样的"接班人",他另有考虑

林彪被选为接班人后,据他的卫士长李文普说,林彪"曾几次流露不想干这种角色"(《中华儿女》杂志 1999 年第 2 期)。李文普是跟随林彪多年、深得林彪信任的警卫参谋,在私下的谈话中,林彪没有必要同他说假话。"不想干这种角色"很可能是林彪的真实想法。

林彪之所以如此,并不说明他没有权力欲,没有个人野心。极有可能在他看来,这种角色只不过是"附庸"和"陪衬"而已,毫无实际意义。就权力而言,在整个"文化大革命"中林彪并没有多少实权。他在党内的职务是副主席,在党权方面,上有毛泽东主席把关。他在政府的职务是副总理兼国防部长,在行政权力方面,受周恩来总理制约。尽管他受命主持军委日常工作,但军权却被毛泽东牢牢控制,毛泽东规定,"文化大革命"中调动一个排也要报经军委主席批准。这样看来,"接班人"只是名义上的虚的东西,林彪实际上没有多少权力的掌控余地。难怪后来围绕设国家主席问题,叶群发牢骚说:"林彪多少年了,不就是个副总理兼国防部长嘛!"

林彪是一个棱角分明、对个人意志看得很重的人。要想长久让他给别人"跑龙套",费力不讨好,他当然是不会干的。

况且,林彪看问题自有其独到而深刻的眼光。他感到毛泽东的接班人并不好当,高岗和刘少奇都是接班人,结果,高岗自杀了,刘少奇

被废黜了。想到他们的结局,林彪对日后自己的结局不会没有担心和忧虑。

关于高岗的接班人地位,后来的人们知之不多。李锐认为,建国初期高岗的接班人地位一度已经既成事实。他说:"习仲勋跟我说过,1949年进城后谁接班?就是高(岗)。那已经很明显了嘛!高是国家副主席,又是国家计委主任。国家计委与政务院平行,实际是经济内阁。高很得意。有一次,他见到我,对我说:李锐啊!你看,我这个人管经济啊。啊哼!非常得意。"(林蕴晖:《国史札记》,东方出版中心2008年版,第86页)林彪和高岗非常熟悉,对高岗也非常赞赏,高岗的死对他刺激很大。

林彪对当接班人没有思想准备,内心忐忑不安这一点,从他在八届十一中全会上的讲话可以看出来。他几次表示说:最近我的心情很沉重,中央给我的工作,我自知水平、能力不够,意料是要出错误的,恳辞再三。但是,现在主席和中央既已决定了,我只好服从主席和党的决定,试一试,随时准备交班给更合适的同志。

三、随着运动的发展和时间的推移,毛泽东和林彪 在一些重大问题上产生了严重分歧和尖锐对立

林彪出逃覆亡后,国内外许多人曾大惑不解:林彪已经是法定的"接班人",着什么急呀?只要牢牢稳稳地等待自然接班就行了,何必抢班夺权呢?

林彪的出逃是他"太性急"造成的吗?林彪若不轻举妄动就可以自然接班吗?其实不然。林彪的出逃,是党内矛盾尖锐冲突的结果,也是毛泽东和林彪个人较量的结果,其间有深层次的原因。

从1965年"文化大革命"发动前夕到1969年中共九大,毛泽东与林彪的关系总起来说是融洽、和谐的,他们两人在一些主要的重大问题上,认识基本上是一致的,至少没有公开发生过"顶牛"现象。然而到

了九大，事情慢慢起了变化。再到 1970 年 8 月 23 日至 9 月 6 日召开的九届二中全会(即庐山会议)，两人的裂痕加深了。

从九大到林彪"九一三"出逃，仅仅两年半时间。时间如此之短就分道扬镳，彻底决裂，除了说明在全党、全国大规模的政治运动中上层矛盾屡见不鲜，事物发展变化极快之外，再就是说明，这一时期毛林合作的政治、理论、思想、感情、伦理的基础已经从根本上动摇，他们不过是某一历史阶段的"同路人"。

毛泽东与林彪的分歧和对立，主要表现在下列重大问题上。

(一)关于九大政治报告问题

毛泽东决定林彪在九大上作政治报告，并说，这次报告不要事先写出稿子，口头讲，然后整理一下；如果需要对外发表，就摘用记录稿。林彪提出，在党代表大会上正式作报告，最好请中央文革给写个稿子。如果必要，可以像"七千人大会"那样，他另作一个口头报告，但对外发表，还是以中央正式通过的稿子为准。毛泽东同意了，决定由林彪主持，陈伯达、张春桥、姚文元三人组成起草小组。(张云生:《毛家湾纪实》,春秋出版社 1988 年版,第 210 页)

陈伯达接受起草任务后对秘书说:运动不能再搞了，现在主要任务应该是抓生产了。陈伯达的这一看法，不但和张春桥、姚文元发生矛盾，也不符合毛泽东的思想，但却和林彪的想法不谋而合。由于"文化大革命"期间，陈伯达和江青发生严重矛盾，陈伯达一度被江青逼得要自杀，而张、姚是江青的心腹，一贯对江青唯命是从，因此，陈伯达不愿意和张、姚合作，于是自己关起门来单干。他很快拟出《为把我国建设成为强大的社会主义国家而奋斗》的题目，下分几个小标题，经林彪过目后改成十个小标题，呈报给毛泽东。

由于进展缓慢，毛泽东很生气，改由康生牵头，张、姚在康生、江青支持之下，另外起草了一个稿子。毛泽东否定了陈伯达的稿子，亲笔修改了张、姚的稿子。

在讨论张、姚的稿子时,陈伯达提出了这样的意见:"还是应当搞好生产,发展生产,提高劳动生产率。尽搞运动,就像伯恩斯坦所说的'运动是一切,而目的是没有的'。"陈伯达的意见其实是林彪的意见,但陈伯达却为此触怒了康生、江青、张春桥、姚文元,他们激烈批评陈伯达按照林彪意见撰写的报告是在鼓吹"唯生产力论",而毛泽东最终支持了康、江、张、姚。不但如此,毛泽东还严厉指责陈伯达"脚踏两只船",意思是陈伯达在他和林彪之间搞政治投机。(叶永烈:《陈伯达传》,人民日报出版社 1999 年版,第 654 页)

林彪对毛泽东否定体现他意见的陈伯达的稿子很不高兴。据当年参加中央文革碰头会的吴法宪回忆:"陈伯达写时天天跑到林家,商量怎么写,林讲了个大概。从这以后,陈开始靠林了。""主席否定陈伯达的报告,林彪很不高兴,因为这是林、陈两人商量的。"在由张春桥起草后,"林说,写什么就是什么,我林彪一字不改。"林彪对毛泽东亲笔修改过的张、姚的稿子根本不感兴趣,他连看也不看,没好气地批了这样一句:"不掠他人之美"。表示了极大的蔑视和不满。憋了一肚子气的林彪只是在九大上念了一遍敷衍了事,甚至会前说过这样的话:"念错的越多越好。"结果,九大上林彪的确念得磕磕绊绊,江青为此很不满,还给林彪提了意见。(逄先知、金冲及主编:《毛泽东传》,中央文献出版社 2003 年版,第 1546 页)

后来,林彪覆亡后,周恩来在党的十大上作政治报告时,提到了这件事:"九大以前,林彪伙同陈伯达起草了一个政治报告。他们反对无产阶级专政下的继续革命,认为九大以后的主要任务是发展生产……林彪、陈伯达的这个政治报告,理所当然地被中央否定了。对毛主席主持起草的政治报告,林彪暗地支持陈伯达公开反对,被挫败以后,才勉强地接受了中央的政治路线,在大会上读了中央的政治报告。"

九大政治报告之争,固然反映了当时中央内部复杂的人际关系,但是，这次稿子之争，绝不仅是个"文人相轻"的问题，而是反映了毛泽东和林彪对当时的主要矛盾和主要任务存在着不同认识，虽然这种不同认识并非是根本性的，但还是触犯了毛泽东的红线，引起了毛泽东的不满。后来林立果搞的《"571"工程纪要》中攻击毛泽东的"继续革命理论""其实是托洛茨基的不断革命论"，也再次证明了林彪和毛泽东的重要分歧。

当然，林彪集团成员的种种做法丝毫不能证明他们要抛弃极左思想，彻底否定"继续革命理论"。至于毛泽东批评陈伯达"脚踏两只船"，就更具有某种深意了，毛泽东明里在批评陈伯达，实际上是冲着林彪来的，意在敲打林彪。对此，林彪和陈伯达不能不有所领悟和察觉。

（二）关于对待运动搞法问题

林彪对待毛泽东发动的"文化大革命"运动，公开场合从来没有反对过，一开始，他拥护的调门还相当高，并且安居家中，对于运动中出现的各种混乱现象，不急不躁，稳坐钓鱼船。但是，随着运动的深入发展，他所熟悉而被打倒的人越来越多，军队的情况越来越动荡，尤其是他对运动究竟怎么个搞法心中没底，经常陷于被动，于是进入 1967 年后，他对"文化大革命"渐渐产生了疑虑和不满，私下里发了不少牢骚，态度也越来越消极。他的秘书曾这样说："他整天沉默寡言，叫你捉摸不透；对社会上的动乱，对运动中出现的各种过火行为，他在秘书面前一向显得不在乎，不着急，不吭声，不表态。"秘书把各地武斗情况向他报告后，他听后轻松地拉着长调自言自语说："'文化大革命'，变成武化大革命喽！"（张云生：《毛家湾纪实》，春秋出版社 1988 年版，第 53 页、第 108 页）看起来，他更像是个高级"逍遥派"。

运动开始，为一个全军文革领导小组问题，林彪很被动。他起先用萧华当组长，时间不长，萧华就被江青打倒了，还被抄了家。萧华是林彪的老部下，林彪是不同意打倒萧华的，但他没有办法。萧华倒后，林彪请徐向前继任全军文革小组组长。军队一些高级干部对中央文革不服，时任广州军区司令员的黄永胜在会上发言，严厉斥责中央文革搞乱军队，结果惹怒了江青、康生，他们说黄永胜反对毛主席，反对中央文革，非要黄永胜写检讨。黄永胜是林彪的爱将，跑去请示林彪要不要写这个检讨，林彪说："绝对不能写这个检讨，要坚决顶住。我去直接报告毛主席。"江青拿林彪没有办法，遂迁怒于徐向前，几次建议林彪撤换徐向前。林彪软软地顶抗说："徐帅德高望重，由他出任全军文革组长又是你们提出来的，如果连徐帅都不合适，那么，在军队里我也找不出合适的人选，就请你们再提一个吧。"事后，林彪不满地对吴法宪说："谁当全军文革的小组长，过不了多久，就会被打倒。如果一定要撤换徐帅，全军文革那就让它名存实亡吧。"后来果然如此。徐向前被撤换后，杨成武代理了一个短时期，不久杨成武随毛泽东南巡后，全军文革就销声匿迹了。

打倒刘少奇、邓小平后，林彪私下里对女儿林立衡说："刘少奇在理论上比毛主席讲的透"，"刘少奇、邓小平是好同志，拿掉刘没有道理。"（官伟勋：《我所知道的叶群》，中国文学出版社1993年版，第215页）

江青仗着自己是中央文革小组副组长、代组长，肆无忌惮地插手军队，搞乱军队，引起了林彪的不满。据吴法宪回忆：1967年年初，林彪对中央文革小组责难军队的做法表了态：叫他们来打倒我好了。随后，他把江青叫到毛家湾家中，对她发了一顿脾气，说解放军是毛主席缔造和领导的，现在走到了修正主义边缘，怎么解释？我这个国防部长怎么交代？是修正主义，我们国家还有什么希望？不就完了吗？盛怒之下，林彪把跟前的茶几都给掀翻了，并要到毛泽东那里告状，辞职不干了。叶群吓得大哭，拼命拉住林彪，劝说他千万不能和江青闹翻，无论如何也不能得罪江青。（访问吴法宪谈话记录）

对于不断有干部一夜之间被打倒，尤其是自己熟悉并欣赏的干部被打倒，林彪也有自己的看法。比如对于陶铸、陈伯达这两名中共中央政治局常委的被打倒,林彪就肚里有气。陶铸是林彪喜欢的干部,做过四野的政治部副主任、主任。他在中共八届十一中全会上当选为中共中央政治局常委,排名第四,想不到因为和江青发生尖锐冲突,江青哭闹说陶铸"欺负"她,结果仅仅当了四个月常委的陶铸,到 1966 年 12 月,就被江青一夜之间打倒了。林彪听到陶铸倒台的消息,脸色难看,一句话也没说,接连几天情绪很坏。陈伯达也是林彪器重的人,陈伯达和江青发生矛盾,一度被江青逼得要自杀,江青甚至当众摔茶杯,骂陈伯达:"我瞧不起你!"陈伯达气愤已极,也回一句:"我也瞧不起你!"林彪出面替陈伯达说好话:"陈伯达是好人,一个书生掌握这么大的局面不容易。"此后陈伯达逐渐倒向林彪。九届二中全会上,陈伯达因在小组会上拥护林彪讲话,赞成设国家主席而被审查关押,打成了"国民党反共分子、托派、叛徒、反革命修正主义分子",林彪嘴上不说,心里根本不服。

"他在私下里一再对林豆豆和对他的秘书表示对'文化大革命'的不满,甚至反感",在毛家湾工作过的人员这样说。（官伟勋：《我所知道的叶群》,中国文学出版社 1993 年版,第 215 页）

"林彪、叶群经常打架,后来林彪被叶群控制了。林彪是因为什么被控制的?由于林彪有病,很少和外面联系,叶群就利用外部形势来吓唬他。还有一个重要原因,就是林彪在私下有反对'文化大革命'和反毛泽东的言论,被叶群抓住把柄,所以叶群逐渐控制了林彪。"在毛家湾工作过的另一位秘书宋德金这样认为。

林彪对"文化大革命"的负面看法,当然不敢在毛泽东面前流露,但他在运动中的消极态度,逐渐引起毛泽东的注意和不满。

(三)关于"天才"问题

国外有人说,九届二中全会是毛泽东故意陷害整林彪。毛泽东原来欣赏赞颂他为天才,而这次全会上又突然说称天才是"反党的理论纲领"，出尔反尔，别有用心。

这种说法，似是而非，其实是不了解关于天才问题的来龙去脉。

"天才地"、"创造性地"、"全面地"三个副词，最早出现在 1966 年 8 月的中共八届十一中全会公报上。林彪在 1966 年 12 月的《〈毛主席语录〉再版前言》中照抄了三个副词，他上来就说："毛泽东同志是当代最伟大的马克思主义者。毛泽东同志天才地、创造性地、全面地继承、捍卫和发展了马克思列宁主义，把马克思列宁主义提高到一个崭新的阶段。"为纪念苏联十月革命 50 周年，1967 年由陈伯达、姚文元执笔的《沿着十月社会主义革命开辟的道路前进》一文，多处用"天才地"这一副词，此文送毛泽东审阅，毛泽东批示"可用"。应当说截止到此，毛泽东是同意三个副词的。

可是，到 1968 年，情况有了变化。

1968 年 9 月，毛泽东修改《人民日报》社论《世界革命人民胜利的航向》初稿时，删去了里面的三个副词，并几乎把所有提到毛泽东思想的地方都删掉了，还写了一个重要批示："把离开主题的一些空话删掉。不要向外国人自吹自擂。"(逄先知、金冲及主编：《毛泽东传》，中央文献出版社 2003 年版，第 1559 页)1968 年 10 月中共八届十二中全会讨论九大党章时，毛泽东又两次提出删去党章草案中出现的三个副词。当时有人报告毛泽东说这是八届十一中全会通过的，新党章不写不好吧。毛泽东说，党的代表大会有权修改以前的任何文件。因此，八届十二中全会公报、九大政治报告和新党章都没有再用这三个副词。

1970 年 8 月 13 日，讨论修改宪法时，为写不写这三个副词，吴法宪和张春桥发生了尖锐冲突。会上，张春桥以毛泽东在一次会见外宾时谈到"天才地、创造性地发展马列主义是讽刺"为据，提议删去草案中"毛泽东思想是全国一切工作的指导方针"以及三个副词。吴法宪当即反驳说，"要防止有人利用毛主席的伟大谦虚贬低毛泽东思想"，还拍了桌子。吴法宪通过黄永胜报告了林彪，得到林彪的支持。吴法宪还得到了陈伯达的支持(中共中央文献研究室:《周恩来年谱》,中央文献出版社 1997 年版,第 385 页)。然而,毛泽东却支持张春桥,并且,张春桥对毛泽东的态度始终摸底,心中有数。

围绕宪法修改中要不要写上三个副词,林彪一伙和江青一伙勾心斗角。康生、张春桥明知道毛泽东已经指示不要写进三个副词,写上也会被毛泽东圈去,可在修改宪法过程中当吴法宪攻击他们时就是不明说,让吴法宪跳。到了庐山会议上才说,不是我们不写,是毛主席不让写,一下子将林彪一伙推进了被动的泥潭。

后来,毛泽东曾就陈伯达、叶群等搞关于称天才的语录问题批示说:"多年来不赞成读马列的同志们为何这时又向马列求救,题目又是所谓论天才,不是在九大论过了吗?为何健忘若此?"1971 年毛泽东南巡谈话中还说:"那几个副词,是我圈过几次的嘛。九大党章已经定了,为什么不翻开看看?"(熊华源、安建设编:《林彪反革命集团覆灭纪实》,中央文献出版社 1995 年版,第 173 页、第 174 页)

吴法宪以为可抓住了张春桥的把柄,想借此大做文章。想不到他不注意学习,也不摸毛泽东的底数,结果反而陷于被动。

为什么三个副词之争如此严重呢?因为它绝不是个理论问题,而是个政治问题;绝不仅是个文字和表述之争,而背后是林彪、江青两个集团之间的较劲,双方实际上都想利用这件事给对方难堪,并借此打击对方。

(四)关于个人崇拜问题

鼓吹对毛泽东的个人崇拜,本是林彪的看家本领,也是林彪受到信任、威望提升的重要原因。然而,在对待个人崇拜问题上,毛泽东的态度却是变化着的。他一方面说过要搞正确的个人崇拜,十分赞赏林彪对自己的颂扬,但同时,他又有许多与此相反的意见,多次不同意对自己的过分吹捧,这就不能不使林彪陷于尴尬被动的境地。

1966 年 7 月 5 日,毛泽东在中宣部的一份文稿上,作出了关于不要用"顶峰"、"最高指示""最高最活……"一类语言的批示。(毛泽东:《建国以来毛泽东文稿》第 12 册,中央文献出版社 1998 年版,第 85 页)毛泽东所不同意的这些语言,恰恰是林彪自鸣得意的创造。早在 1959 年 9~10 月,林彪就在全军干部会议上大讲"顶峰"论,他说:"现在的马克思列宁主义是什么?就是我们毛主席的思想。它今天在世界上是站在最高峰,站在时代思想的顶峰。"以后林彪在多种场合反复讲,毛泽东是当代最伟大的马克思主义者,毛泽东思想是当代马克思列宁主义的顶峰。林彪与罗瑞卿发生尖锐冲突,其中就有罗瑞卿反对他的"顶峰"论的原因。

1967 年,毛泽东对林彪发明并在报纸上公开发表了题词的"四个伟大"——伟大的导师,伟大的领袖,伟大的统帅,伟大的舵手——表示不满。他在上海指着报纸上林彪题写的"四个伟大"问身边人:"谁封我四个官呀?""什么永远健康,难道有不死的人吗?"(叶永烈:《陈伯达传》,人民日报出版社 1999 年版,第 721 页)

1970 年 4 月 3 日,毛泽东审阅"两报一刊"编辑部文章《列宁主义,还是社会帝国主义?——纪念伟大列宁诞生一百周年》时,写下了一段意味深长的批语:"关于我的话,删掉了几段,都是些无用的,引起别人反感的东西。我曾讲过一百次,可是没有人听,不知是何道理?请中央各同志研究一下。"毛泽东这里所删去的"无用"和"引起别人反感"的话有:"当代最伟大的马克思列宁主义者……毛主席","毛泽东同志……继承、捍卫和发展了马克思列宁主义,把马克思列宁主义提高到一个崭新的阶段","毛泽东同志是当代的列宁"等等。这些语言,几乎全是林彪用来颂扬毛泽东的原话。这显然是一个信号,表明毛泽东对林彪越来越不满意了。

1970 年 12 月 18 日,毛泽东在跟美国记者斯诺谈话时,毫不掩饰地说:"四个伟大"、"讨嫌","总有一天要统统去掉。"((美)斯诺:《美国友好人士斯诺访华文章》,三联书店 1971 年版,第 13~14 页)明眼人不难看出,毛泽东说"四个伟大""讨嫌",其实是说林彪"讨嫌"。

林彪当然不服输,更不会认错。他的高傲、倔犟的个性上来了,完全不在乎毛泽东的反对。1970年8月23日在中共九届二中全会开幕式上,他抢先提出讲话,其中不但重申了三个副词,还直言不讳、斩钉截铁地说道:"我们说毛主席是天才,我还是坚持这个观点。"(中共中央1972年5号文件)林彪的坚持,明里是冲着江青、张春桥一伙来的,其实是在全党面前公开地表明他与毛泽东的原则分歧。

在对待个人崇拜问题上,毛泽东的态度有一个明显的变化过程,这一点1970年12月18日毛泽东同斯诺的谈话中说得十分明白:"在过去几年中,有必要搞点个人崇拜。现在没有这种必要了,应当降温了。"((美)斯诺:《美国友好人士斯诺访华文章》,三联书店1971年版,第13~14页)过去,毛泽东默认称他为"天才",到1970年8月的中共九届二中全会和后来的南巡谈话中,他改变了态度,否认自己是天才。他说:"我不是天才。我读了六年孔夫子的书,又读了七年资本主义的书,到一九一八年才读马列主义,怎么是天才?"(中共中央1972年12号文件)毛泽东180度的变化实际上是在重复地敲打林彪,这是林彪在解放后从未遇到过的重大挫折,但林彪身居高位后受政治上既得利益的驱使,加之在老婆、儿子及同伙的怂恿下,已经失去了战争年代及解放初期对形势的清醒判断。

(五)关于使用毛主席语录问题

林彪早在黄埔军校时,就精读过作为教材的《曾胡用兵语录》,非常喜爱。此后,他后半生读书,一直注重靠语录掌握要点。林彪不但自己喜爱语录,还把这种形式加以推广,用到学习毛泽东著作上。1964年5月,根据他的指示,解放军总政治部编辑出版了《毛主席语录》。1966年12月16日,林彪署名发表了《〈毛主席语录〉再版前言》,此后,经林彪提倡,海内外出版的"小红书"多达50亿册。

毛泽东最初是赞成用语录这种形式传播他的思想的。1965 年 12 月，他曾指示陈伯达负责编辑一本全国通用的《毛主席语录》，因当时流行的《毛主席语录》是根据部队需要编选的。

但是后来，毛泽东又表示了对搞语录的反感和不满。九大后，毛泽东交代周恩来把北京人民大会堂所挂的语录牌统统摘下来。周恩来照办后，毛泽东当着林彪的面说：这些王八蛋的东西没有了（周恩来接见人民日报负责人时的谈话，1972 年 12 月 19 日）。林彪表面上虽然没有表示什么，私下里却吩咐属于军队系统的京西宾馆照挂不误，有意唱对台戏。

1969 年五六月间，九大过后毛泽东到武汉休息，他看到自己住的东湖宾馆梅岭一号内，从走廊到客厅、书房和卧室，到处都张贴着他的画像和语录，很不满意，立刻要工作人员将这些统统摘下。一次，他针对林彪的"一句顶一万句"的说法，向工作人员说："人的一句话怎么能顶一万句呢？一句话就是一句，不能顶，更不能顶那么多。我的话怎么可能有那么大力量，那不是神了吗？这不是唯物主义，也不是辩证法。"还告诉工作人员："'四个伟大'，太讨厌！"（逄先知、金冲及主编：《毛泽东传》，中央文献出版社 2003 年版，第 1558 页）

林彪一直把搞毛主席语录看做自己的一大创造，毛泽东的反对和讨厌，显然有损林彪的声誉。林彪的不满，也在必然和情理之中。

（六）关于对待江青集团问题

所谓中央文革的一班人，其实就是江青的势力。林彪与江青，既有共同的利害关系，又有深刻的矛盾分歧。"文化大革命"的酝酿、发动，林彪与江青互有配合，到 1967 年年初，就运动搞法和对某些领导干部的态度问题，双方分歧逐渐显现。后来在权力分配上，又发生了严重矛盾。

林彪对江青、谢富治、张春桥、姚文元等人，素无好感。林彪秘书张云生记述了一次林彪和江青发生矛盾的事。1967 年 2 月的一天，林彪在毛家湾走廊里尖声叫喊:"叶群!叶群!"秘书闻声赶过去询问,林彪火气冲天地说:"叫叶群!快把江青给我赶走!"江青在林彪会客室门口声调平和地说:"林彪同志,我有缺点、错误,你可以批评,何必生气呢……"(张云生:《毛家湾纪实》,春秋出版社1988年版,第163~164页)这次,林彪发火是因为江青插手军队事,江青指责军队不支持造反派,"清规戒律"多。林彪仗着毛泽东刚刚批发了军委《八条命令》,下令把江青找到毛家湾,狠狠批了江青一通。江青见林彪盛怒,也当面服软,作了自我批评。叶群从中苦苦相劝,事情才平息下去。

但是,这次严重冲突,江青虽然当面服了软,但心里还是记了账。1968年中共八届十二中全会后,江青在一次中共中央政治局会议上,公开向林彪叫板,提出林彪在中共八届十二中全会上的讲话不突出阶级斗争,是贬低了"文化大革命",把矛头指向林彪。此后,她甚至几次拉黄永胜、吴法宪等军委办事组的人,来同她一起批判林彪的讲话。黄永胜等人岂肯与江青站在一起,立即报告了林彪,林彪说:"让她去批吧。不过要注意她一下,看她搞什么名堂。"还说:"现在江青在中央是为所欲为,谁拿她也没有办法。"(访问吴法宪谈话记录)

武汉事件发生后,"揪军内一小撮"的口号满天飞,引起军队不稳定,促使毛泽东将起草提出"揪军内一小撮"两报一刊社论的中央文革成员王力、关锋停职反省。一次开会,康生、张春桥悄悄对吴法宪说:"揪军内一小撮"的口号是周恩来批准的,《人民日报》上的社论也是周恩来审阅过的,所以,这个口号的出笼,周恩来要负责任。会后,吴法宪报告了林彪,林彪对吴法宪说:胖子,你不要上当!他们的目的,是要怂恿你出来反对周总理。你千万要注意,这个话对谁都不能再说。"揪军内一小撮"是中央文革他们提出来的,总理即使看过了,也可能是一时的疏忽,不能怪总理……看来康生还是想当总理的,是有这个心思的,你们要注意。周总理出国的时候,两次由康生代总理,但据我看他是干不了这个总理的。(访问吴法宪谈话记录)

在九大选举前，叶群对陈伯达、黄永胜、吴法宪等人说："林总讲，现在江青太猖狂了。张春桥、姚文元过去都是榜上无名的小卒，现在的威望都这样高，看来当选中央委员是没有问题的，但是要使他们的选票少几张，不能让他们得全票，以杀一杀他们的锐气。"(访问吴法宪谈话记录)后来，江青等人果然少了几票。江青大为光火，竟然要布置查票，被周恩来制止了。但江青已对叶群、黄永胜等人有所怀疑，暗暗记了一笔。

林彪对江青的反感，还表现在他一旦抓住江青的小辫子，就不失时机地向毛泽东告状。吴法宪谈过这样一件事：

1969 年 5 月的一天，江青突然通知黄永胜、吴法宪、李作鹏、邱会作四个人到她那里开会。江青一个人说了 3 个小时，其中说到在延安，毛泽东如何追求她的一些细节，并说她生了李讷以后，身体虚弱，得了子宫癌，到莫斯科做了一次大手术，没了性生活，回国以后就同毛泽东分居一直到现在。江青讲话中还攻击了周恩来，说周恩来有行政和组织才能，但是大的原则问题上看不清，他这个人不能掌舵，不能当一把手。黄永胜、吴法宪等四人认为江青的话直接侮辱了毛泽东，也伤害了周恩来，便一起报告了林彪。林彪决定，要黄永胜、吴法宪立即去向毛泽东报告，并要叶群亲自打电话到毛泽东那里联系。林彪告诉黄永胜、吴法宪等："在延安，是江青追毛主席。她通过康生，想尽一切办法接近毛主席，经常是毛主席一边写文章，她就在一边打毛衣，一打就是一天。她是拼死拼活去追毛主席，以后才结了婚。"然而，毛泽东听了黄永胜、吴法宪的汇报，若无其事，并没有批评江青。黄永胜、吴法宪感到毛泽东对这个汇报不感兴趣，都有些失望，又把江青的话报告了周恩来，周恩来听了，也是一笑了之。过后，黄永胜、吴法宪又把这些情况报告了林彪，林彪说："毛主席、周总理知道就行了，让他们去处理吧。"林彪原本希望借告状激起毛泽东对江青的不满，批一批江青，但事情不了了之，他不免大失所望。

"九大"是林彪集团发展到顶点的标志，也是江青集团失落的分水岭。"九大"一开，中央文革小组不再存在，不起作用了，而江青集团的主要成员，除了在党内有职务外，在中央政府和军队中没有任何职务，再也不能与中共中央、国务院、中央军委并列发号施令了。直至1970年11月，成立中央组织宣传组，江青集团才重新获得一块公开合法的活动阵地。

林彪从骨子里讨厌江青，虽然当时党内敢于对江青当面斥责的，除了毛泽东，只有他了，但碍于江青是毛泽东夫人的身份，他也不敢过于得罪，有时甚至有意讨好江青。1968年3月，林彪甚至使出一个罕见的招数，把江青的行政级别一下子从9级提升到5级。

叶群居间斡旋，林彪多数时候是敷衍江青，尽量避免和江青发生正面冲突。1969年10月，林彪在苏州，江青通过中共中央办公厅的信使给林彪送来一包"绝密"文件，还有一封致林彪的亲笔信，希望得到林彪支持，把她的材料批发全国。此前，夏天的时候，江青曾把材料送来过，要求林彪批字支援。林彪批了"请政治局讨论并请主席批示"，后来毛泽东看了江青的材料很生气，挡住了。这次江青又送来，林彪听了秘书报告，说："压下，不必理睬！"叶群说："不理睬怎么行呢？（江青）这个人，你能得罪得起吗？"一时林彪也没了主意。最后，还是按照叶群教的办法，又批上："再请政治局讨论，并呈主席批示。"把球踢给了主持政治局工作的周恩来，以及最高决策者毛泽东。林彪的"不得罪"和"滑头"，也表现出对江青的礼让和畏惧三分。（张云生：《文革期间，我给林彪当秘书》，香港中华儿女出版社2003年版，第579~582页）

林彪警卫秘书李文普说："林彪对'四人帮'的印象一直不好。在九届二中全会之前，张春桥到过苏州，到过毛家湾，趾高气扬，要他写讲话稿他不写，推给陈伯达，不把林彪放在眼里，我们是亲眼所见。林彪对张春桥很不满意是真的。"林彪在同陈伯达、黄永胜、吴法宪会面时，曾厌恶地说："张、姚是无名小卒，不知是从哪里冒出来的，也没有做过什么大的工作,不过是个小记者。"(逄先知、金冲及主编:《毛泽东传》,中央文献出版社 2003 年版,第 1557~1558 页)叶群、林立果曾布置人搜集张春桥是叛徒的材料,林立果还布置人带着张春桥的材料上庐山开中共九届二中全会。庐山会议上,林彪集团把江青集团的张春桥作为主要攻击目标,在林彪讲话后,群情激愤,不少中央委员提出把张春桥揪出来!恨透了张春桥的许世友在会上说,就叫张春桥在他管辖的江苏农村劳改!张春桥在众怒面前,吓得发抖!(张聂耳:《风云"九一三"》,解放军出版社 1999 年版,第 238 页))后来,林立果在《"571"工程纪要》中,矛头又直接对着张春桥,"一定要把张抓到手,然后立即运用一切舆论工具,公布他的叛徒罪行!"

然而,江青集团为毛泽东所倚重,毛泽东喜欢张春桥,称赞张春桥"有才干"。身为中共中央政治局常委的康生又给江青当军师,这就形成了一股与林彪集团相抗衡的巨大的政治势力。据吴法宪回忆:庐山会议林彪败阵后,闭幕的当天晚上林彪带着叶群去看望江青,后来叶群又带着黄永胜、吴法宪、李作鹏、邱会作去看望江青,江青幸灾乐祸,得意洋洋地说:"你们不听老娘的话,吃亏了吧!要是早听了我的话,就不会犯错误了。"黄永胜、李作鹏听了这话,虽然没有说一句话,可眼睛都鼓起来了。为了缓和一下空气,吴法宪说:"我这次犯了错误,对不起江青同志。"

按照陈伯达的看法,林彪和江青一直在争夺中央的权力,"特别是九大后,林彪和江青在夺权问题上竞走"(访问陈伯达儿子陈晓农谈话记录)。陈伯达的话说明,病中很少参加中央会议的林彪也并非清心寡欲,他对权力的追求和重视也是很厉害的。

庐山会议后,林彪集团同江青集团的矛盾进一步加深了。

(七)关于国际形势问题

国际形势的紧张开始于 1969 年春珍宝岛事件,自此毛泽东与林彪在外交、战争等问题上发生了根本性分歧。

1969 年 3 月,在中国北部边界发生了苏军大规模入侵中国珍宝岛地区的事件,双方边防部队发生数度交火,战争大有一触即发之势。面对苏美两个超级大国的攻势,毛泽东感到腹背受敌对中国不利,便考虑进行外交战略的调整。他首先请陈毅、徐向前、聂荣臻和叶剑英四位老帅研究国际战略格局,向中央提出战略性建议。他还请周恩来转告四位老帅,要密切关注世界战略格局的发展变化,脑袋里不要有框框,意思是不要被九大政治报告关于国际形势的分析和报刊上的宣传动员所束缚。四位老帅后来向中央提交的报告认为:在世界范围内,中苏矛盾大于中美矛盾,苏美矛盾大于中苏矛盾。苏美矛盾比较集中在欧洲和中东,反华大战不致轻易发生。四位老帅建议:应从战略上利用苏美矛盾,举行中美高级会谈,打开中美关系。(熊向晖:《打开中美关系的前奏》,《中共党史资料》总第 42 辑)

老帅们的建议引起毛泽东深思,他接受了老帅们的建议,毅然决定调整国家的外交战略,采取了两项步骤:一是同意苏联总理柯西金同周恩来总理 9 月 11 日在北京首都机场会晤,促成了 10 月 20 日开始的中苏边界谈判,把中苏关系从战争边缘拉了回来。二是利用尼克松刚刚上台的时机,先是在天安门上接见延安时期的老朋友、美国著名记者斯诺,后又开展乒乓外交,接着同意安排尼克松访华,尽快打开中美交往的大门。

对于毛泽东的这两项决策,林彪均持不同意见。他坚持认为战争不可避免,要与苏对抗到底的观点,9 月 27 日发出了"用打仗的观点观察一切,检查一切,落实一切"的指示,10 月 18 日又发出了调动全军各部队进入一级战备的"紧急指示"(即"林副主席指示第一号号令")。他还反对与美国接触,认为同美国谈不来,就只有打。1972 年尼克松访华时,毛泽东明确指出在外交政策方面同林彪存在分歧,说林彪反对与美国来往。毛泽东透露说:"我们国内有一派也反对跟你们往来,结果坐一

架飞机跑到外国去了。"（熊向晖：《试析 1972 年毛泽东同尼克松的谈话》，《党的文献》1996 年第 3 期）

（八）关于军队领导权问题

毛泽东是中国人民解放军的缔造者，是中共中央军委主席，他历来把军权看做一切权力的基础和根本，他的名言"枪杆子里面出政权"清楚无误地表明了他的这一思想。几十年领导和指挥军队的经历，使他对军队问题异常重视，他当然要把军权牢牢掌握在自己手中。"文化大革命"前夕，他与汪东兴谈话时说："我们军队里也不那么纯，军队里也有派嘛！军队里有要闹事的，历史上也经常有闹事的。不知你们信不信？你们不信我信。我们军队几十年经常有人闹乱子。"（李可、郝生章：《文化大革命中的人民解放军》，中共党史资料出版社 1989 年版，第 125 页）九大期间，他特别指出：军队我不相信就那么太平无事。那么太平吗？太平只能太平一个时候。（张化、苏采青主编：《回首"文革"》下，中共党史出版社 2000 年版，第 998 页）

果然，此后不久，有两件事引起了他的警觉。

第一件是林彪先斩后奏，发布"第一号号令"。

"九一三事件"后，"第一号号令"曾被说成是林彪"背着毛主席、党中央，借口'加强战备，防止敌人突然袭击'，擅自发布"的，"实际上是一次篡党夺权的预演"或"反革命政变的预演"。从"九一三"事件发生多年后陆续披露出来的材料看，"第一号号令"的发布有着极其复杂的原因，上述说法未免失之简单和偏颇。

1969 年，是中苏长期紧张的关系达到顶峰的一年。这年 3 月，两国武装部队在中国的珍宝岛多次发生激烈战斗。尽管苏军武器装备占有极大优势，却被打得丢盔卸甲。苏方当然不甘失败，伺机进行报复。6 月 13 日，苏联政府发表了一份咄咄逼人的声明，硬把沙俄通过不平等条约强占中国的领土说成"历来属于苏联的"；说黑龙江流域是"俄国移民开发的,历来属于俄国";并狂妄地宣称,中国的北方边界是"以长城为标志的"等等。8 月 13 日,中苏再次发生流血冲突。新疆裕民县铁列克提地区一支仅配备步兵轻武器的 30 多人小分队,在巡逻中遭到预先埋伏的有数十辆坦克、装甲车和 300 多名步兵的苏联边防部队的突然袭击,苏军还出动两架直升机助战。小分队奋勇抵抗,终因寡不敌众,全部壮烈牺牲。

从新中国建立之日起,特别是经过朝鲜战争,中国一直视美国为主要敌对国家。但在珍宝岛自卫反击战后,情况骤然发生了变化,先是将苏联与美国并列,继而苏联取代了美国,成为最主要、最直接、最现实的敌人。苏联的对外政策带有很大的冒险性,"布拉格事件"使中国领导人记忆犹新。1968 年 8 月,苏联根据其"社会主义大家庭"的"有限主权论",突然出兵袭击捷克斯洛伐克的首都布拉格,随即占领了捷克全境。中苏之间有数千公里的共同边界,苏联在边界和蒙古陈兵百万,对中国虎视眈眈,而从中蒙边界到北京,不过六七百公里。在这种情势之下,中国自然要大力加强针对苏联入侵的战备工作。

9 月 25 日, 中央军委根据毛泽东的指示召开有各大军区司令员、政委、作战部长以及各总部、各军兵种领导人参加的作战会议,主要研究加强"三北"(东北、华北、西北)战备问题。27 日会议结束,当晚毛泽东、林彪、周恩来和在京的全体中共中央政治局委员在北京人民大会堂接见全体与会人员并合影, 接见时出现了一个令人尴尬的小插曲:当参加会议的 70 多人已经按照相阵容在 4 排活动阶梯上站好, 毛泽东、林彪、周恩来等在门口出现时,总参作战部一位副部长突然带头呼起口号来。这使大家感到一种说不出的别扭,因为这不是一般的群众集会,而且被接见者大多是毛泽东熟悉的高级干部。毛泽东一听就皱起了眉头,冲大家摆了摆手,急促地说:"不要,不要!"可是按照"文化大革命"的习惯,一喊口号就是一大串,不能中途停下。一系列口号喊完,毛泽东已经很不耐烦了,说了一句:"讨嫌!"接着是毛泽东和其他领导人入座照相,毛泽东余愠未消,连连催促:"快点,快点!"照完相,他只说了两句话:"不留同志们在北京过国庆节了,大家早点回去抓紧做好战备工作。"说完,便径直走了。按照毛泽东的习惯,像这样的接见,他往往喜欢和被接见者的熟人开几句玩笑,对大家讲一讲话。但是今天,那位副部长的唐突举动使他大为不快,一点兴致也没有了。许多被接见者因毛泽东匆匆离去而大感失望,那位领喊口号的副部长则大受埋怨,自讨没趣。

林彪、周恩来等在毛泽东走后对大家讲了话。林彪在讲话中提出,全军当前的中心任务就是加强战备,准备打仗;要用打仗的观点观察一切,检查一切,落实一切。以后,有人把林彪的这几句话归纳为"一个观点,三个一切",成为指导部队工作的纲。周恩来、陈伯达、康生也讲了话,他们都要求部队提高警惕,切实做好战备工作。(阎仲川回忆材料,《"一号号令"发出前后》)

据林彪秘书张云生回忆:林彪在这段时间的确下功夫抓战备。他平时因为怕风,连房门都不敢出,这时却在住地的院子里练起了骑马。他还指示总参有关部门给他绘制了一张近3米宽、7米长的"三北"地区要图,一有空就盯着地图看个没完。

国庆前夕,林彪视察了北京卫戍区某部和空军西郊机场。他见停放在地面的飞机摆得过于密集,大为不满。回到毛家湾住地,立即召见空军司令员吴法宪、副总长兼北京卫戍区司令员温玉成和分管作战的副总长阎仲川。他先是批评了空军缺乏敌情观念,指示吴法宪立即将北京附近各机场的一部分作战飞机向外转场疏散。接着,他拿起一根1米多长的细木指示棒,指着铺在地毯上的地图,询问北京附近地区的设防和首都节日防护工作情况。谈话间,一位秘书进来报告:侦听部门刚刚收到一个情报,蒙古方面通报今夜将有暴风雪,情况可疑。林彪对"暴风雪"三字特别敏感,他眉头一皱,望着吴、温、阎问:"这会不会是大规模军事行动的暗语?"吴法宪和温玉成都没有吭声,阎仲川告诉林彪,他来此之前已经收到了这个情况,他已叫人查询了气象部门,蒙古方向今夜确实将有暴风雪。听了阎仲川的说明,林彪紧蹙的眉头才又舒展开来。但他接着又出了个题目,要吴、温、阎研究一下:一旦苏联向中国发动突然袭击,使用核武器的可能性究竟有多大? 吴、温、阎临走时,林彪再次提醒他们:国庆节是个关口,一定要加强戒备,准备应付各种意外情况。

1969 年的国庆节,是在内紧外松的气氛中度过的。10 月 1 日上午,毛泽东、林彪、周恩来等党和国家领导人照例在天安门城楼上检阅群众游行队伍,当晚还举行了焰火晚会,场面热烈,看不出与往年有什么不同。但各有关部门却从最坏的情况出发,暗中作了周密安排:空军把一架直升机预先降落在天安门与午门之间的空场上,以备出现紧急情况时保证毛泽东、林彪、周恩来等主要领导人可以迅速向城外预定指挥位置转移;军事系统的情报部门和所有远程雷达不间断地进行侦察探测;为确保能在天安门城楼上及时收听到紧急的敌情通报,总参情报部一位副部长亲自携带一部电台和几名干练的情报、通信人员到天安门城楼上,与情报部门保持不间断的联系。

国庆节平安度过后,林彪并未放松战备工作。节日刚过,他便由黄永胜、吴法宪、阎仲川和北京军区司令员郑维山等陪同,乘飞机勘察张家口一带地形,并接见驻军领导干部,检查了部队战备工作落实情况。在林彪看来,张家口离蒙古近,是北京的门户,必须重点防范。

从张家口视察回京,林彪又受毛泽东委托,主持召开中共中央政治局会议,专门分析中苏关系的发展趋势,研究防备苏联发动突然袭击的措施。会上林彪首先发言,他认为历史上帝俄就是中国的主要威胁,强占中国几百万平方公里的土地,是最贪得无厌的敌对国家;现在苏联又在中苏、中蒙边境集结重兵,虎视眈眈,因而必须立足最严重的情况,做好战备工作。他提请与会人员着重研究:苏联如果对中国发动核袭击,将会出现什么情况? 除了袭击中国的核设施,有无可能袭击城市？在谈到他对大城市特别是首都防备核袭击的对策时,林彪引用了毛泽东不久前的讲话:"中央领导同志都集中在北京不好,一颗原子弹就会死很多人,应该分散些,一些老同志可以疏散到外地。"他最后强调,"毛主席的指示,是防备敌人核袭击的重要措施。"周恩来接过林彪的话题,对几个问题作了重点阐述。他从 1689 年的中俄尼布楚条约讲起,系统地论述了帝俄的侵华史。讲到当前的中苏关系,他认为苏方缺乏通过谈判缓和双方紧张关系的诚意,不可低估苏联领导集团的冒险性。他也拥护毛泽东关于老同志疏散的决策,并提出了落实的意见。康生在发言中强调,苏联现在有几个师进驻蒙古,实际上已对蒙古实行了军事占领,其目的就是为下一步对中国发动突然袭击作准备的;战争随时可能发生,疏散事不宜迟。

根据 9 月 11 日周恩来和柯西金达成的原则协议,两国政府随后商定,从 10 月 20 日开始,在北京举行边界谈判。中方代表团团长为外交部副部长乔冠华,苏方代表团团长为外交部第一副部长库兹涅佐夫。中国方面作了两种估计:这次谈判有可能对缓和中苏关系特别是缓和边界紧张局势达成某些协议,但苏方也有可能以谈判做掩护向中国发动大规模的突然袭击,不可不防。毛泽东明确指示,在北京的党和国家领导人以及党政军领导机关必须于谈判开始前紧急疏散。

10 月 14 日,毛泽东、林彪、周恩来和在京的中共中央政治局委员,在北京人民大会堂公开接见人民解放军驻京机关部队指战员,有意对外显示中国首都一切情况正常。接见之后,毛泽东即乘火车南下武汉。出发之前,毛泽东对前来送行的周恩来、黄永胜、吴法宪等人说:"我先走一步。你们转告林彪同志,他也要尽快离开北京。恩来,你也早点离开中南海,出城进山。我到了武昌就给你打电话。"毛泽东这里所说的"出城进山"是指离开中南海,进入北京的西山,西山有中央防护严密的战略指挥所。(阎仲川回忆材料:《"一号号令"发出前后》)

三天之后,即 17 日,林彪、叶群到了苏州。除了毛泽东、林彪外,董

141

第五章　分歧与裂痕

必武、李富春、陈云等几十位老同志都到了外地。军队的老帅们也都离开了北京,陈毅到石家庄,徐向前到开封,刘伯承到汉口,叶剑英到长沙,朱德到广州,聂荣臻到邯郸。刘少奇和陶铸也是同期被赶出北京,最后被折磨而死。周恩来受命留守北京,主持中央日常工作。

林彪到苏州后的第二天下午,叫来秘书张云生,口授了 6 条关于加强战备的指示,要他立即传达给在北京的黄永胜。张云生建议这样重大的问题应请示一下毛主席,林彪、叶群欣然同意(张云生:《毛家湾纪实》,春秋出版社 1988 年版,第 316 页)。黄永胜接到林彪的指示后,即找来阎仲川,向阎传达了 4 条,其中有关二炮的 1 条和武器生产的 1 条不向部队传达。参谋出身的阎仲川根据以往的经验,记录后做了整理,又变成了 6 条。他凝视着稿纸像是自言自语:"加个编号吧!"值班参谋问按什么顺序编,阎仲川想了想,说:"这是我们前指(前方指挥所)开设之后发出的第一份首长指示,就从一号编起,叫'第一号号令'吧!"

这个号令传达下去后,由于"文化大革命"中各军区领导人同时兼任省革命委员会的主任,也就同时传到了地方上。周恩来从地方渠道得知了这个号令,于次日晚即把黄永胜、吴法宪、李作鹏、邱会作、李德生等人找去,询问林彪指示的来历、内容,特别提出为什么要把林彪指示称为"一号号令"?周恩来对"一号"这个字眼极为敏感。又问为什么要把林彪的指示向地方传达,引起不应有的混乱?周恩来的批评是有道理的,像林彪指示这么大的事,黄永胜应当向经毛泽东指定留京主持中央日常工作的周恩来报告。况且,把林彪的指示冠以"第一号号令",也不妥当。

就林彪来说,他确实担心苏方利用谈判做掩护发动突然袭击。19日这天,他一改平素 12 点一过就休息的习惯,坚持等苏联谈判代表团乘坐的专机在首都机场落地,从飞机里走出的是苏联谈判人员,而不是苏联的突袭部队,这才放心地上床。林彪之所以作此估计,阎仲川认为,这与林彪的亲身经历有关。

1941 年 6 月,希特勒向苏联发动突然袭击。德国强大的机群空袭时马达刺耳的轰鸣和呼啸而降的炸弹声,给正在那里学习、养伤的林彪留下了难忘的印象。回国之后,他多次讲起这段经历,并一直重视研究防止敌人突然袭击问题。1959 年庐山会议之后,林彪取代彭德怀兼任国防部长。当年 11 月,他到广州休息,把广州军区副政委刘兴元找去,出了三个题目:一是政治与军事的关系,二是经济发展对军事的影响,三是现代战争中的突然袭击问题。他要刘兴元组织一个临时写作班子,搜集整理这方面的资料,为将于 1960 年 1 月召开的军委扩大会议研究制定新的战略方针做准备。三个题目下写了 10 万多字的内容,林彪对突然袭击的材料尤感兴趣。这期间,他还要参加突然袭击专题写作的一位参谋给他讲诺曼底登陆战役。1961 年 5 月,林彪委托中央军委秘书长、总参谋长罗瑞卿在天津主持召开全军作战会议,着重研究了防备敌人突然袭击问题。1962 年,林彪指示在总参和各大军区、海军、空军的作战部门成立"防突办公室",其任务用林彪的话讲,就是吃了饭不干别的,专门研究蛛丝马迹,提早发现敌人发动突然袭击的征候。1969 年党的九大到国庆节期间,中苏大规模冲突似有一触即发之势,林彪要求总参防突办公室特派一参谋去"林办"帮助工作,林彪交给的任务是:着重研究苏联究竟有无可能对中国发动原子袭击? 当时大有"山雨欲来风满楼"之势。

多方信息表明,苏联确有对中国发动突然袭击的具体计划,随时可能行动,中国驻东欧某国大使馆,甚至密报了他们侦察到的苏联可能发动袭击的具体时间。多年之后,苏联驻华大使叶利扎韦京在他的回忆录中,以《红色按钮一触即发》为题,记述了苏联领导人在 20 世纪 60 年代如何准备冒险对中国的核设施进行先发制人的打击的情况。

林彪的每一条估计和预见当然不可能都准确无误,但他作为有相当经验的军事家,应当说他对战争趋势的判断大体上是正确的。1969年 9 月 30 日,林彪在召见吴法宪、温玉成、阎仲川谈国庆期间的战备工作时，一开始便讲了他对形势的基本估计和决心："这个仗看来八成打不起来，但要做八成可能打起来的准备。"(张云生:《毛家湾纪实》,春秋出版社 1988 年版,第 307 页)

毛泽东是从林办报给周恩来的电话记录紧急传阅件上,得知林彪的"一号号令"的。毛泽东看了,异常不快,对汪东兴说:"烧掉。"还没等汪东兴反应过来,毛泽东自己拿起火柴一划,把传阅件点着烧了。(汪东兴:《毛泽东与林彪反革命集团的斗争》,当代中国出版社 1997 年版,第 14 页)

两天后,军委办事组在京西宾馆召集军队驻京各大单位负责人开会。黄永胜在会上讲了如何贯彻林彪指示问题,并特意对指示的编号问题作了说明;又批评了一些单位缺乏保密和组织纪律观念,随意把林彪的指示扩散到地方。这时,不知什么时候已从苏州回京的叶群突然插话说:"我们伟大领袖毛主席的保密观念才强呐。他老人家听了我们报去的林彪同志关于加强战备的意见之后,便说:很好,烧掉。伟大领袖毛主席永远是我们学习的榜样。"(阎仲川回忆材料:《"一号号令"发出前后》)

关于林彪发出"第一号号令"的目的,据聂荣臻分析是"看看他这个'副统帅'的'号令'灵不灵"。汪东兴则认为,林彪发布是想试探一下凌驾于毛主席之上下命令,看毛主席的反应。政治上极其敏感的毛泽东,"烧掉"林彪的"号令",等于埋葬了林彪越过他指挥军队的幻想。在军权问题上,任何一点越权和伸手都是毛泽东所不能容忍的。

其实,林彪作为国防部长,下达一个关于加强战备的指示,并无不妥。况且,林彪还派人报告了毛泽东。后来,曾参加查阅核心机密档案者向阎仲川透露,他们查到了林彪向毛泽东报告的记载。并且,"九一三"事件后从林办抄出的传达稿标题为《首长关于加强战备、防止敌人突然袭击的紧急指示》,冠以"林副主席第一号号令",是阎仲川等人纯粹出于技术考虑所为,与林彪无关(宋德金:《真实的林彪——林彪秘书最后的回忆录》,皇福图书国际有限公司 2008 年版,第 132~134 页)。问题的实质和关键在于,毛泽东过于敏感,误以为林彪要越过他指挥军队。

除了"一号号令"之外,还有"缔造"与"指挥"之争,也大大刺激了毛泽东,引起了毛泽东对林彪的怀疑。

1970年7月27日,中共中央政治局在讨论修改纪念"八一"建军节的社论时,两种提法发生了激烈争论。社论稿中有"伟大领袖毛主席亲自缔造和领导的、毛主席和林副主席直接指挥的中国人民解放军"的提法,陈伯达认为不好,主张改回到过去几年的一贯提法,即将"直接指挥"前面的"毛主席和"四个字删掉,而张春桥坚决不同意。周恩来表示要请示毛泽东。

7月29日,周恩来利用陪同外宾到上海参加毛泽东接见的机会,当面汇报了这场争论的情况。

毛泽东轻松地表示,这类应景文章,既然政治局讨论修改过,他就不看了,并让汪东兴代他圈去原稿中的"毛主席和"四个字。(中共中央文献研究室编:《周恩来年谱》,中央文献出版社1997年版,第381页)

事实上,毛泽东对这个问题绝非并不在意,只是由于当时黄永胜在场,他对这类重大问题还需要观察,因此故意没有把话说得那样明白。他对汪东兴说:两种意见,我都不赞成。缔造者不能指挥,能行吗?缔造者也不光是我,还有许多人嘛!这个话,他后来又说过多次。他认为关于军队的缔造者与指挥者的争论,关键在于指挥权的归属。他一针见血地说:"缔造的就不能指挥呀!"

毛泽东看到林彪亲信黄永胜、吴法宪、叶群、李作鹏、邱会作等人完全把持了军委办事组,倒向林彪的陈伯达又从理论上、名分上为林彪争取合法的指挥权,因此,他对军队的担心日甚一日。

(九)关于设国家主席问题

党的九大召开之后,毛泽东开始考虑召开人大的问题。1970年3

月6日，毛泽东提出召开第四届全国人民代表大会和修改宪法的意见。或许是他对林彪存有戒心，或许是他接受了刘少奇的教训，也或许是他为了高度集权，他建议不设国家主席。正在杭州的毛泽东委托跟随他的汪东兴专程回京，传达他的意见。汪东兴传达的毛泽东的原话是："还有一个问题就是要不要设国家主席，我的意见是不设。如果人家认为要设的话，那么由谁来当这个国家主席呢？我毛泽东是不当了。如果要设国家主席的话，也只有林彪同志来当。"当天汪东兴传达完毕，中共中央政治局没有讨论，就散会了。

3月17~20日，中央在北京召开工作会议，讨论召开四届人大和修改宪法问题。中共中央政治局通过的宪法修改小组成立，组长是康生，成员有陈伯达、张春桥、纪登奎、吴法宪、李作鹏等人。在宪法修改小组的第一次会议上，康生、张春桥提出宪法只搞30~50条。人大常委会只设主任委员，不设委员长，不设国家主席，并且还要把"四大"、罢工写进宪法。会后，吴法宪立即打电话向北戴河的叶群报告了情况，叶群立即报告了林彪。林彪很生气地说："不要听康生的！你们要坚持设国家主席，设委员长！宪法条文也不能少。要坚持毛泽东思想为指针，要坚持毛主席是全军当然的统帅！"林彪情绪激动地继续说："我们是个大党大国，像我们这样的国家，不设国家主席能行吗？设国家主席名正言顺嘛！世界各国宪法都是有元首的，我们国家为什么不能有元首？毛主席是我们当然的国家主席，为什么我国宪法不设国家主席呢？"叶群把林彪的原话，传达给参加宪法起草小组的吴法宪、李作鹏，交代他们："林彪要坚持设国家主席。这是最重要的一条，你们无论如何要坚持，在这个原则问题上，你们可不能松口呵！"（纪希晨：《史无前例的年代》，人民日报出版社2001年版，第508~509页）

在这次会议期间，林彪让他的秘书打电话给毛泽东的秘书说："林副主席建议，毛主席当国家主席。"毛泽东则让他的秘书回电话："问候林彪同志好！"没有正面对林彪的建议表明赞成还是反对。

4月11日,林彪正式提出了设立国家主席的三条意见。他的秘书是这样记录的:

"一、关于这次'人大'国家主席的问题,林彪同志仍然建议由毛主席兼任。这样做对党内、党外,国内、国外人民的心理状态适合,否则,不适合人民的心理状态。二、关于副主席问题,林彪同志认为可设可不设,可多设可少设,关系都不大。三、林彪同志认为,他自己不宜担任副主席职务。"

毛泽东怎么会担任国家主席呢?林彪不会不知道,毛泽东早在1958年就公开发表声明辞去了国家主席职务。按照林彪的意见,副主席可设可不设,就是说只有一个国家主席,仅担负繁重的迎来送往的外交礼仪这一项,以毛泽东的年龄、体力、精力就吃不消。林彪的意见,显然没有从毛泽东这边出发。

第二天,当周恩来主持中共中央政治局会议,讨论林彪的"建议"时,多数政治局成员同意仍由毛泽东担任国家主席,其中包括周恩来。对于周恩来和政治局多数成员来说,设不设国家主席,只是个形式问题,因为无论毛泽东是否担任国家主席,他的最高权威地位都是无可置疑、不可动摇的。当然,这件事最后还要报毛泽东决定。

然而,当政治局讨论情况的报告送到毛泽东那里,毛泽东当天就断然批示道:"我不能再做此事,此议不妥。"(中共中央文献研究室编:《周恩来传 1949—1976》下,中央文献出版社 1998 年版,第 1012 页)

这个期间,毛泽东几次提到设国家主席问题。一次,他说:"设国家主席,谁当国家主席呢?反正我不能再当了,那就让董老(必武)当吧!"(张云生:《文革期间,我给林彪当秘书》,香港中华儿女出版社 2003 年版,第 601 页)另一次,他说:"中国农民多,要设国家主席,可以让陈永贵当。"(访问陈伯达儿子陈晓农谈话记录)

毛泽东的话,半真半假,不无戏谑的成分,似乎让人摸不着头脑。但他不想让病人,特别是林彪担任,这个意图是相当明显的。

毛泽东和林彪在党内的权威和地位都非同小可。中共中央政治局的大多数人，往往是以毛泽东或林彪的意见为准则的。当毛泽东和林彪一致时，这毫无问题；但当两人出现意见分歧时，别人就不好表态了，情况也就微妙而复杂了。正是因为党内政治生活的这种态势，在究竟设不设国家主席问题上合乎逻辑地出现了意见的反复和游移。第一次毛泽东提出不设国家主席，政治局多数人讨论时赞成了。待到传来林彪关于设国家主席的意见，政治局多数人又同意了林彪的意见。

4月下旬，毛泽东第三次提出他不当国家主席的意见。他说：孙权劝曹操当皇帝。曹操说，孙权是要把他放在炉火上烤。我劝你们不要把我当曹操，你们也不要做孙权。

在这种情况下，矛盾的解决唯有毛泽东和林彪中有一人让步，放弃自己的意见，否则，僵局难以打破。

林彪表现出了异乎寻常的固执。在毛泽东两次告诫他不要再提设国家主席之后，5月中旬他仍然对吴法宪说，他主张要设国家主席，不设国家主席，国家没有一个头，名不正言不顺。他要吴法宪和李作鹏在宪法工作小组会上，提出写上国家主席一章。

林彪坚持设国家主席，用意何在？是不是他想当国家主席呢？

过去曾有一种说法，林彪想当国家主席，并说是叶群在同吴法宪谈话时一句话捅破了窗户纸，她说："如果不设国家主席，林彪怎么办？往哪里摆？"后来吴法宪在回忆中对此进行了反驳："这里我要特别声明一下，过去很多文件及文章都说，这句话是叶群亲自对我讲的，这根本不是事实。实际上，这句话是我从程世清那里听到的，是汪东兴传来的话。叶群从来没有对我说过这句话。这是一个多年的冤案，我要在这里更正一下。这里当然我有一定的责任，但历史就是历史。当年在'九一三'事件之后对我审查时，专案组为了搜集林彪有'野心'的证据，千方百计地诱导我，非要我把这句话安到叶群的身上。我开始拒绝了，后来迫于他们施加的种种巨大压力，就顺从了他们，说了违心的话。但我在当时写的材料上,对一些被逼出来的假话都做了记号,怕时间一长,自己也忘了。如果现在还能找到我当时写的材料,就会看到,我当时特地在这句话下面做了记号。"

林彪卫士长李文普也认为林彪并不愿意当国家主席,他披露说,"(关于设国家主席)叶群、林立果各有什么打算,他们私下说过什么话,我们不清楚。从林彪口中,我们倒听到他讲过连副主席也不愿当。他不仅这样说,也还有让毛主席当主席、他不当国家副主席的交代,我记得是叫于运深秘书写的。我们认为他不愿当副主席从他身体状况、不愿接见外宾和他对当'接班人'的态度来看是有可能的。他特别不喜欢同外国人打交道,这话同我讲过。"(《中华儿女》1999年第2期)

如果真是这样的话,那么怎么解释一贯"突出"、"高举"、"紧跟",处处维护毛泽东"绝对权威"的林彪,何以在国家主席问题上坚持己见,寸步不让,甚至不惜冒和毛泽东闹翻的风险呢?唯一的解释是:林彪和毛泽东在一系列重大问题上产生了歧见,他再也不想在设国家主席这样事关国家政体的大事上一味顺从毛泽东了。在九大早已开过,林彪的地位和势力空前巩固和强大的前提下,林彪清高孤傲、特立独行的个性又上来了。至于野心勃勃、另有图谋的叶群、林立果,对设国家主席的真实态度和用心如何,就是另外一回事了。

从1970年3~8月,围绕设不设国家主席问题,忠实代表林彪意见的陈伯达、吴法宪、叶群、李作鹏等人,在中央的多次会议上,同代表毛泽东意见的江青、张春桥、姚文元等人,闹得面红耳赤,不可开交,直到庐山会议毛泽东和林彪为此而摊牌。

(十)关于接班人问题

这是毛泽东与林彪的分歧与矛盾中最复杂、最尖锐、最要害之处。在这个问题上,两个人都动了心思,斗智又斗法。

毛泽东关于解决接班人的问题提出较早,在1953年他就设想和提出中央分一线、二线,他退居二线,锻炼相对年轻的同志。1956 年的中共八大党章曾经规定"中央委员会认为有必要的时候,可以设立中央委员会名誉主席一人"。这是因为毛泽东曾向中央建议,他准备适当的时候不再担任中共中央主席,他说:要是马克思不请我,我就当那个名誉主席。"九大党章取消了设立名誉主席的规定,说明毛泽东已经改变了主意,同时也表明尽管林彪是上了党章的"接班人",只要毛泽东在世,他就不可能通过毛泽东退居二线的方式直接接班。九大期间,毛泽东曾经制造了一个戏剧性场面。在推举大会主席时,毛泽东撇开事先的安排,突然说:"我推举林彪同志当主席。"林彪毫无准备,立即站起来说:"伟大领袖毛主席当主席。"毛泽东随即提出更新的建议:"林彪同志当主席,我当副主席,好不好?"林彪慌乱无比,连连摆手推辞:"不好,不好,毛主席当主席,大家同意请举手。"于是,全场一致举起手来。毛泽东见状,说:"他这个人啊,讲客气了。"(席宣,金春明:《"文化大革命"简史》,中共党史出版社 1996 年版,第 203 页)虽然毛泽东继续担任了大会主席,但他这一极其特殊的举动,在林彪心目中产生了复杂而微妙的影响。他似乎意识到了毛泽东对他存有戒心,他同时也对毛泽东加强了提防。他曾经说过:"我这个接班人是不保险的,不可靠的,现在是没有人。刘少奇不也当过接班人吗?"(江波、黎青:《林彪 1959 年以后》,四川人民出版社 1993 年版,第 209 页)

应当看到,林彪在"文化大革命"中是支持打倒刘少奇的。1968 年 9 月 29 日,他在刘少奇专案组送给他的审查报告上亲笔批示:"刘贼少奇,五毒俱全,铁证如山,罪大恶极,令人发指,是特大坏蛋,最大隐患。把他挖出来,要向出色指导专案工作并取得巨大成就的江青同志致敬!"(《中华儿女》1999 年第 2 期)他也曾在 1966 年秋的一次会议上逼邓小平当场交权。他利用"文化大革命"的机会,整倒了一度取代他主持军委日常工作的贺龙,并逐渐把权力集中到了黄永胜、吴法宪、李作鹏、邱会作"四大金刚"手里。他认为,在接班人位置上,对他最有威胁的是两个人,一个是邓小平,另一个是张春桥。

邓小平虽然被称为"党内另一个最大的走资派",但他同刘少奇不同,始终没有被彻底打倒。就接班而言,在"文化大革命"前的中共中央政治局常委里面,除开刘少奇以外,邓小平是林彪的最大威胁。

邓小平是总书记,有战功,年龄仅比林彪大 3 岁,身体却比林彪好得多。并且自八大以来一直在一线工作,10 年间威望、影响自然不可低估。

据党史专家于南说:"文化大革命"前毛泽东就考虑过接班人问题,周恩来曾对王稼祥说,将来的接班人或者是林元帅,或者是邓总书记。(张聂耳:《风云"九一三"》,解放军出版社 1999 年版,第 90 页)

据邓小平的女儿毛毛叙述,"文化大革命"初期,在毛泽东决定确立林彪为接班人的时候,他还没想彻底去掉邓小平,他曾希望继续用邓,并希望邓能配合他在人事上的新选择。为此,毛泽东曾找邓谈了一次话,要他跟林彪搞好关系。邓小平答应了,但与林彪谈了一次就谈崩了,此后林彪就极力想打倒邓小平。(毛毛:《我的父亲邓小平"文革"岁月》,中央文献出版社 2000 年版,第 37 页)

然而,毛泽东却对邓小平手下留了情。

据中央文革成员王力回忆,在邓小平被打倒后的 1967 年 7 月 16 日,毛泽东曾单独同王力谈过一段耐人寻味的话:"林彪要是身体不行了,我还是要邓出来,邓至少是常委。"(毛毛:《我的父亲邓小平"文革"岁月》,中央文献出版社 2000 年版,第 37 页、第 46 页)

1969 年陈伯达起草九大政治报告时,他在开始的稿子上写过关于"刘邓路线"的话。毛泽东看过后,说了一个重要批示:"邓小平同志打过仗,同刘少奇不一样,报告上不要提他。"(叶永烈:《陈伯达传》,人民日报出版社 1999 年版,第 651 页)

毛泽东着意保护邓小平,显然有用邓小平制衡林彪之意,政治上精明的林彪对此不会毫无察觉。

当然，相比之下，对林彪最现实、最严重的威胁是张春桥。

党的九大期间，毛泽东就"接班人"问题与林彪谈过话，毛泽东对林彪谈到，你年纪大了以后谁来接班，曾提到张春桥的名字。（王年一：《大动乱的年代》，河南人民出版社 1988 年版，第 388 页）林立果对人说过这样一个情节：有一次，毛泽东问林彪，总理年龄大了，你考虑过他的接班人没有？林彪说没有。毛泽东说：你看小张怎么样？小张即指张春桥。当时林彪一听此话，什么也没说，调头就走。（张聂耳：《风云"九一三"》，解放军出版社 1999 年版，第 216 页）

张春桥比林彪年轻 10 岁，正红得发紫，是名副其实的"少壮派"。毛泽东既然属意于他，显然对林彪的接班人地位十分不利。

张春桥是江青的人，深得毛泽东欣赏。即使有人反映张春桥有历史问题，是叛徒，毛泽东也未在意，甚至予以保护。林彪也掌握了张春桥是叛徒的材料，召开中共九届二中全会，林彪、叶群把林立果悄悄带上山，林立果让上海的亲信带去了张春桥是叛徒的材料，准备在会上把张春桥揪出来。后来由于风云突变，林彪见时机不成熟，这才暂时作罢。

邓小平 1973 年 4 月复出后，去看望周恩来，已身患重病的周恩来对邓小平夫妇说出了埋藏在心底多年的话："张春桥是叛徒，但是主席不让查。"此后，康生临死之际，曾找王海容、唐闻生谈话，想让她们向毛泽东传话，告发张春桥和江青在历史上都是叛徒。（毛毛：《我的父亲邓小平"文革"岁月》，中央文献出版社 2000 年版，第 434 页、第 275 页）

别人不是叛徒却往叛徒里打，张春桥是叛徒却不让查，并且有意培养张春桥接班，顶替林彪，对此，林彪肯定是不服气的。

林彪还不能不把自己的接班人地位同刘少奇的接班人地位做比较，他发现自己连刘少奇都不如。刘少奇还做了国家主席，当过国家元首，并且在一线主持中央日常工作。毛泽东决意不设国家主席，他自己不干，也打定主意不让林彪干，林彪很可能戴着个"接班人"的高帽子永远接不了班,一"副"到底。这里的关键因素有两个,一个是林彪和毛泽东的分歧日见其多,林彪担心毛泽东更换接班人;另一个是林彪的身体远不如毛泽东健康,怕"熬"不过毛泽东。叶群曾经说过,九大以后,"在苏州,他(指林彪)转氨酶高,我们俩人都哭了。他哭政治上的,我哭主要是政治上的,加上责任上的。"叶群还说,林彪的身体"和毛主席相比,差得很远,拖不过毛主席"。(张化、苏采青主编:《回首"文革"》下,中共党史出版社 2000 年版,第 994 页)

以上所表现出来的林彪和毛泽东在十个方面的矛盾和分歧,不但关系到林彪的"面子",而且关系到林彪所受信任的程度乃至接班人地位。林彪由对自己未来政治地位的前途未卜惶惶不安而对毛泽东产生的不满和怨恨,是可想而知的。

第六章　矛盾激化

毛泽东与林彪既然产生了如此严重的政治分歧，不表面化、公开化是不可能的。除了矛盾的规律起作用外，以他们两人的性格，一个喜欢挑战，奉行斗争哲学，一个生性高傲，不肯轻易服软，这就决定了毛林二人必有一场尖锐的搏斗和惊人的较量。

一、庐山会议上，林彪与毛泽东较劲，向江青集团发起攻击，结果败下阵来

（一）林彪准确地预测到："到庐山会有大的斗争"

林彪军事上不打无准备之仗，政治上也是如此。他对于中共九届二中全会上的斗争是有思想准备的。1970 年 8 月 13 日，张春桥和吴法宪就宪法修改中删不删三个副词发生的激烈争执，引起了林彪的重视。8 月 17 日，周恩来主持中共中央政治局会议，对宪法修改草案稿最后定稿。会前，在北戴河的叶群打电话给陈伯达、黄永胜，要他们准备"天才"方面的语录，以便在政治局会议上同张春桥等作"斗争"。周恩来也对会议将发生"激烈争论"有所准备。然而出乎意料的是，张春桥等人在会上一言不发，写上了吴法宪意见的宪法草案稿被顺利通过。

林彪凭自己的政治嗅觉察觉出了问题，暗中嘱咐黄永胜、吴法宪：

要多加小心,这件事没有完,到庐山会有大的斗争。(中共中央文献研究室:《周恩来传 1949—1976》下,中央文献出版社 1998 年版,第 1011~1055 页)

林彪判断得相当准确。"文化大革命"以来形成的林彪、江青两个集团的矛盾加深了,到 1970 年 8 月 23 日至 9 月 6 日在庐山召开的九届二中全会上,终于冲突爆发,双方由暗斗转入了明争。

(二)在设国家主席问题上,常委中毛泽东的意见是孤立的,但他决意不设国家主席

庐山会议是注定要出问题的。因为关于设国家主席问题,直到庐山会议开幕的前一天,中央核心领导层内的意见仍不统一。而毛泽东和林彪两人,又尖锐对立,各自持强硬态度,主意都是拿定了的,谁都不肯让步。

8 月 22 日,在庐山毛泽东住处,5 名中共中央政治局常委开会,商定九届二中全会的会期、议程、分组及在京值班安排等。关于设国家主席的问题,讨论中除毛泽东外,4 名常委均提出,根据群众愿望和要求,应实现党的主席和国家主席一元化,即在形式上有一个国家元首、国家主席。周恩来提出,如果设国家主席,今后接见外交使节等外交礼仪活动可由国家主席授权。显然,周恩来的意见是为了减轻毛泽东的工作负担,他的潜意识里是由毛泽东担任国家主席。上庐山后,周恩来还特意请陈伯达准备一下宪法中有关设国家主席的条文,但要等一等看看毛主席的意见,备而不用(访问陈伯达儿子陈晓农谈话记录)。康生说,设国家主席,这是全党全国人民的希望,我们在起草宪法修改草案时也这么希望,但又不敢违反主席关于不设国家主席的意见。处在这一矛盾中,我们感到压力很大。陈伯达说,如果这次毛主席再担任国家主席,将对全国人民是一个极大的振奋和鼓舞。陈伯达讲话后,林彪也附和。

毛泽东静静地听罢,仍然坚持不设国家主席、不当国家主席的意见。他说:"设国家主席,那是个形式,我提议修改宪法就是考虑到不要

国家主席。如果你们愿意要国家主席，你们要好了，反正我不做这个主席。"毛泽东还强调，要把这次会议开成一个团结的、胜利的会，而不要开成分裂的、失败的会。(中共中央文献研究室：《周恩来年谱1949—1976》下卷，中央文献出版社1998年版，第386~387页)

按说，常委中的意见四比一，设国家主席的问题应该定下来。这是"文化大革命"以来研究党和国家重大问题时，毛泽东的意见首次被多数意见所否定。但是，由于这事涉及毛泽东本人，其他常委的意见都是小心翼翼地提出，不敢过于坚持。而毛泽东威望高，他不同意的事，别人意见再多也不顶用，这已成为党内议事的惯例和规矩。这种情况甚至并不违反党的决议，因为早在1943年，中共中央政治局会议经刘少奇提议就有决定，毛泽东为政治局主席、书记处主席，书记处"会议中所讨论的问题，主席有最后决定之权"。(中共中央文献研究室：《毛泽东年谱1893—1949》中卷，中央文献出版社、人民出版社2002年版，第431页)

（三）林彪在叶群的鼓动下，开幕式上突然讲话，拉开了斗争的序幕

林彪出逃后，在批林中曾说林彪在中共九届二中全会开幕式上搞"突然袭击"，实际上问题并非这么简单。实事求是地讲，林彪的讲话从一定意义上说带有"突然袭击"的性质，但又并非纯粹意义上的"突然袭击"。为什么这样说呢？

一方面，林彪要在会上讲话，事先毛泽东是知道的。

据汪东兴回忆，8月23日下午3时大会开幕，开幕前5名常委在庐山礼堂的小会议室集合，毛泽东问周恩来和康生："你们谁先讲啊？"毛泽东刚说完这句话，林彪突然说："我要讲点意见。"周恩来、康生便说："那好吧，你先讲。"毛泽东看了看林彪，说："你们三人讲吧。"(汪东兴：《毛泽东与林彪反革命集团的斗争》，当代中国出版社1997年版，第36页)

据陈伯达说："全会正式开会之前，林彪个人单独在一个房间里同

毛主席谈话,周恩来同志和我与其他人,都在另一房间等待,时间并不短。……散会以后,我问林彪,他的讲话是否得到毛主席的同意。林彪说,他的讲话是毛主席知道的。"(访问陈伯达儿子陈晓农谈话记录)

据林彪秘书李春生回忆,叶群回来说:首长开会前和主席谈话,她在走廊散步,防止十一楼(指江青)闯进去。

又据吴法宪说:林彪告诉毛泽东他要讲话。毛问:讲什么?林答:主要是天才问题。现在党内有人反对天才。毛问:谁反对?林答:张春桥。毛没说话。(张聂耳:《风云"九一三"》,解放军出版社1999年版,第229~230页)

就这样,在由毛泽东主持的开幕式上,周恩来宣布了三项议程:一、讨论修改宪法问题;二、国民经济计划问题;三、形势和战备问题。接着,林彪出来讲话了。

另一方面,林彪的讲话带有即席讲话的性质,毛泽东不可能知道具体内容。

在头一天下午的政治局常委会上,5名常委研究决定,会议由毛泽东主持,周恩来讲经济和形势、战备问题,康生讲修改宪法问题,林彪并没有表示要在大会上讲话。据汪东兴说,林彪讲话时"显然是有准备的,讲台上放着一个稿子"。(汪东兴:《毛泽东与林彪反革命集团的斗争》,当代中国出版社1997年版,第38页)既然本来做了准备,却又事先不讲,会前突然提出讲话,讲什么内容,多数常委事先都不知道,这就有点名堂了。从这个意义上说,林彪的讲话确实带有"突然袭击"的味道。

还应当注意到,林彪对于要不要讲话曾有过犹豫,表现得并不那么自信。大概是对讲话合不合适有所顾虑,或对后果难以预料有所担心。应当肯定,林彪是带着坚持设国家主席的主意上庐山的。在头一天的政治局常委会上,毛泽东那番批评设国家主席的话,并未使他改变主意。不过,他对于要不要在开幕式上讲话并未拿定主意。由他的住地到会场,上车前,卫士长李文普看到,他还表现出犹豫不定的样子,问叶群:"这话今天讲还是不讲?"叶群鼓动说:"要讲。"(《中华儿女》1999年第2期)林彪受到叶群的鼓动,这才出来讲话。

林彪知道毛泽东反对设国家主席,他不能在大会上公开地唱对台戏,因此他的讲话中压根不提设国家主席问题,他只是大赞大颂毛泽东和毛泽东思想。但他也对设国家主席巧妙地作了暗示,他说:"这次我研究了这个宪法草案,表现出这样一个特点,就是肯定毛主席的伟大领袖、国家元首、最高统帅的地位,肯定毛泽东思想作为全国人民的指导思想。这一点非常重要,非常重要。""国家元首"一词,正是国家主席的另一种说法。

林彪讲话的矛头,是对着江青集团,尤其是对着张春桥的。他的打算很可能是:选张春桥为突破口打击江青集团,逼迫毛泽东放弃张春桥,从而巩固自己的接班人地位,削弱江青集团的实力。

（四） 林彪讲话后是一边倒的反应，经吴法宪提议，会议改变了原有的议程

林彪的讲话后来被批得体无完肤,但在一开始,全会上一片叫好声。他讲完后,陈毅、叶剑英、陈锡联、许世友等许多人高兴地上去和他握手,称赞他讲得好。

林彪讲了一个半小时。他讲完后,毛泽东对周恩来、康生说:"你们讲吧!"语气中流露出不悦。康生发言,表示对林彪的讲话"完全同意,完全拥护"。他提出:在要毛泽东当国家主席、林彪当国家副主席问题上,"所有意见都是一致的"。"如果是主席不当(国家)主席,那么请林副主席当(国家)主席。如果是主席、林副主席都不当的时候,那么(国家)主席这一章就不设了。"康生简单地讲完后,周恩来说:"计划问题有本子,材料都有,我就不讲了。"于是毛泽东宣布散会。(中共中央文献研究室:《周恩来传 1949—1976》下,中央文献出版社 1998 年版,第 1018 页)

林彪讲完话散会时,叶群感到很解气,她对陈伯达、吴法宪、李作鹏、邱会作说:这是对"陆定一式人物不点名的点名"。

有大量材料表明，叶群对庐山会议要发起进攻是做了充分准备的。8月21日，她和林彪、林立果上山的第二天，让秘书给林彪起草在中央全会的发言提纲时说："首长一直坚持天才的提法，有人否定天才，实际是反对毛主席，反对首长。""在讨论修改宪法时，在天才问题上有争论，有人利用毛主席的伟大和谦虚，否定天才，否定十一中全会决定，甚至连国家元首的提法也不同意。"这天黄昏，叶群和吴法宪、李作鹏、邱会作、林立果同游仙人洞，叶群说：设国家主席还要坚持。在汽车上谈到天才问题时，叶群从皮包中拿出一把语录卡片说："如果不讲天才，马列还算不算数？"(张聂耳:《风云"九一三"》，解放军出版社1999年版，第228页)

林彪的讲话给陈伯达留下了一点狐疑，陈伯达晚年曾在一份手稿中回忆道："原来的日程是康生讲宪法草案的问题，并没有林彪讲话这个日程，但他忽然抢先讲话，态度完全反常。林彪讲话似乎有一个拟稿，但语言无序。因此，对他这个讲话，我觉得非常突然，是曾有怀疑的。我散会后应该直接到毛主席处，请问林彪讲话所疑之处，但却匆匆赶去问林彪：他的讲话是否事先同毛主席谈过(因为在开会前，他们曾经在一起)。林彪诓骗我，我愚蠢至极，竟信不疑，犯了大罪。"(叶永烈:《陈伯达传》下，人民日报出版社1999年版，第684页)

陈伯达并没有找毛泽东、林彪当面直接核实，说林彪"诓骗"他，也显得理由不够充足。

叶群的鼓动和陈伯达的介入，挑起了庐山这场斗争。在设不设国家主席问题上，不管林彪是怎么想的，虚荣心、权势欲极强的叶群出于自身利益的考虑，是恨不得一个早上让林彪当上国家主席的。陈伯达的积极介入，也有自身私利，目的是投靠林彪，改换门庭。他从1939年春开始担任毛泽东的秘书，此后一直以"理论家"著称。1966年"文化大革命"开始担任中央文化革命小组组长，在中共八届十一中全会上由中共中央政治局候补委员一跃成为政治局常委，成了党内第五号人物,名列毛泽东、林彪、周恩来、陶铸之后。但是,随着斗争的深入,他与江青、康生产生了矛盾,用他的话说被江青、张春桥、姚文元他们"骑在头上拉屎拉尿",甚至一度被江青逼得要自杀。在原中央文革成员王力、关锋、戚本禹被打倒后,中央文革小组只剩下康生、江青、张春桥、姚文元,陈伯达是越来越孤立了。他预感到下一步被打倒的,将是他自己。因为,他在毛泽东那里已经失宠。举个最明显的例子:他和康生、张春桥、姚文元争夺九大政治报告的起草权,他关起门呕心沥血一个月起草的稿子,送到毛泽东那里,毛泽东竟在牛皮纸口袋上亲笔写下"退伯达同志"几个字,连拆封都没有! 陈伯达见状如五雷轰顶,明白自己在同康、张的争斗中已经失势。他后来对人回忆说:"我当场就哭了,哭得很厉害,很厉害。我一辈子都没有那样哭过! 我很伤心,很伤心……"(叶永烈:《陈伯达传》,人民日报出版社1999年版,第656页)陈伯达和康生、江青闹翻了,他要寻找新的靠山,便通过福建老乡叶群和林彪一天天接近。叶群也极力拉这个大"秀才"。陈伯达在和叶群的电话闲聊中说了句"想吃海螃蟹",叶群马上"关心",打电话让空军用飞机运来,送到陈伯达家,并且说什么"螃蟹里面有政治"。陈伯达和妻子闹矛盾,叶群也插一手,派人把陈妻转移走,以至陈妻说叶群是在"挖她的墙脚"。陈伯达的批示,叶群处处逢迎。如陈伯达整三十八军,叶群也压三十八军,说"不能为了一个军丢了一个常委"。陈伯达感激"林副主席的关心",于是以给林彪、叶群题诗作为回报。这样,陈伯达在庐山上和林彪站到一起,就是必然的了。

林彪在大会上一讲话,陈伯达和吴法宪连夜整理了《恩格斯、列宁、毛主席关于称天才的几段语录》,用来印证林彪讲话的正确性。这一语录材料经过了林彪的审定。陈伯达考虑到林彪在好多次讲话中谈及天才问题,曾想把林彪的话也编进去,林彪一听连连摆手,坚决反对。在这一点上,林彪政治上比陈伯达高明得多,也老练得多,因为林彪要这份语录的目的,在于用马列主义"老祖宗"包括毛泽东本人的话来压毛泽东,如果其中加了林彪的语录,那成何体统!

当天晚上,周恩来召集中共中央政治局委员和各大区负责人会议,安排分组讨论宪法和计划问题。吴法宪却在会上提出,林彪讲话很重要,要好好学习,再播放他的讲话录音,大家附和了。周恩来表示同意,请示报告了毛泽东。毛泽东冷淡地表示:大家同意我同意。

也是在当天晚上,叶群要吴法宪转告李作鹏、邱会作说,你们要在各组发言,否则林彪讲话就没根据了;林彪没有点名,你们也不要点名;设国家主席问题不要再提了,常委会已作了决定;不要讲康生反对"四个伟大"的提法,打击面宽了,毛主席那里通不过。叶群还告诉吴法宪说:林彪讲张春桥的后台就是江青,但在发言中半个字也不能涉及江青,否则就要碰壁,问题暴露了,什么也搞不成;你们在发言时,要用眼睛表示自己的感情。

8月24日这天,大会撇开原定的三项议程,按照吴法宪的提议开始学习林彪的讲话录音。吴法宪的提议深讨林彪欢心,林彪派儿子林立果对吴法宪说:"林副主席表扬你,说你又立了一功。"上午,除开毛泽东、林彪,包括周恩来、康生、陈伯达在内的所有与会人员集中在礼堂里听林彪讲话录音,连听两遍。下午,分组讨论林彪讲话。

各组的讨论极为热烈,无不坚决拥护林彪的讲话。康生和张春桥却紧张了,尤其是张春桥,竟然给旁边的从不抽烟的邱会作敬开烟了。到后来,张春桥紧张得连记录手都发抖了。

(五)陈伯达及黄、吴、叶、李、邱一齐上阵,林彪控制和左右了全会形势

在林彪的授意、指挥下,他的几员大将和陈伯达一齐出动,分头出击。

陈伯达在华北组发言。他支持林彪称"天才"的观点,提出要设国家主席。他说:"多么猖狂呀,有的反革命分子听说毛主席不当国家主

席，手舞足蹈，非常高兴，像跳舞一样高兴。"他的福建话呜噜呜噜怕别人听不懂，还站起来学着手舞足蹈地表演了一番。

陈伯达发言后，汪东兴接着发言。他表示拥护林彪的讲话，他说："中央办公厅机关和8341部队讨论修改宪法时的意见，热烈希望毛主席当国家主席，林副主席当国家副主席。""建议在宪法中恢复'国家主席'一章。这是中央办公厅机关的愿望，是8341部队的愿望，也是我个人的愿望。"汪东兴是在毛泽东身边的人，他的发言当然有着很大影响。（汪东兴：《毛泽东与林彪反革命集团的斗争》，当代中国出版社1997年版，第32~44页）

叶群在中南组流着眼泪发言。事先，林彪给她定了发言口径，叫她讲"天才，领袖，指针"，"天才从理论角度讲，领袖从历史角度讲，指针从现实角度讲"。她在会上斩钉截铁地表示：关于"天才"的观点，"坚决不收回，刀搁在脖子上也不收回！"

吴法宪在西南组，李作鹏在中南组，邱会作在西北组，都作了类似发言。黄永胜当时留在北京看家，也准备了拥护林彪讲话的发言稿，准备后期上山"开炮"。

一听说有人反对毛主席，加之叶群私下交底、透风，说反对称毛主席是天才，反对学习"老三篇"的是张春桥，于是，张春桥这个积怨甚深的"文革派"立即犯了众怒。不独一些军队和工农出身的中央委员，就是像陈毅这样的老同志，也义愤填膺，怒不可遏地说，不论在什么地方，就是有人在墙旮旯里反对毛主席，我陈毅也要把他揪出来！

一时间，群情激愤，哄了起来，纷纷发言要求把反对毛主席的人揪出来"斗倒斗臭"，"千刀万剐"。

进攻的高潮，是华北组出了第二号简报（即全会第六号简报）。这份简报称赞林彪在开幕式上的讲话"非常重要，非常语重心长"，"代表了全党的心愿，代表了全军的心愿，代表了全国人民的心愿"。简报强烈要求毛泽东当国家主席，林彪当国家副主席。简报对陈伯达讲话中提到的"妄图否认我们伟大领袖毛主席是当代最伟大的天才"的人表示"最大、最强烈的愤慨",认为对这种人应该"揪出来,斗倒斗臭,千刀万剐"。华北组还点了康生的名。

林彪让秘书把这份简报念给他听,听后哈哈大笑,高兴地说:"听了那么多简报,数这份有分量,讲到了实质问题。"

华北组的二号简报是8月25日晨印出分发下去的,简报当天上午在全会引起了轰动。有些组效法华北组,通过决议要求设国家主席。有些中央委员、候补中央委员联名给毛泽东、林彪写信,表态拥护毛泽东当国家主席。这样的意见也有了:"如果毛主席实在不愿当国家主席,可以请林副主席当。"与此同时,不少中央委员要求揪人,把反对毛主席、反对毛泽东思想的人揪出来。会议气氛紧张到了极点。

最紧张的是张春桥,他成了千夫所指。他在"文化大革命"中倒行逆施树敌甚多,中央委员们为他的即将倒台而拍手称快。江苏组的南京军区司令员许世友在审阅全组的表态信时,福建组的福州军区司令员韩先楚去看他,问他在干什么,许世友说:那个"鳝鱼眼"(指张春桥)的寿数到了,我再给他补一枪!韩先楚会意地看了一眼,道:我也给他补一枪!后来,福建组和江苏组的表态信差不多,一是拥护林彪的讲话,二是拥护毛泽东关于对犯错误的人不点名、不揪人的指示,三是建议犯错误的人要检讨,对错误要进行批判,要调离中央,下放到基层做实际工作,接受工农兵再教育。(张正隆:《战将》,解放军出版社2000年版,第332页)

全会按照原定议程,已经开不下去了。按眼下这个形势发展下去,设国家主席的意见肯定要占绝对优势,康生、江青、张春桥就要倒台,毛泽东在设国家主席问题上的战略部署也要被打乱了。

(六)毛泽东听江青、张春桥、姚文元告状后勃然大怒,力挽狂澜

8月25日上午,江青带着张春桥、姚文元去见毛泽东,慌里慌张地

劈头就说："主席，不得了哇！他们要揪人。"江、张、姚本来说好是要到周恩来那里谈的，周恩来已经在等他们，但由于情况紧急，他们直接去了毛泽东那里。张春桥、姚文元跪在毛泽东面前哭诉，把毛泽东的裤子都弄湿了一大片。

毛泽东看问题毕竟有他的视角和高度，他顿时感到了问题的严重性。

当天下午，毛泽东召集有各组组长参加的中共中央政治局常委扩大会，会上他满脸怒气，断然作出三条决定：立即休会，停止讨论林彪的讲话；收回华北组二号简报；不要揪人，要按九大精神团结起来，批评陈伯达的发言违背九大方针。

毛泽东大发雷霆，怒气冲天地说："你们继续这样，我就下山，让你们闹！再不然，就辞去党中央主席职务。设国家主席问题不要再提了。要我早点死，就让我当国家主席！谁坚持设，谁就去当！反正我不当。"他还转过脸来对林彪说："我劝你也别当国家主席。谁坚持，谁去当！"

（汪东兴：《毛泽东与林彪反革命集团的斗争》，当代中国出版社1997年版，第28页）

毛泽东是拿定主意不当国家主席也不设国家主席的。他之所以力排众议坚持不设国家主席，就是为了不让林彪当国家主席。此前，江青曾经放话：毛主席还健在，如果林彪当国家主席，也不好。毛泽东对于会上这种来势凶猛的拥护林彪的形势，是始料未及的。他一下子看出，背后是林彪在鼓动，和他较量。

毛泽东已经拿定主意坚决维护"文化大革命"。他对"文化大革命"中崛起的江青、张春桥、姚文元等，尽管有所批评，但从根本上说是信任和欣赏的。他看出，有一股对"文化大革命"及"文革派"不满的情绪，在发泄和蔓延。

接下来，毛泽东分别给政治局委员、中央委员们做工作，用的是严厉的近乎摊牌的语言。他和康生个别谈话，生气地说他不当中央主席了，这个会让林彪去开，他下山不参加会了（逢先知、金冲及主编：《毛泽东传

1949—1976》下册,中央文献出版社 2003 年版,第 1576 页)。他把政治局委员、南京军区司令员许世友找去,把自己的手放在许世友的手上,十分恳切地说:"你摸摸,我手是凉的。我只能当导演,不能当演员,你回去做做工作,不要选我做国家主席。"据许世友后来回忆说:"主席的话使我认识到,要毛泽东同志当国家主席,违背他老人家的意愿。这是林彪的阴谋,他自己梦想当主席。"(许世友:《我在红军十年》,战士出版社 1983 年版,第32 页)

毛泽东的决策得到了周恩来的有力支持。但周恩来的思想也有个认识和转变过程,在 8 月 22 日的常委会上,他是主张设国家主席的。8月 24 日,周恩来在参加东北组的讨论时发言,也肯定了林彪的讲话对宪法、对计划、对战备有重要意义。但周恩来没有提到设立国家主席的问题,更没有暗示"揪人"。到这天晚上,当周恩来得知陈伯达整理的"语录"后,感到情况已很不正常,立刻命令将"语录"稿及印件全部封存。事隔一夜,25 日午后,毛泽东找周恩来个别谈话,周恩来被毛泽东说服了。按照毛泽东的要求,周恩来找吴法宪、李作鹏、邱会作谈话,严厉批评了他们,责令他们向中央作检讨。

毛泽东还找因留京值班而晚上山的黄永胜谈话,问道:张春桥手无寸铁,你们搞他干什么?黄永胜说,张春桥不得人心,群众意见很大。毛泽东说,什么群众,不就是"文化大革命"中受了委屈的人嘛,还有你们几员大将。"文化大革命"是我搞起来的,九大路线是团结起来,争取更大的胜利。你们为什么不团结起来批判刘少奇?后来,毛泽东在会上说,他们(指张春桥、江青、姚文元)是手无寸铁的哟,你们有飞机大炮,有原子弹,你们能不能再让我看张春桥二年,不要急于下结论。还说,他们名为反对张春桥,矛头是对着我的(访问邱会作谈话记录)。

毛泽东这些话并没有让黄永胜他们心服口服。陈伯达也是手无寸铁,为什么搞他呢?张春桥是叛徒,"文化大革命"中又作恶多端,怎么反张春桥就成了反毛主席呢?

但是，毛泽东拥有巨大权威，他一说话，就都按他说的办。于是全会发生逆转，重新纳入了毛泽东所设定的轨道。

（七）毛泽东怒批陈伯达，形势逆转，林彪的攻势一败涂地

林彪见毛泽东震怒，知道大事不好，立即私下传话：告诉他们，不要再坚持设国家主席了，也不要再提"天才"了。退却中的林彪也没有忘记保护他的几员大将。当康生向他汇报说，这次会议是"吴法宪造谣，汪东兴点火，陈伯达起哄，陈毅跳出来"时，林彪当场给顶了回去，说：吴法宪我了解，从一军团到四野跟我几十年，没有发现他造过谣。（访问吴法宪谈话记录）当周恩来提出要吴法宪等作检讨时，林彪却暗中给吴法宪打气："你没有错，不要作检讨！"叶群说得更是直截了当："你不要紧张，还有林彪、黄永胜嘛！只要不牵扯到他们就好办。大锅里有饭，小锅里好办。"（中共中央文献研究室：《周恩来传1949—1976》下，中央文献出版社1998年版，第1020~1021页）

但是，林彪到底顶不住，也到底斗不过毛泽东。8月29日，林彪被迫主持中共中央政治局扩大会议，听取陈伯达、吴法宪等的检讨。林彪表情尴尬，明显地敷衍了事。

8月31日，毛泽东写了《我的一点意见》，锋芒直指陈伯达。毛泽东写道：

> 这个材料（指《我的一点意见》所附《恩格斯、列宁、毛主席关于称天才的几段语录》——作者注）是陈伯达同志搞的，欺骗了不少同志。第一，这里没有马克思的话。第二，只找了恩格斯一句话，而《路易·波拿巴特政变记》这部书不是马克思的主要著作。第三，找了列宁的有五条。其中第五条说，要有经过考验、受过专门训练和长期教育，并且彼此能够很好地互相配合的领袖，这里列举了四个条件。别人且不论，就我们中央委员会的同志来说，够条件的不很多。例如，

我跟陈伯达这位天才理论家之间,共事三十多年,在一些重大问题上,就从来没有配合过,更不去说很好的配合。仅举三次庐山会议为例。第一次,他跑到彭德怀那里去了。第二次,讨论工业七十条,据他自己说,上山几天就下山了,也不知道他为了什么原因下山,下山之后跑到什么地方去了。这一次,他可配合得很好了,采取突然袭击,煽风点火,唯恐天下不乱,大有炸平庐山、停止地球转动之势。我这些话,无非是形容我们的天才理论家的心(是什么心我不知道,大概是良心吧,可决不是野心)的广大而已。至于无产阶级的天下是否会乱,庐山能否炸平,地球是否停转,我看大概不会吧。上过庐山的一位古人说:"杞国无事忧天倾",我们不要学那位杞国人。最后关于我的话,肯定帮不了他多少忙。我是说主要地不是由于人们的天才,而是由于人们的社会实践。(陈伯达摘引林彪同志的话多至八条,如获至宝)我同林彪同志交换过意见,我们两人一致认为,这个历史家和哲学史家争论不休的问题,即通常所说的是英雄创造历史,还是奴隶们创造历史,人的知识(才能也属于知识的范畴)是先天就有的,还是后天才有的,是唯心论的先验论,还是唯物论的反映论,我们只能站在马、列主义的立场上,而绝不能跟陈伯达的谣言和诡辩混在一起。同时我们两人还认为,这个马克思主义的认识论问题,我们自己还要继续研究,并不认为事情已经研究完结。希望同志们同我们一道采取这个态度,团结起来,争取更大的胜利,不要上号称懂得马克思,而实际上根本不懂马克思那样一些人的当。

毛泽东不愧是政治斗争的大手笔,短短的"一点意见",就扭转了乾坤,使得全会形势急转直下。林彪发起的攻势仅持续了两天半。

毛泽东写的《我的一点意见》中,原来有"陈伯达摘引林彪同志的话多至八条,如获至宝"一句,中共中央下发文件时,把这句话删掉了。

删掉的目的是为了保护林彪。陈伯达原本打算将林彪的话也和恩格斯、列宁、毛泽东的话并列,遭到林彪拒绝后,他就单独编在一起,称为《林副主席指示》。在《林副主席指示》的材料中,陈伯达摘录的林彪八条讲话分别是:

(1)毛主席个人天赋很高。他理解力很强,记性很强。他理解力很强,无论读书的理解力,或对事物的理解力,从现象看本质的能力,都很强。他的头脑是非常清楚的,天资很高。

(1959 年 9 月在全军高级干部会议上的讲话)

(2)十九世纪的天才是马克思、恩格斯。二十世纪的天才是列宁和毛泽东同志。……不承认这一点,我们就会犯大错误。不看到这一点,就不晓得把无产阶级最伟大的天才舵手选为我们的领袖。

(1966 年 5 月 18 日在中央政治局扩大会议上的讲话)

(3)毛主席所经历的事情,比马克思、恩格斯、列宁多得多。当然,马克思、恩格斯、列宁是伟大的人物。马克思活了 64 岁,恩格斯活了 75 岁。他们有很高的预见,他们继承了人类先进的思想,预见到人类社会的发展。可是他们没有亲身领导过无产阶级革命,没有像毛主席那样,亲临前线指挥过那么多重大的政治战役,特别是军事战役。列宁只活了 54 岁,十月革命胜利以后 6 年就去世了。他也没有经历过像毛主席那样长期、那样复杂、那样激烈、那样多方面的斗争。中国人口比德国多 10 倍,比俄国多 3 倍,革命经验之丰富,没有哪一个能超过。毛主席在全国、在全世界有最高威望,是最卓越、最伟大的人物。毛主席的言论、文章和革命实践都表现出他的伟大的无产阶级的天才。

(1966 年 5 月 18 日在中央政治局扩大会议上的讲话)

(4)毛主席是当代无产阶级最杰出的领袖,是最伟大的天才,有最高的革命责任感,最现实的革命精神。

(1966 年 8 月 8 日接见中央文化革命小组时的讲话)

(5)毛主席比马克思、恩格斯、列宁、斯大林高得多,现在世界上没有哪一个人比得上毛主席的水平。

(1966 年 9 月 18 日关于把学习毛主席著作提高到一个新阶段的讲话)

(6)毛主席这样的天才,全世界几百年、中国几千年才出现一个。毛主席是世界最大的天才。

(1966 年 9 月 18 日关于把学习毛主席著作提高到一个新阶段的讲话)

(7)毛泽东同志是当代最伟大的马克思列宁主义者。毛泽东同志天才地、创造性地、全面地继承、捍卫和发展了马克思列宁主义,把马克思列宁主义提高到一个崭新的阶段。

(1966 年 12 月 16 日《〈毛主席语录〉再版前言》)

(8)不能离开中心。中心就是太阳,九大行星围绕太阳旋转,一切工作围绕太阳转。毛主席就是太阳,毛泽东思想就是太阳。

(1970 年 5 月 19 日接见总政治部副部长以上干部时的讲话)

陈伯达帮了林彪的倒忙。他把林彪称毛泽东为天才的讲话摘录在一起,肯定引起了毛泽东的反感。(毛泽东:《建国以来毛泽东文稿》第 13 册,中央文献出版社 1998 年版,第 117 页)

庐山会议 9 月 6 日结束。中央宣布:对陈伯达进行隔离审查。

陈伯达是在庐山住地直接被两个军人押走的,身为中共中央政治局常委,一夜之间成了阶下囚。和他住邻居的朱德在阳台上看到陈伯达垂头丧气地乖乖上车这一幕,用手杖敲了敲阳台,仰天哈哈大笑。

(八)林彪不服庐山会议的结果,从此他和毛泽东的关系急转直下

中共九届二中全会上的这场风波,毛泽东很清楚背后是林彪在起作用,但他没有点林彪的名,相反还在《我的一点意见》中加上"我同林

彪同志交换过意见,我们两人一致认为"这样的句子,一是为了保护林彪,二是为了缩小打击面,便于分化瓦解对手。不过,在他集中批判陈伯达、解决林彪最重要的同盟者的同时,也顺势敲打了林彪,为日后解决林彪问题下了毛毛雨。

在中共九届二中全会的闭幕会上,毛泽东讲话中说:高级干部要读几本马、列的书,要懂点马列主义,不然会上当。有人说罗长子搞30本书是反我的,怎么是反我的呀!30本书是我叫罗长子搞的。这件事挂不上罗瑞卿的账,而是我的账。你们不了解情况,说是罗瑞卿扰乱了林彪同志来读我的著作。说到这里,毛泽东当众对林彪话里有话地说:其实是我扰乱你,而不是罗瑞卿扰乱你。

在讲到庐山这场斗争时,毛泽东自信地说:"庐山是炸不平的,地球还是照样转。极而言之,无非是有那个味道。我说你就是把庐山炸平了,我也不听你的。你就代表人民?我是十几年以前就不代表人民了。因为他们认为,代表人民的标志就要当国家主席。我在十几年以前就不当了嘛,岂不是十几年以来就不代表人民了吗?我说谁想代表人民,你去当嘛,我是不干。你把庐山炸平了,我也不干。你有啥办法呀?"(毛泽东:《建国以来毛泽东文稿》第13册,中央文献出版社1998年版,第126页)

林彪政治上是很敏感、很机警的,当他看到毛泽东听信江青、张春桥、姚文元告状后在召开的中共中央政治局常委扩大会上雷霆震怒,决定休会两天,批判陈伯达时,明白自己打了败仗,马上布置和掩护退却。他在会议上说:"我和陈伯达过去没有接触","军队的几个同志过去同陈伯达也没有共过事","他们是炮筒子,说话走火"。

但林彪是不会轻易认输的。当吴法宪向林彪报告,说周恩来要他写个检讨,主要意思是要他为"副帅"承担一点责任,林彪马上说:"你不要写检讨!你没有错,讲话是我讲的,错了我负责。"吴法宪向他解释说:"总理的意思是要保护你。"林彪很不高兴地说:"要检讨你检讨。你的检讨我也不看,用你的名义上送。"林彪还对吴法宪说:"我们这些人,行伍出身,打仗懂一点,搞武的行,搞文的不行,搞文的搞不过他们。这次不该讲话。"

关于林彪的这段话,后来吴法宪在回忆中说:"以后有人说:林彪这个话是想搞武装政变,意思是搞文的不行就搞武的。这完全颠倒了原话,断章取义。当时会议还丝毫没有涉及到林彪,他是副主席,副统帅,接班人的地位也还没有任何动摇,有什么必要搞武装政变呢?林彪当时讲话不是这个意思。"

中共九届二中全会上,尽管林彪不服,但他和毛泽东的关系,还没有到决裂的程度。或许他从毛泽东和他的个别谈话中,得到了一点安慰和信任。他和吴法宪谈话的次日,8月29日晚,他又专门告诉吴法宪:"毛主席又和我谈了话,说对张春桥这个人还要看两年,如果不行,拿掉,到时候我交班给你。"(访问吴法宪谈话记录)

但是,当后来事情的发展证明并非如此,林彪对毛泽东的认识、态度和感情起了重大变化,就不难理解了。

9月7日,林彪下山。黄永胜、吴法宪、李作鹏、邱会作到九江机场送林彪,几个人在飞机上拥着林彪合影留念。林彪说:不做亏心事,不怕鬼叫门。照常吃饭,照常睡觉,照常工作,最多是个彭德怀第二。你们有事多向周总理请示报告。据吴法宪多年后回忆,林彪情绪还和过去一样,若无其事的样子。

林彪和毛泽东的关系,九届二中全会是道分水岭。用林彪卫士长李文普的话说,"林彪对毛泽东政治态度的变化,九届二中全会是一个转折点。"李文普回忆说:"九届二中全会以后,林彪曾写过检查,是让新调来的秘书王焕礼写的。送上去没有我不知道。林彪心情不好,曾要求面见主席谈话。当时,毛主席那边电话至少是叶群打。我们'林办'有传闻,林彪想与毛见一下,谈一谈。但是长时间毛主席不作答复,林彪个性很强,从不服软,两人的关系发生了急剧的变化。叶群和江青表面上仍经常通电话问候送点东西,实际上是虚与应付。林彪不愿住在北京,经常住在苏州、北戴河。在此期间,林彪说话很少,我也从不打听。在他周围,只有叶群、林立果和黄、吴、李、邱几个人了……"(《中华儿女》1999 年第 2 期)

二、庐山会议后毛泽东发动"批陈整风"运动,林彪的处境日益艰难

(一)毛泽东责令黄、吴、叶、李、邱作检讨,挫林彪之锐气

庐山会议之后,毛泽东步步进逼,发动"批陈整风"运动,林彪的日子一天比一天难过。陈伯达的倒台,使他失去了军师和重要的同盟者。黄永胜、吴法宪、叶群、李作鹏、邱会作等人被批评,使他面临失去权力基础的威胁。

1970 年 10 月 14 日,毛泽东对吴法宪的检讨作了批示。毛泽东批示说:"作为一个共产党人,为什么这样缺乏正大光明的气概。由几个人发难,企图欺骗二百多个中央委员,有党以来没有见过。""办事组各同志(除个别同志如李德生外)忘记了九大通过的党章","又找什么天才,不过是一个借口。""陈伯达是个可疑分子。我在政治局会议上揭发过,又同个别同志(指林彪——作者注)打过招呼。"当吴法宪说到,陈伯达造谣说"中央委员会也有斗争"时,毛泽东批示:"这句话并没有错,中央委员会有严重的斗争,有斗争是正常生活。"最后,毛泽东还批道:"我愿意看见其他宣讲员的意见。"

10 月 15 日,毛泽东在叶群的检讨上作了批示。毛泽东对叶群毫不客气,在她的检讨上批了 11 段话,其中批道:"爱吹不爱批,爱听小道消息,经不起风浪。""一个倾向掩盖着另一个倾向。九大胜利了,当上了中央委员不得了了,要上天了,把九大路线抛到九霄云外。"当叶群说到他们搞天才语录问题时,毛泽东批道:"多年来不赞成读马列的同

志们为何这时又向马列求教,题目又是所谓论天才,不是在九大论过了吗? 为何健忘若此? "针对叶群所说的与陈伯达"斗争不够有力"的话,毛泽东批道:"斗争过吗? 在思想上政治上听他的话,怎么会去同他斗争? 不提九大,不提党章,也不听我的话,陈伯达一吹就上劲了,军委办事组好些同志都是如此。党的政策是惩前毖后,治病救人,除了陈待审查外,凡上当者都适用。"毛泽东最后还专门批示交代:"林、周、康及其他有关同志阅。阅后退中办存。"(1971 年 12 月 7 日中共中央下发《粉碎林陈反党集团反革命政变的斗争材料之一》)

1970 年 11 月中旬,毛泽东对黄永胜进行了严肃的批评。林彪原先是想保住黄永胜的,因为黄永胜上庐山晚,没有来得及发言,见势不妙,销毁了他早已准备好的称天才、坚持设国家主席的讲话稿,没有被抓住"把柄"。这下,黄永胜的被批说明问题越发严重了。

1970 年 12 月 20 日,以"批陈整风"为主要内容的华北会议开始。在 1971 年 1 月 24 日华北会议结束时,周恩来从历史问题入手,系统地揭露了陈伯达。周恩来所用的历史材料,是庐山会议结束时毛泽东当面向周恩来、叶剑英交代调查来的。当时毛泽东决定,成立陈伯达专案组,周恩来当组长,叶剑英当周恩来的特别顾问。叶剑英会后即带人到福建、广东、广西,调查陈伯达的历史问题。周恩来在揭露中说,陈伯达是"托派、叛徒、特务、反革命修正主义分子、野心家、阴谋家"。

1971 年 1 月 9 日,军委召开座谈会。会议期间,毛泽东多次指示黄永胜、吴法宪、叶群、李作鹏、邱会作,要他们批判陈伯达,要他们作检讨。

(二)毛泽东造舆论透露他对接班人的不满,灭林彪之威风

1970 年 10 月 1 日国庆活动, 周恩来刻意安排美国著名记者埃德加·斯诺上天安门城楼并站在毛泽东身旁。此后,1970 年 12 月 18 日,毛泽东与斯诺作了长时间的谈话,内容涉及中国的内政、外交和国际

局势等方面的重大问题。1971 年 5 月底，中共中央向各地下发了《毛主席会见美国友好人士斯诺谈话纪要》。

这是一篇不寻常的纪要，毛泽东第一次向外界透露了他对林彪一些做法的反感、不满和批评。毛泽东批评说："崇拜搞得过分了，搞许多形式主义。比如什么'四个伟大'。"（胡哲峰、于化民：《毛泽东与林彪》，广西人民出版社 1998 年版，第 534 页）

6 月 19 日，根据毛泽东的指示，经周恩来亲自审定，《参考消息》刊登了斯诺写的《同毛泽东的一次交谈》的文章。斯诺披露说："主席批评了对毛'个人崇拜'的专讲形式的做法"，"主席说，所谓'四个伟大——伟大的导师、伟大的领袖、伟大的统帅、伟大的舵手'，讨嫌。总有一天要统统去掉，只剩下 teacher(导师)，这个词就是教员。""毛主席还说，'文革'中有两件事他很不赞成，一个是讲假话，另一个是虐待罢了官和接受再教育的党员和其他人。"

由于《参考消息》特殊的地位和影响，谁看了都会明白，毛泽东是有所指的，他指的是林彪。（《报刊文摘》2000 年 9 月 21 日）

毛泽东和斯诺的谈话，触动了政治上向来敏感的林彪的神经，引起了林彪的重视。据林办秘书于运深回忆：1970 年 12 月 18 日毛泽东与斯诺谈话的文件，我认为很重要，在"讲"文件时作为重点。我把讨嫌"四个伟大"画出来了，摘要讲给林彪，林彪非常注意听，还特别把二三十页的文件留下，这在以前是没有过的，可见林彪非常重视。

1971 年 7 月 9 日深夜，为接待美国总统国家安全事务助理亨利·基辛格秘密访华，周恩来、熊向晖去向毛泽东汇报，毛泽东撇开主题，谈了庐山会议的情况。他问熊向晖有秘书没有，写文件是否自己动手，然后借题发挥道："现在一些大官、小官，自己不动手、不动口、不动脑筋，什么事都靠秘书，听说连科长都有秘书，搞成'秘书专政'。有的人让自己的老婆当自己的办公室主任，这不是共产党的作风，是国民党的作风。"熊向晖听了心里一动，让自己的老婆当办公室主任的，不是林彪吗？用如此严厉的口吻批评林彪，林彪这个接班人还站得住吗？

（熊向晖：《我的情报与外交生涯》，中共党史出版社1999年版，第395页）

1971年7月底，毛泽东向中共中央政治局推荐了一本晚清小说《何典》，特别指明了书中四句话，明眼人一看便明白其中所指："说嘴郎中无好药，死病无药医，药医不死病，一双空手见阎王。"

毛泽东采取这些办法，是造点舆论，下点毛毛雨，扫一扫林彪的威信，灭一灭林彪的威风，也让人们有个心理准备，林彪并不是毛泽东"最好的学生"，他的麻烦来了。

然而，林彪也不傻，他已经看出了矛头所向。

（三）毛泽东采取"挖墙脚"、"掺沙子"的办法改组军队，削林彪之实力

九大后林彪势力急剧扩张，并且和江青集团的对立日益加深，毛泽东便有所担心。中共九届二中全会上的一场风波，更使毛泽东大为不安。他下决心从军委办事组开刀，削弱林彪的实力。

毛泽东准备拿掉吴法宪，想到参加过井冈山斗争的空军副司令员曹里怀是个人选，为此征询了林彪的意见。1970年国庆前夕，林彪从北戴河回到北京，毛泽东约他谈话。林彪从中南海回到家里，立即把吴法宪找去，把谈话情况告诉了吴法宪。林彪说："毛主席谈到了庐山的问题，我说，我选吴法宪当空军司令，是因为吴法宪是刘亚楼的徒弟，吴法宪的作风是向刘亚楼学的，和刘亚楼一样，拼命干，所以我选他当空军司令。毛主席向我问起曹里怀，我说，曹里怀这个人我了解，从延安到东北我都了解他，工作稀稀拉拉，没有干劲，办事不认真。我认为空军的工作刘亚楼、吴法宪、王秉璋他们是搞得不错的，所以我把空军立作标兵。"林彪的话让吴法宪听得很明白，毛泽东准备拿掉他，而林彪则是尽力在保他。

林彪还告诉吴法宪，过去在庐山他不赞成吴法宪作检讨，但是现

在赞成吴法宪到毛主席那里去把当时和张春桥争论的情况再说一下，作点自我批评。林彪还要吴法宪今后将空军的情况多向毛主席汇报、请示，不要只是向他汇报。林彪点拨吴法宪的意图很明显，让毛泽东多了解内情，也多了解吴法宪的工作，尽量保住吴法宪不倒台。

吴法宪明白林彪的用意，但是，他先后三次求见毛泽东，都没有见上。他写的检讨，也过不了关。

1970 年 11 月 13 日，黄永胜陪同外宾去见毛泽东。外宾走后，毛泽东批评黄永胜说："庐山会议发难，你黄永胜是个头。你们办事组一统天下，我要打破你们的一统天下。我现在要谢富治、纪登奎参加你们办事组。"很快，毛泽东采取了他称之为"挖墙脚"、"掺沙子"的两项措施，即改组北京军区和派负责人参加军委办事组。1971 年 1 月 24 日，中共中央决定：李德生任北京军区司令员、军区党委第二书记，谢富治任北京军区第一政委、军区党委第一书记，纪登奎任北京军区第二政委、军区党委第三书记，派纪登奎、张才千参加林彪、黄永胜一手把持的军委办事组。

毛泽东很讲策略，他先扫清林彪的外围，削去林彪的左膀右臂。而对林彪本人，则先稳住不动。他在同人谈话时，几次说到，在庐山，林彪几次要写信和打电话给他，但都被叶群、黄永胜阻止了，连林彪都受了骗。毛泽东显然是在为林彪开脱，至少让林彪心里先踏实一下。（江东兴：《毛泽东与林彪反革命集团的斗争》，当代中国出版社 1997 年版，第 63 页）

毛泽东又是个高明的医生，他蛮有信心地对林彪采取"保守疗法"。"批陈整风"汇报会前夕，他让周恩来带李德生和黄永胜、吴法宪、李作鹏、邱会作去北戴河看望林彪。路上，周恩来对李德生说："主席要林彪出来参加一下即将召开的'批陈整风'汇报会，目的是给他一个台阶下。"（张耀祠：《张耀祠回忆录——在毛主席身边的日子》，中共党史出版社 2008 年版，第 97 页）

3 月 30 日和 31 日，周恩来在北戴河林彪的住处连续两天同林彪谈话。周恩来告诉林彪,毛泽东在黄永胜检讨的第二页有段批示:"陈伯达早期就是一个国民党反共分子。混入党内以后,又在1931年被捕叛变,成了特务,一贯跟随王明反共。他的根本问题在此。所以他反党乱军,挑动武斗,挑动军委办事组干部及华北军区干部,都是由此而来的。"当周恩来说完这些,林彪说:"没想到陈伯达问题那样严重,这次把陈揪出来,是很大的胜利。完全同意中央召开'批陈整风'汇报会议,把批陈引向深入。"林彪在口头上还表示:完全拥护毛泽东自庐山会议以来的一系列指示,对黄永胜、李作鹏、邱会作三人的检讨很高兴,要求吴法宪、叶群重写一次书面检讨。

在这次小范围的谈话中,林彪也多多少少不疼不痒地作了一点自我批评。他承认自己也有"错误",是个"炮筒子","讲话有气,顺口而出,放了炮",被陈伯达"利用"了。但他又拐弯抹角地暗示他在庐山开幕式上的讲话是经过毛泽东的,说这些话"见到主席我也讲过,后台讲的话,搬到前台去讲","讲稿上本来没有,庐山几天都没有睡好,昏昏沌沌讲了"。(周恩来在北戴河同林彪的谈话记录)

林彪明知道毛泽东希望他出席中央"批陈整风"汇报会,周恩来也委婉地希望他出席中央"批陈整风"汇报会,但他就是不表示要回京出席会议,更不用说在会上作个自我批评了。

周恩来回京后,带着黄永胜等6人一起向毛泽东汇报。毛泽东听完,对林彪的态度十分不满,当场指着黄永胜等严厉批评道:"你们已经到了悬崖的边沿了!现在是跳下去、推下去还是拉回来的问题。能不能拉回来,全看你们自己了!"(李德生:《从庐山会议到"九一三"事件的若干回忆》,载《缅怀毛泽东》下,中央文献出版社1993年版,第126~127页)

但是,也是这次谈话,据吴法宪回忆,毛泽东倒是说了几句让他感到"心情有所缓和"的话。毛泽东听了周恩来的汇报后说:"这下好了,你们去准备召开中央工作会议(即'批陈整风'汇报会——作者注)的事情,等吴法宪、叶群的检讨送来后一起印发会议。"接着他又说:"黄永胜、吴法宪、李作鹏、邱会作你们几个不要紧张。你们要有个底，我是保你们的。"

为什么会出现对毛泽东的同一次谈话有截然不同的理解这样的情况呢？很大原因是毛泽东谈话往往两个方面都谈到，而且正话、反话一起说，就看你怎么理解。毛泽东让周恩来带人去北戴河向林彪汇报，临行前，毛泽东召集他们几个开会。谈话间，毛泽东先后问邱会作和黄永胜、李作鹏，你们的检讨是秘书写的还是自己写的？邱、黄、李回答都是自己写的，毛泽东说："邱会作，你的字写得很好嘛。我死了以后你可以当主席。"邱会作反应很快，赶紧站起来说："毛主席万寿无疆！"毛泽东笑了。(访问吴法宪谈话记录)

（四）林彪拒不出席"批陈整风"汇报会，他对毛泽东的不满在加深

中共九届二中全会后，中央和军委先后召开了三次重要会议，一次是华北会议，另一次是军委座谈会，再一次是中央工作会议，亦即"批陈整风"汇报会。正是这三次会议的走势和结局，造成了林彪情绪的进一步低落，使得他和毛泽东的关系逐渐恶化。

华北会议从 1970 年 12 月 22 日开始到 1971 年 1 月 24 日结束。会议是由三十八军 1970 年 12 月 10 日给军委的一个揭发陈伯达的报告引起的。毛泽东在报告上批示："北京军区为何听任陈伯达乱说、乱跑。他在北京军区没有职务，中央也没有委任他解决北京军区所属军政问题，是何原因陈伯达成了北京军区及华北地区的太上皇。林彪同志对我说，他都不便找三十八军的人谈话了。"毛泽东指示：北京军区召开一次会议，各师要有人到会，时间要多一些，进行"批陈整风"，并指定周恩来、李德生、纪登奎三人领导会议。后来，毛泽东又批准黄永胜、李作鹏参加会议领导小组。

华北会议的实际矛头直接指向李雪峰和郑维山。庐山会议上，他

们俩和陈伯达都在华北组。李雪峰是华北组的组长,他签发了登载陈伯达发言的全会六号简报。郑维山则是北京军区司令员,他和李雪峰一起,陪同身为中共中央政治局常委的陈伯达视察保定等地。华北会议的最后结局是,宣布撤销李雪峰中共中央政治局候补委员、河北省革命委员会主任的职务,撤销郑维山中共中央委员、北京军区司令员的职务。

会议总结中重新宣布了陈伯达的问题,已经不是错误而是"罪行"了。

打倒郑维山,林彪是不同意的。郑维山并不是林彪的老部下,他是红四方面军的人。此前,黄永胜几次提出要调梁兴初(林彪的老部下)来任北京军区司令员,但林彪不同意。他说:"一定要保留四方面军的人。"林彪的用意是做个姿态避嫌。

军委座谈会是1971年1月召开的,由各大军区、军委各总部和各军兵种100多人参加,本来是部署当年的军事工作。会议简报天天出,天天送毛泽东。

会议结束后,人员都返回了,毛泽东在2月19日的全国计划工作会议报告上批示说:"请告各地同志,开展批陈整风运动时,重点在批陈,其次才是整风。不要学军委座谈会,开了一个月,还根本不批陈。更不要学华北前期,批陈不疼不痒,如李、郑主持时期那样。"黄永胜一看到批示着了慌,连夜召集在京的各总部、各军兵种负责人开了个会。会上,黄永胜、吴法宪、李作鹏、邱会作都作了检讨。检讨上送后,毛泽东在上面批示说,吴法宪、叶群过去的检讨不够,要重新写一个。还指示:召集一个政治局扩大会议,各省、市、自治区,各大军区、军兵种,中央和国务院各部委的负责人,都要参加,黄、吴、叶、李、邱要在会上作检讨。

对林彪刺激最大,使林彪最为紧张的还是"批陈整风"汇报会。

"批陈整风"汇报会于1971年4月15日召开,到会人员99人,即是毛泽东所指示的召开一个政治局扩大会议的范围。会议听取和传阅黄、吴、叶、李、邱的检讨,并批判他们。开始,林彪和叶群在北戴河,没有参加会议。会议情况,周恩来指定黄永胜、吴法宪每天打电话给叶群,由叶群报告给林彪,但林彪一直没有任何表示。

会议进行到中间,编在东北组的王辉球和王秉璋揭发出一个新问题:庐山会议上吴法宪曾和他们串联,要他们拥护林彪的讲话,并攻击张春桥、姚文元。而这一点,吴法宪隐瞒了,一直没有检讨过。如果问题揭开上报,吴法宪不但会落个欺骗毛泽东的罪名,还会作为导火索,掀起新一轮的揭发、清查。新材料一抛出,东北组哄了起来。黄永胜当晚把情况报告了叶群,叶群又报告了林彪。林彪一听,紧张起来,怕一旦由此撕开口子,那问题就严重了,很可能一发而不可收,乱了阵脚,于是当晚立即要吴法宪准备飞机,并于次日中午和叶群回到北京。林彪亲自回京坐镇,准备必要时直接出面讲话,同江青、康生、张春桥对抗。

周恩来过问了东北组的揭发,他不愿意扩大事态,把事情压了下去,没有进一步追查。

林立果的亲信周宇驰也到揭发者王辉球和王秉璋家里,警告说:"林副主席要你不要再讲了。"又拉拢说,"首长对你还是信任的。"这样,形势又趋于缓和。

林彪看到会议没有什么更新的情况,滚开的锅被一瓢冷水压了下去,也就一直没有到会。叶群回京后参加了会议。

4月29日,在"批陈整风"汇报会上,周恩来代表中央作了总结讲话,指出黄、吴、叶、李、邱在政治上犯了方向路线错误,组织上犯了宗派主义错误,和陈伯达搞到了一起。

此时的林彪,很清楚自己的处境,也看出"批陈"的实质是"射林"。他从吴法宪、叶群要写两次检讨才在毛泽东那里勉强过关,毛泽东要全国都知道黄永胜、叶群等人犯了错误这一点上,看到了毛泽东批军委办事组的决心。虽然毛泽东没有点他林彪的名,但毛泽东显然对他很不满意了。与此同时,他也看到了江青、张春桥、姚文元等人势力的加强。他已经预感到,他的接班人地位岌岌可危。中共九届二中全会后林彪给卫士长李文普的感觉是,他"情绪不好,身体比以前更差些"。另一位8341部队的警卫干部姜作寿也说,从1971年6月15日到9月12日,他在北戴河警卫林彪:"我只是觉得我们保卫的这位党的副主席自从庐山下来之后,情绪不那么好,整日愁眉苦脸;满脸阴郁,不见一丝笑容。"(张聂耳:《风云"九一三"》,解放军出版社1999年版,第311页)

毛泽东是希望林彪出席"批陈整风"汇报会,讲几句话,作个检讨,承担一下责任的。周恩来曾不无遗憾地对吴法宪说:"林副主席要是以讲话的形式检讨几句就好了。"但林彪的犟脾气上来了,始终不露面,不讲话。他一直认为,自己无论是提议设国家主席,还是说毛泽东是"天才",还是对江青、张春桥等有意见,都没有什么错,因而也就无须检讨。相反,如果检讨了,反而被抓住把柄,于己不利。他还肯定认为毛泽东在成心揪住他和军委办事组不放,醉翁之意不在酒,在于更换接班人,因此,他对毛泽东的不满和恐惧与日俱增。

三、林彪情绪低沉,林立果开始了搞"武装起义"的准备

(一)林立果要和毛泽东血战到底,制定《"571"工程纪要》

中共九届二中全会后,林彪情绪低沉、心灰意冷。血气方刚、自命不凡的林立果,咽不下庐山败阵这口气,他对亲信说:"这次事情坏在几位老总身上(指黄、吴、李、邱)。主任(指叶群)根本没有领会首长(指林彪)的意图,开会也讲不清楚。首长很生气,主任只是哭。丘八斗不过秀才,看来这个斗争还长,我们要抓军队,准备干!"

此后不久,林立果同江腾蛟、王维国有过一次密谈,林立果在亲笔写的庐山斗争总结里写道:"这是一次未来斗争的总预演,演习拉练,双方阵营都亮了相。陈伯达是斗争的英雄,吴法宪是狗熊。我方这次上

下好,中间脱节,三是没有一个好的参谋长。这些老总们政治水平低,平时不学习,到时胸无成竹,没有一个通盘。指挥军事战役还可以,指挥政治战役不可以。""说明了一点,今后的政治斗争不能靠他们领导,真正的领导权要掌握在我们手里。"(纪希晨:《史无前例的年代》,人民日报出版社 2001 年版,第 529~530 页)

林立果对林彪说:"我不上吴法宪的破船,也不上叶群的破船,我要自己干。"林彪说:"对。"

林立果随即开始了以推翻毛泽东为最终目的的密谋,他采取的第一个步骤是制定武装政变的纲领《"571"工程纪要》。

据林立果对他的亲信说,《"571"工程纪要》是在林彪授意下制定的。九届二中全会后,林彪一直称病不出,既不批陈,也不作检讨。1971年 2 月 12 日,他借口养病,携叶群、林立果到苏州。3 月初,他授意林立果搞一个武装政变计划,说:"南唐李后主有两句诗:'几曾识干戈','垂泪对宫娥'。他就是因为不懂得武装斗争的重要性,所以才亡了国。这是前车之鉴,我们不能束手待毙。"(中共中央文献研究室:《周恩来年谱》,中央文献出版社 1997 年版,第 440 页)

关于《"571"工程纪要》,一直以来有一些似是而非的说法,还有些说法纯属捏造。

一种说法是,《"571"工程纪要》与林立果无关。1997 年 5 月,香港出版的《谁杀了林彪》一书中说:"这个纲领可能不是林立果搞的。它是在林彪事件很久以后——大约 9 个月,等于一个胎儿长成的时间——才出生的,这个时间也就是林立衡等待周恩来解答她的疑问的时间。""纲领中的有些话,更像是周对毛的批判。如果是那样,就是周的杰作。它一箭双雕,既打击了林彪,也重刺了毛。"(赤男、明晓等著:《林彪元帅叛逃事件最新报告》,香港中华儿女出版社 2000 年版,第 297 页)

另一种说法是,《"571" 工程纪要》只是林立果及少数亲信搞出来的,林彪并没有看到。连同后来的暗杀阴谋,也都是林立果一手搞的,他只是告诉了叶群,不敢告诉林彪,怕被林彪阻止,同时,他也想一鸣惊人。1998 年 8 月香港出版的《天安门》杂志刊载了一篇署名"李蘅"的文章,标题是《林彪女儿林豆豆打破沉默,为林彪翻案》。文章说"真正逼林彪出逃的是毛泽东","弥天大谎加罪林彪"。(《中华儿女》2000 年第 9 期)

还有一种说法是,《"571"工程纪要》是林立果及其死党故意留下的,为的是宣告他们"不成功,便成仁"。张聂耳在《风云"九一三"》一书中说:"《"571"工程纪要》到底如何被发现的? 据说是在空军学院林立果的黑据点里发现的。那是 9 月 14 日,一送饭者照例给林立果送饭去,却发现那里已人去楼空,遍地狼藉。在一片灰烬中,突然,他看见好端端茶几上有一本东西,就是于新野执笔写的这个《纪要》。这个人很害怕,上交,还是烧掉? 搞不好会跳进黄河也洗不清的! 他经过一番激烈的思想斗争,最后还是将本子上交了。上面指示,要好好保护这个人。这个故事很玄。但愿有一天'这个人'能出来写一段回忆文章。假如这一切属实,则只能证明一点,那就是林立果及其死党在最后一刻是做好了死的准备的,他们故意留下了《纪要》,为的是告诉世人他们为什么而死。"(张聂耳:《风云"九一三"》,解放军出版社 1999 年版,第 262 页)

事实究竟如何呢?

《"571"工程纪要》是林立果搞出来的确凿无疑。唯一的疑问在于,究竟是林彪授意的呢,还是林立果打着林彪的旗号搞的?

林彪完全有可能授意林立果搞这个《纪要》。至于《纪要》中体现出林彪的思想更是确定无疑的,某些语言甚至完全是林彪的原话。第一,中共九届二中全会后林彪对毛泽东的态度逐渐由失望到憎恨,他深知在和毛泽东的较量中,只有靠非常手段才有望取胜。林彪有授意制定政变计划的动机。第二,让林立果担当制定政变计划的重任符合林彪打仗慎重和重用、锻炼儿子的意图。搞政变,推翻毛泽东,是惊天动地的大事,林彪当然晓得干这样大的事没有个周密计划是根本不行的。林彪在儿子身上是下了大本钱,寄予了厚望的。1969 年 2 月 16 日,他给周宇驰、刘沛丰写了封亲笔信，里面说："这两年老虎在你们帮助下能力上已有进步，今后你们可让老虎多单独行动，以便锻炼他的独立工作能力"。1969 年 10 月 17 日，当兵两年多、24 岁的林立果一下子成了师级干部，当上了空军司令部办公室副主任兼作战部副部长。吴法宪创造了空前绝后的大提升，在任命林立果的第二天，又提出了"两个一切"，即"空军的一切都可以由立果同志调动，空军的一切都可以由立果同志指挥"，把空军的大权私自交给了林立果。林立果是林彪的独生子，被称为林彪的"眼珠子"。林彪有意培养儿子接班，让儿子干"动武的"大事正是对儿子"独立工作能力"的最大锻炼。第三，林立果多次亲口对死党说林彪要他先搞个计划。《纪要》是林立果、周宇驰、于新野三人关起门来制定，由于新野记录的。李伟信不完全地参加了制定，据李伟信 1971 年 10 月 13 日交代："3 月 18 日，林立果和于新野从杭州到上海，当天晚上，林立果在他的卧室里对于新野和我说：'根据目前局势，要设想一个政变计划。'他要立即把周宇驰从北京叫来商量，同时叫于新野暂不回北京，主要处理这件事。""周宇驰 3 月 20 日到上海，当天晚上，林立果、周宇驰两人密谈，后把于新野叫去。第二天，开始他们三人商量，后来叫我也去了。反革命分子林立果说：目前从各地区实力来看，'首长'（指林彪）讲话，还是有一定作用，这件事与'首长'谈过，'首长'叫先搞个计划。"李伟信还交代说，"'571'计划写成后，我没有见过，但是于新野在 1971 年 9 月 11 日，曾夸耀自己说：林立果把计划及一本于新野最近摘录的关于武装起义的事例，都还留在北戴河'首长'（林彪）'主任'（那里）。刘沛丰 1971 年 8 月在北戴河，有次对我说，前几天，天天四五点钟睡觉，吃不消。我问干什么，刘说：叶群天天找林立果，研究'571'，把舰队一些人员的代号也全部要去了。"（1972 年 1 月 10 日中共中央下发《粉碎林陈反党集团反革命政变的斗争》材料之二）

由于制定《"571"工程纪要》的林立果、周宇驰、于新野三人已死，说过"天天研究'571'"的刘沛丰已死，最关键的证人就只剩下李伟信一人了。李伟信的证言写于林彪出逃一个月后,时间不久,记忆准确,应当说是可信的。

当然,除开李伟信的证言,再也没有第二份说林彪看过《"571"工程纪要》的证据。况且,李伟信的证言中也都是听林立果说是林彪授意的。因为其他当事人已死,林彪出逃时带走两皮箱文件,誊清后的《纪要》很有可能在里面,但都毁于温都尔汗的大火了,这就给判断是否是林彪授意林立果制定《"571"工程纪要》留下了悬念。

其实,即便文件没有烧毁,也难以证实林彪看过。因为即便林彪看过,也未必会在上面圈阅批示,留下证据。

林彪出逃后,中央公布的《"571"工程纪要》是从林立果在空军学院的黑据点里发现的。有人说是从周宇驰、于新野的直升机上缴获的,不确。(张耀祠:《张耀祠回忆毛泽东》,中共中央党校出版社1996年版,第113页)

在黑据点发现《"571"工程纪要》草本,是在9月15日,当时屋内乱七八糟,餐桌上放着两个本子、两本书,书是《格瓦拉日记》和英语课本,本子是带拉链的。本子被为黑据点搞生活服务的人收了起来,当时他们并不知道发生了"九一三"事件。到10月6日,他们听了传达,便把本子交了出来。《"571"工程纪要》写在本子上,经鉴定是于新野的笔迹。本子如果被当时搞生活服务的人毁了,林立果搞武装政变的《"571"工程纪要》可能就永远不会为世人所知了。10月8日,本子便经空军政委王辉球和副司令员曹里怀呈报给了周恩来。从当时发现本子的情景看,《"571"工程纪要》完全是周宇驰、于新野等人急于逃命,慌乱之中遗忘的,绝不会是"故意"留下的。(《中华儿女》2000年第2期)

但是,也不能完全排除林立果为抢功、为欺骗,明明是自己搞的《"571"工程纪要》,却打着林彪旗号的可能性(尽管这种可能性极小)。毕竟,林彪和妻子、儿子不完全是一回事。尽管林立果野心勃勃,狂妄自大,过高地估计自己的力量,一心想干成推翻毛泽东的大事,在政治上建功立业,但他也肯定明白,不打林彪的旗号,他的号召力毕竟是有限的。他讲话动不动就"首长如何如何"，真相究竟如何，外人很难核实，也很难辨别真假。

另外，有没有林彪背后发毛泽东的牢骚，林立果听到后就不知天高地厚地推向极端，决心铤而走险，冒天下之大不韪策划武装政变这样的情况呢？似乎也不能完全排除。

(二)《"571"工程纪要》杀气腾腾，毛林矛盾的尖锐性和党内斗争的残酷性令人不寒而栗

《"571"工程纪要》是林立果取的名字，"571"取的是"武装起义"的谐音。在制定政变计划的过程中，林立果等人研究了林彪接班的三种可能性：

一种是林彪"和平接班"。周宇驰认为五六年就差不多了，可能更短。林立果不同意这种分析，说毛泽东身体还好，五六年还接不了班，即使五六年，其中变化就很大，很难说"首长"的地位还能保得住。

另一种是林彪"被人抢班"。周宇驰认为这不可能。林立果摇着头说，毛泽东威信高，只要毛泽东说一句话，林彪随时都可能被赶下台。

还有一种是林彪"提前抢班"。这就是动手谋害毛泽东。林立果等都以为这是下策，即使搞成了，林彪政治上受的损失太大。但他们又认为，如果确实形势需要，这么干也不是不可以，到时候把谋害毛泽东的罪名扣到别人头上就掩饰过去了，反正那时林彪掌权，怎么也好办。

最后商定的结果是：争取"和平过渡"，做好"武装起义"的准备。

《"571"工程纪要》主要内容如下：

【"571"工程纪要】

（一九七一年三月二十二——二十四）

（一）可能性

（二）必要性

（三）基本条件

（四）时机

（五）力量

（六）口号和纲领

（七）实施要点

（八）政策和策略

（九）保密和纪律

可能性

9.2(指九届二中全会)后,政局不稳,统治集团内部矛盾尖锐,右派势力抬头。

军队受压:

十多年来,国民经济停滞不前。

群众和基层干部、部队中下干部实际生活水平下降,不满情绪日益增长,敢怒不敢言,甚至不敢怒也不敢言。

统治集团内部上层很腐败、昏庸无能。

众叛亲离:

(1)一场政治危机正在酝酿;

(2)夺权斗争正在进行;

(3)对方目标在改变接班人;

(4)中国正在进行一场逐渐的和平演变式的政变;

(5)这种政变形式是他们惯用手法;

(6)他们"故伎重演";

(7)政变正朝着有利于笔杆子,而不利于枪杆子方向发展;

(8)因此,我们要以暴力革命的突变来阻止和平演变式的反革命渐变。反之,如果我们不用"五七一"工程阻止和平演变,一旦他们得逞,不知有多少人头落地,中国革命不知要推迟多少年。

(9)一场新的夺权斗争势不可免,我们不掌握革命领导权,领导权将落在别人头上。

我方力量：

经过几年准备,在思想上、组织上、军事上的水平都有相当提高,具有一定的思想和物质基础。

在全国,只有我们这支力量正在崛起,蒸蒸日上,朝气勃勃。

革命的领导权落在谁的头上,未来政权就落在谁的头上。

在中国未来这场政治革命中,我们"舰队"采取什么态度?

取得了革命领导权就取得了未来的政权,革命领导权历史地落在我们舰队头上。

和外国"五七一工程"相比,我们的准备和力量比他们充分得多,成功的把握性大得多。

和十月革命相比,我们比当时苏维埃力量也不算小。

地理回旋余地大。

空军机动能力强。

比较起来,空军搞"五七一"比较容易得到全国政权,军区搞地方割据。

两种可能性：

夺取全国政权；

割据局面。

必要性、必然性

B-52(指毛泽东)好景不长,急不可待地要在近几年内安排后事。

对我们不放心。

与其束手被擒,不如破釜沉舟。

在政治上后发制人。

军事行动上先发制人。

我国社会主义制度正在受到严重威胁。

笔杆子托派集团正在任意篡改、歪曲马列主义,为他们私利服务。

他们用假革命的词藻代替马列主义,用来欺骗和蒙蔽中国人民的思想。

当前他们的继续革命论实质是托洛茨基的不断革命论。

他们的革命对象实际是中国人民,而首当其冲的是军队和与他们持不同意见的人。

他们的社会主义实质是社会法西斯主义。

他们把中国的国家机器变成一种互相残杀、互相倾轧的绞肉机。

把党和国家政治生活变成封建专制独裁式的家长制生活。

当然,我们不否定他在统一中国的历史作用,正因为如此,我们在历史上曾给过他应有的地位和支持。

但是现在他滥用中国人民给其信任和地位,历史地走向反面,实际他已成了当代的秦始皇。

为了向中国人民负责,向中国历史负责,我们的等待和忍耐是有限度的!

他不是一个真正的马列主义者,而是一个行孔孟之道、借马列之皮、执秦始皇之法的中国历史上最大的封建暴君。

基本条件

有利条件

国内政治矛盾激化,危机四伏:

——独裁者越来越不得人心。

——统治集团内部很不稳定,争权夺利、勾心斗角,几乎白热化。

——军队受压,中上层干部不服、不满,并且握有兵权。

——一小撮秀才横行霸道,四面树敌,头脑发涨,对自己估计过高。

——党内长期斗争和文化大革命中被排斥和打击的干部敢怒不敢言。

——农民缺吃少穿。

——青年知识分子上山下乡,等于变相劳改。

——红卫兵初期受骗被利用,充当炮灰,后期被压制变成了替罪羔羊。

——机关干部被精简,上五七干校等于变相失业。

——工人(特别是青年工人)工资冻结,等于变相受剥削。

国外矛盾激化

中苏对立。整苏联。我们行动会得到苏联支持。

最重要的条件:我们有首长名望、权力和联合舰队的力量。

从自然条件上讲

国土辽阔、回旋余地大,加之空军机动性强,有利于突袭、串联、转移,甚至于撤退。

困难

目前我们力量准备还不足。

群众对 B-52 的个人迷信很深。

由于 B-52 分而治之,军内矛盾相当复杂,很难形成被我们掌握的统一的力量。

B-52 深居简出,行动神秘诡诈,戒备森严,给我们行动带来一定困难。

时机

敌我双方骑虎难下。

目前表面上的暂时平衡维持不久,矛盾的平衡是暂时的相对的,不平衡是绝对的。

是一场你死我活斗争!或者我们把他吃掉,或者他们把我们吃掉。

战略上两种时机:

一种是我们准备好了,能吃掉他们的时候;

一种是发现敌人张开嘴巴要把我们吃掉的时候,我们受到严重危险的时候;这时不管准备和没准备好,也要破釜沉舟。

战术上时机和手段:

B—52在我手中,敌主力舰均在我手心之中。

属于自投罗网式:

利用上层集会一网打尽。

先斩爪牙,既成事实,迫B—52就范。

逼宫形式:

利用特种手段如毒气、细菌武器、轰炸、543(一种武器代号)、车祸、暗杀、绑架、城市游击小分队。

基本力量和可借用力量

基本力量:

联合舰队和各分舰队(上海、北京、广州)

王、陈、江掌握的四、五军

××师、××师

××坦克团

民航

××师

借用力量:

国内:

××军

××军

军委办事组

国防科委

广州、成都、武汉、江西、济南、福州、新疆、西安

国外：

苏联(秘密谈判)；

借苏力量钳制国内外各种力量。

暂时核保护伞。

动员群众口号、纲领

全军指战员团结起来!

全党团结起来!

全国人民团结起来!

打倒当代的秦始皇——B-52!

推翻挂着社会主义招牌的封建王朝,建立一个真正属于无产阶级和劳动人民的社会主义国家!

对外：

全世界真正的马列主义者联合起来!

全世界无产阶级和被压迫民族联合起来!

全世界人民团结起来!

我们对外政策是坚持和平共处五项原则,承认现有的与各国的外交关系,保护使馆人员的安全。

用民富国强代替他的“国富”民穷,使人民丰衣足食,安居乐业,政治上、经济上得到真正解放。

用真正的马列主义作为我们的指导思想,建设真正的社会主义代替 B-52 的社会封建主义。

全国工人、农民、机关干部、各行各业要坚守岗位,努力生产,保护国家财富和档案,遵守和维护社会秩序。

因此,各地区、各单位、各部门之间,不准串联。

全国武装力量要服从统帅部的集中统一指挥,严厉镇压反革命叛乱和一切反革命破坏活动!

实施要点

三个阶段

第一阶段、准备阶段

(1)计划

(2)力量

指挥班子

江、王、陈

两套警卫处

(3)物质准备

武器

领

自造

通讯器材

车辆

掌握他们仓库地点、主要军械库

(4)情报保障

掌握三个环节

搜集

分析

上报

第二阶段、实施阶段

一个先联后奏,上面串联好,然后奇袭。

一个先斩后奏。

一个上下同时进行。

一定要把张抓到手,然后立即运用一切舆论工具,公布他叛徒罪行。

总的两条:

一是奇袭。

二是一旦开始,坚持到底。

第三阶段、巩固阵地,扩大战果

(1)军事上固守

尽力坚守上海,占领电台、电信局、交通,把上海与外界联系卡断。

力争南京方面中立,但做好防御。

固守浙江、江西。

掌握空降、空运。

(2)政治上进攻

上面摊牌;

掌握舆论工具;

开展政治攻势。

(3)组织上扩大

迅速扩军;

四方串联。

政策和策略

打着 B-52 旗号打击 B-52 力量;

缓和群众的舆论:

解放大多数;

集中打击 B-52 及其一小撮独裁者;

解放一大片(大多数);

保护(团结)一大片;

他们所谓打击一小撮不过是每次集中火力打击一批,各个击破。今天利用这个打击那个,明天利用那个打击这个。今天一小撮,明天一小撮,加起来就是一大批。

不仅挑动干部斗干部、群众斗群众,而且挑动军队斗军队、党员斗党员,是中国武斗的最大倡导者。

他们制造矛盾,制造分裂,以达到他们分而治之、各个击破,维持他们的统治地位的目的。

他知道同时向所有的人进攻,那就等于自取灭亡,所以他每个时期都拉一股力量,打另一股力量。

今天拉那个打这个,明天拉这个打那个。

今天甜言蜜语那些拉的人,明天就加以莫须有的罪名置于死地;今天是座上宾,明天就成了阶下囚。

从几十年的历史看,有哪一个开始被他捧起来的人,到后来不曾被判处政治上死刑?!

有哪一股政治力量能与他共事始终。他过去的秘书,自杀的自杀、关押的关押,他为数不多的亲密战友和身边亲信也被他送进大牢,甚至连他的亲生儿子也被他逼疯。

他是一个怀疑狂、虐待狂,他整人哲学是一不做、二不休。他每整一个人都要把这个人置于死地而方休,一旦得罪就得罪到底,而且把全部坏事嫁祸于别人。

戳穿了说,在他手下一个个像走马灯式垮台的人物,其实都是他的替罪羊!

过去,对 B-52 宣传,有的是出于历史需要,有的出于顾全民族统一、民族团结,有的出于抵御外敌,有的出于他的法西斯的压力之下,有的是不了解他的内情。

对于这些同志,我们都给予历史唯物主义的分析,予以谅解和保护。

对过去 B-52 以莫须有罪名加以迫害的人,一律给予政治上的解放。

保密、纪律

此工程属特级绝密,不经批准不准向任何人透露。

坚决做到一切行动听指挥,发扬"江田岛"精神。

泄密者、失责者、动摇者、背叛者严厉制裁。

(纪希晨:《史无前例的年代》,人民日报出版社 2001 年版,第 569~573 页)

四、经过半年精心准备,林立果手中
已经拥有发动政变的部分力量

(一)野心勃勃的林立果开始训练、使用"小舰队"

林立果的野心不自庐山会议始,从他一进入空军,就开始招降纳叛,纠集他的小班底。特殊的家庭背景,特殊的教育熏陶,年纪轻轻就当了作战部副部长,背后有林彪这杆大旗,在空军有吴法宪的巴结、吹捧,尤其是给了他"两个一切"的权力,加之他本人反应敏捷,胆大妄为,思维超前,敢想敢干,很快,他在空军的影响和势力就不容小看了。

林立果制定了政变计划后,1971 年 3 月底又在上海召开了一个"三国四方会议"。参加者为江腾蛟、王维国、陈励耘和周建平。江腾蛟是前任南京军区空军政委,时任空军政治部党委书记,王维国是上海空四军政委,陈励耘是杭州空五军政委,周建平是南京军区空军副司令员。林立果说:"现在从表面上看很平静,实际上是平静中潜伏着险情。人家的力量组织得很快,这是决战前的寂静,我们可不能像关云长那样大意失荆州啊……当前的斗争,是接班人之争,斗争的重点在上海,双方都在准备力量。根据目前的情况,我们要临危不惧,不能等着挨打,要做最坏的准备,要防止对方搞突然袭击,打我们的闷棍,这是对方惯用的手法,有好多人都坏在这上头了。"

一整夜的会议,集中讨论了保卫接班人、保卫林彪,和江青、张春桥一伙斗的问题,并作了分工。林立果最后宣布:"上海以王政委为头,杭州以陈政委为头,南京以周副司令为头,还有江政委,他是你们的老政委,由他负责拉总,有什么事情可以请示他。"(纪希晨:《史无前例的年代》,人民日报出版社 2001 年版,第 574 页)

在按照政变计划紧张地有条不紊地准备期间,林彪发出话来:"林立果不但要指挥空军的小联合舰队,全军的大联合舰队也要归他指挥。"所谓"联合舰队",是林立果给他的亲信队伍起的代号。1970 年秋林立果和他的亲信在看日本电影《山本五十六》、《啊,海军》时,情不自禁地说了句"我们也是联合舰队,我们也要发扬江田岛精神",之后,他们在内部便自称起"舰队"来。

(二)林立果枪杆子、笔杆子两手抓,紧锣密鼓地为武装政变作准备

按照林彪那个夺取政权要靠"枪杆子"和"笔杆子"这"两杆子"的思想,林立果所抓的"路线交底"在秘密之中露骨地进行。他派出亲信到处游说:"现在形势很紧张","路线斗争尖锐复杂","现在的斗争是争夺领导权的问题","是有人要夺林副主席的权","林彪不当国防部长,就完全架空了","要特别注意九十两个月。九月开三中全会,十月开四届人大,这是权力再分配的斗争,斗争的实质是保卫接班人问题,这场斗争是不可避免的。"他还要人搜集、整理、复制林彪的死对头张春桥是叛徒的材料。

林立果还下功夫抓了枪杆子。在上海，他组织了100人左右的教导队，教导队规定在政治上培养对林彪和林立果的感情，在军事上进行步兵动作、打靶、捕俘、刺杀、格斗等训练，并配有最精良的武器。在广州，他组织了个战斗小分队，小分队有自己的队歌，有多种联络密语和暗号，负责搜集各类情报。小分队向林立果宣誓效忠，1971年5月22日誓词的全文是："永远紧跟副部长，革命到底志不移，希望敬爱的党，把保卫副部长的光荣而艰巨的任务交给我们，我们决心用鲜血和生命来宣传副部长、捍卫副部长，将中国革命和世界革命进行到底！"他还和周宇驰等一起，先后10次到北京附近某坦克部队秘密学习驾驶坦克。周宇驰从1971年5月起开始秘密学习驾驶直升机。林立果乘坐直升机，察看了九龙的地形。他说："万一情况紧张了，可以让首长(林彪)到香港指挥、遥控。"8月8日，他还命人将两辆水陆两用汽车运到北戴河，供他进行加强训练之用。

在空军机关，林立果掌握着61名所谓"左派骨干"，其中有空军副参谋长，有重要的二级部的部长、处长，有民航总局的领导。这些人手中有调动飞机的权力，掌握着一定数量的武器、弹药，又都曾反复表态效忠林彪、林立果。

林立果后来之所以敢于组织谋杀毛泽东，就是因为他手中有了一定的力量。比如，他的亲信陈励耘，掌管着毛泽东在杭州的警备大权。另一个亲信王维国，在上海也是能够接触毛泽东的人物。至于他想指派驾飞机轰炸毛泽东专列的鲁珉，是他任副部长的空司作战部的部长，抗美援朝战争中大名鼎鼎的空战英雄。

五、毛泽东的南巡谈话提前泄露，叶群、林立果一不做，二不休，下决心谋害毛泽东，发动武装政变

庐山会议后，毛泽东所作的许多批示和采取的一系列措施，都是

针对林彪的。林彪当然明白这一点，他对毛泽东的不满，与日俱增。1971年3月15日毛泽东批示说"这几年应特别注意宣传马、列"，林彪看了，当着女儿的面，冷笑道："读马列的书，是为了整军队老干部，整大老粗。"又说："现在不让说天才，实际上就是有天才。我自己没有别的本事，就是脑袋生的好。这是爹妈生的，也没办法。人与人不一样，就在这上边。"

　　但是，也要看到，林彪、叶群、林立果三人，与毛泽东的对立情绪和对政治压力的承受能力，并不是完全一样的。林彪尽管对毛泽东不满甚至怨恨，但他毕竟和毛泽东有几十年的战友情谊，毕竟是毛泽东一手培养起来的，并且有战功，是上了党章的接班人，他即使被拿掉，也不会被怎么样，最多被剥夺权力，养起来做"员外"，何况他原本就不愿意当"接班人"这样的角色。因此，在与毛泽东的对抗方面，林彪一开始并不想走多远，甚至一度什么也不想做，任凭怎么处置，大不了"当朱德"，做冷板凳就是了。叶群、林立果就不同了。叶群的出身、历史均不干净，"文化大革命"中问题不少，和黄永胜又有丑闻，如果毛泽东下决心打倒她，整她的"材料"会一抓一大把，到时候新账、老账一起算，她将活不下去，无颜立于世上。想到"文化大革命"中刘少奇、邓小平、陶铸、彭、罗、陆、杨、王、关、戚、杨、余、傅、陈伯达等人的下场，她不寒而栗，可以说对毛泽东既恨之入骨，又畏之如虎。林立果虽是个乳臭未干的小毛孩子，却野心勃勃，狂妄自大，不知天高地厚，俨然一个打着法西斯印记的政治狂人。他一心做"王储"，知道一旦老子倒台，他的"太子梦"将彻底告吹，因此，他渴望办成一件推翻毛泽东的惊天动地的大事，既替老子报仇出气，又显示自己非凡的才干，为自己的政治前途杀开一条血路。初生牛犊不怕虎，林立果和叶群所不同的，是对毛泽东不知有怕，只知有恨。这样，在和毛泽东对抗方面，叶群、林立果有动力，有决心，有贼胆。因此，这对母子一消过去的矛盾、对立，政治上死死抱成一团。

　　于是，一个老婆，一个爱子，在林彪面前一唱一和，动之以感情，晓

第六章　矛盾激化

之以利害，千方百计说服、鼓动林彪横下一条心来，和毛泽东作一番拼死角斗。终于，在得知毛泽东南巡谈话点了自己一家的名，从种种迹象看自己即将被拿掉、被清算的情况下，林彪由万念俱灰，到恼羞成怒，最后再三权衡，终于下定决心和毛泽东彻底决裂，走上了一条和毛泽东拼个鱼死网破的不归之路。

（一）"批陈整风"汇报会期间，叶群差点要搞"571"

1971 年 4 月 15~29 日，中央召开"批陈整风"汇报会，有中央、地方和部队的 99 人参加。会前，在北戴河的林彪、叶群，摸不透毛泽东的真实意图，一时分外紧张。4 月 13 日，叶群打电话给吴法宪，向他交底并威胁说："林彪让我转告你，他是愿意同黄、吴、李、邱死都死在一起的。林彪还说，你吴法宪在会上把林彪捅出来，我相信你还不敢，但搞得不好，口不紧，把我（叶群）捅出来，是完全可能的……你要知道，我和林彪是分不开的。我在庐山就告诉你，大锅有饭，小锅好办，你要记住这句话！"吴法宪表态说："请你们放心。"叶群哪里放心得下，她又打电话再三叮咛，要黄永胜、李作鹏、邱会作三人帮助吴法宪"把关"。按照叶群的交代，黄、吴、李、邱四人在一起统一了口径。

1971 年 10 月 13 日据李伟信交代："于新野 1971 年 7、8 月在广州对我说：批陈整风汇报会时，林立果当时比较紧张，对会议估计三种可能：（1）一般谈一下；（2）整到军委办事组；（3）整到'首长'（林彪）。后来估计（1）（2）种可能大。在'批陈整风'汇报会上，黄、吴、邱、李、叶都检讨了，而且是主席批准要他们检讨，'主任'（叶群）非常紧张，当时要搞'571'，并和黄永胜也商量了，黄永胜他们也同意。"（《粉碎林陈反党集团反革命政变的斗争》材料之二）

但是叶群为什么又没有搞呢？主要原因是形势有所缓和。王辉球和王秉璋揭发吴法宪庐山会议上的串联情况没有再查下去，批陈整风汇报会上毛泽东没有采取组织措施，也没有点林彪的名。会后，毛泽东召集周恩来、康生、李德生、纪登奎、黄永胜、吴法宪、邱会作等人，到自己的住地开会。毛泽东对黄、吴、叶、李、邱的错误找了原因："你们主要是没有调查研究，三个副词是我抠了的。"康生接过去，又重复了一句："主席讲了嘛，你们主要是没有调查研究。"既然是"没有调查研究"的错误，就说明毛泽东并没有把问题看得多么严重。叶群以为能过关，于是暂时松了口气。（纪希晨：《史无前例的年代》，人民日报出版社2001年版，第541页）

于新野所说的"'主任'（叶群）非常紧张，当时要搞'571'"的话，值得推敲。其一，这话恐怕不是指"搞武装政变"、"搞掉毛泽东"的意思，很可能是指林彪、叶群直接出面讲话，军委办事组公开和毛泽东硬顶、摊牌的意思，就像"二月逆流"时那样。无论如何，这还属于"合法斗争"的范围。其二，说叶群决定搞"571"，夸大了叶群的作用。叶群没有那样的权力、能力和号召力，何况她庐山会议后挨批，政治上正处于低谷。其三，在北京"动武"，不要说叶群，就是林彪，又谈何容易！不过，于新野的话倒是说明，叶群为了保自己，铤而走险的思想倾向已很明显。

（二）"五一"节天安门上的5分钟对峙，预示着毛林分道扬镳的日子已经为时不远

林彪和毛泽东最后一次共同出现在镜头中，是在1971年"五一"国际劳动节的晚上。晚会在天安门城楼举行，林彪本不愿出席，是周恩来做了工作，叶群也哭着在他面前跪下，苦苦哀求："你要是不去，咱们一家都得死了！"他才勉强应允只来5分钟，但还是晚到了（纪希晨：《史无前例的年代》，人民日报出版社2001年版，第555页）。他走上天安门城楼，毛泽东正和西哈努克亲王谈笑风生，他从毛泽东面前走过，径直走向自己的座位，没有像以前那样热情地同毛泽东打招呼，没有握手，没有问候，甚至连正眼看一下都没有。毛泽东也似乎并未注意到林彪的到来，旁若无人地和西哈努克谈笑。林彪面色蜡黄，眼神幽怨，把双手袖在袖筒里，一言不发。董必武见状，凑上去问："身体不好？"林彪答道："嗯，

身体不好。"便又默不作声了。只坐了几分钟,他便起身离去,既没有同毛泽东道别,也没有向周恩来说一声,就不辞而别了。整个过程,尽管他和毛泽东的座位是面对面,两人竟互不搭理!旁观的人们见状,都暗暗吃了一惊,他们不晓得这对"亲密战友"之间究竟发生了什么事。(顾保孜、杜修贤:《红镜头》,辽宁人民出版社,1998年版)

细节往往反映主题。这是一个信号,一个毛林互不买账的信号!无论是毛泽东,还是林彪,心里都清清楚楚,两位"亲密战友"的关系已经降至冰点,他们分道扬镳的日子已经为期不远了。

心细如丝的周恩来发现了问题的严重性,当他听说摄影机没有来得及拍下毛泽东和林彪在一起的影片,发了大火。他发火后,沉重地叹了口气,放缓口气说:"人民希望党中央团结,国家安定。毛主席和林副主席在城楼上和首都人民一同欢度节日的夜晚,这是多么重要的宣传主题,这是安定人心的大事情啊!组织指挥新闻宣传的领导要充分重视。如果人民问,城楼上观看焰火,怎么没有林副主席啊?你们回答说林副主席只来了几分钟。行吗?党中央在人民中的形象靠你们宣传,不是靠解释。"(顾保孜、杜修贤:《红镜头》上,中共党史出版社2006年版,第204页)

不过,天安门城楼上的5分钟对峙,倒也说明,此时的林彪,尽管对毛泽东公开发泄不满,还并没有下定谋害毛泽东、发动武装政变的决心。"善用兵者隐其形",熟读兵书的林彪不会不懂得这一点。如果此时他已经下定决心谋害毛泽东,难道他不怕如此表面上的冷淡和对抗会引起毛泽东的警觉吗?他应该更加韬晦才对。

新华社记者拍下了一张当时毛泽东和林彪在一起的照片,照片中两人的冷峻对峙,令人震惊。

(三)会见外宾时的突然离座,表明林彪处于某种可怕的病态之中

毛泽东与林彪的最后一次在公众场合见面是在1971年6月3日

会见罗马尼亚共产党总书记、国务委员会主席齐奥塞斯库。会见安排在北京人民大会堂湖南厅(118厅)。开始,林彪以有病为由不愿参加,毛泽东执意要他出面,他不得不出面。当毛泽东在林彪、周恩来、康生陪同下,和外宾亲切握手后坐下来会谈时,林彪却突然离座,到外面久久枯坐去了,任凭毛泽东旁边的座位长时间空着。

现场参加摄影的新华社记者杜修贤这样描述当时的情景:"我见会谈的气氛已进入正常轨道,就退出来到门外的大厅里,等会谈结束时再进去拍摄。我刚转了一圈,找了个新华社的记者,叫把先拍的胶卷送回社里冲洗。回到大厅时,我简直不敢相信自己的眼睛:林彪坐在大厅的西北角,没有坐在沙发上面而是坐在一张椅子上。我以为会谈结束了。再看看,主席、总理的警卫员都还在大厅里,他们也和我一样愣愣地瞅着莫名其妙的林彪,不知林彪什么时候从118房间出来的。我们光着头还热得哧哧直冒汗,他却萎缩成一团,帽檐压得低低的,最叫人惊骇的是他那张没有一丝血色的脸,虽然看不见他整个脸庞,但露出的部分足以使人相信那是一尊陈设的蜡人。林彪他长长的枯坐,使我这个不明真相的人经历了长长的忧怕!""我回到118房间,毛泽东旁边的沙发空着,和'五一'晚上那个空椅子几乎是同出一辙。毛泽东泰然处之,兴致勃勃地舞动着手臂和客人热烈地交谈……会谈结束了,林彪还没有进来。待毛泽东他们都走了,我收拾完摄影箱,才离开118房间。到大厅里我看了一眼西北角,林彪不死不活地还坐在那,我真想过去问问他是不是身体不舒服。这模样怪叫人心惊肉跳的。我略略地迟疑了一下,立即失去了上前询问的勇气,脑海深处映出天安门城楼的夜晚,那五光十色下的空椅子。我从内心惧怕他,躲避他,一想起他皮笑肉不笑的样子,浑身就不自在。"(顾保孜、杜修贤:《红镜头》上,中共党史出版社2006年版,第206页)

这个重要的情节不外乎说明两点:第一,林彪的情绪低落到极点,连陪同毛泽东会见外宾这样的大事他也漠然视之,这不但是对外宾的不尊重,也是对毛泽东的大不敬;第二,此时的林彪,正被一种可怕的疾病所缠绕,处在一种常人难以理喻的病态之中。眼下他所缺乏的,是正常的感情和思维。

一个多月后,林彪、叶群离京去北戴河。前往机场送行的吴法宪发现:"林彪很沉闷,一句话也不讲,和以往完全不同,很反常。"这段时间跟林彪有过接触的黄永胜等,也都有这种感觉。(逄先知、金冲及:《毛泽东传》,中央文献出版社 2003 年版,第 1593 页)

这或许为林彪日后的决策以及身败名裂提供了一条另外的发人深思的注释。

(四) 中央关于国庆节前后召开九届三中全会和四届人大的决定令林彪紧张不安

1971 年 8 月 15 日,78 岁高龄的毛泽东乘坐专列离京南巡, 找各地干部"吹风",为解决林彪问题造舆论,作准备。

次日,按照毛泽东吩咐,周恩来带着张春桥、黄永胜、李先念、纪登奎等到北戴河,向林彪汇报毛泽东关于解决"四大金刚"问题的指示和其他工作。最后周恩来说,根据毛泽东的提议,党中央决定在国庆前后召开三中全会,然后召开四届人大,现在正积极进行筹备。林彪听完汇报,紧张起来,他预感到三中全会和四届人大将对自己的政治命运和前途做出决断。但他还是不露声色,对战备工作讲了几句,并表示"完全同意,完全拥护"毛泽东关于批评黄永胜等人的主要错误是"没有调查研究"的指示。谈到庐山那场斗争,林彪对黄永胜说:"无心插柳柳成荫。一批判陈伯达,这一下把你们几个都带出来了。陈伯达一拖,把你们几个都拖出来了。"(纪希晨:《史无前例的年代》,人民日报出版社 2001 年版,第 544 页)

林彪轻描淡写地批评了黄永胜等人几句,表面上以示和毛泽东保持一致。

此前,林彪于 7 月 17 日乘飞机离开北京到北戴河时,叶群行前对人说:"首长说我们不能在北京啦。""我们到北戴河避开这个嫌疑,防止人家说是我们指挥的。"叶群的话表明,林彪和毛泽东的对立情绪,已经很明显。

与此同时,林立果加紧了"摊牌"的活动。6月,他对广州民航管理局大队以上干部讲话说:"那些庞然大物没有什么可怕,一开始气势汹汹,想一口把我们吃掉,公开点名吓唬我们。"7月中下旬,林立果又到广州活动,他散布说:"当前路线斗争尖锐复杂。在9月份,中央要召开九届三中全会,十月要召开四届人大,可能出现权力重新分配。要去斗争,要搞根据地。"他还与刘沛丰、于新野、李伟信等人一起到深圳、沙头角一带活动,坐飞机察看当地地形,用他的话说,"万一情况紧急,可以让首长到香港指挥遥控。"

与林彪对决的另一方,也没有停止策略上的运用。6月9日,江青亲自导演,给林彪照了一张光着脑袋"学习"毛泽东著作的彩色人头像,以《孜孜不倦》为题,刊登在《人民画报》和《解放军画报》的第7期、第8期合刊上。这次照相还有个背景,据李文普讲,林彪以为此次照相能见到毛泽东,听到江青的邀请,他连胡子都没刮,就急急忙忙由毛家湾赶到钓鱼台。林彪照相前,是临时就地找的刮脸刀凑合着刮了刮脸。但这次,他也并没有见到毛泽东。看来钓鱼台照相,不过是江青为维系和林彪的关系,稳住林彪而采取的一个策略举动。

(五)毛泽东南巡谈话大大刺激了林彪,他忧惧交加

1971年7月9日深夜,在美国总统国家安全事务助理基辛格秘密访华到达北京的当天夜里,周恩来带着总参某部副部长熊向晖去向毛泽东汇报,毛泽东问起了总参"批陈整风"的情况。当毛泽东从熊向晖口中得知黄永胜并没有在总参讲他在庐山犯错误的事,黄、吴、叶、李、邱的检讨熊向晖也毫不知情时,吸着雪茄沉思片刻,一拍沙发,高声说道:"他们的检讨是假的。庐山的事情还没有完,还根本没有解决。这个

当中有'鬼',他们还有后台！"

毛泽东所说的"后台",显然是指林彪。

周恩来委婉地说:"我过去也犯过错误,一经主席提醒、批评,总是努力改。这次黄永胜他们犯了错误,主席对他们进行了批评教育,他们作了检讨,以后也会在实践中改正的。"毛泽东摇摇头,说:"那个不同。你犯错误是阳谋,他们是阴谋。实践证明,他们的检讨是假的,是阴谋,连熊向晖这样的干部都不让知道,这不是阴谋?我历来主张,党内允许有公开的反对派,绝不允许有暗藏的反对派。黄永胜他们搞阴谋,搞分裂,他们是暗藏的反对派。搞阴谋,搞分裂,就是搞修正主义。真正搞马克思主义的人,就要讲团结,就要光明正大。黄永胜他们光明正大吗?完全不是。总而言之,庐山的事,根本没有完。"(熊华源、安建设编:《林彪反革命集团覆灭纪实》,中央文献出版社 1995 年版,第 80~83 页)

毛泽东心里清楚,也没有大意。他从庐山会议上发生的变故中看出了林彪有个人野心,从庐山会议后一系列蛛丝马迹中看出了林彪他们并没有承认错误,接受教训。他也知道林彪的势力和影响非同小可,需要认真对付。他决定亲自出面,到下面去做工作。

1971 年 8 月 15 日,毛泽东由汪东兴、张耀祠陪同,乘坐专列离开北京,去南方各地巡视。

8 月 16 日到达武汉,同武汉军区兼湖北省负责人刘丰谈了话。17 日又将河南负责人刘建勋、王新召到武汉谈话。25 日将前不久由湖南调整到国务院工作的华国锋从北京找到武汉谈话。27 日下午 2 点离开武汉前,在火车上又同刘丰谈了一次。

8 月 27 日晚毛泽东到达长沙,晚 9 时同湖南省负责人卜占亚以及随同到长沙的华国锋谈话。28 日晚 9 时,将广州军区和广东、广西负责人刘兴元、丁盛、韦国清召到长沙谈话。30 日上午又谈了一次。

8 月 31 日晚毛泽东到达南昌,江西省负责人程世清和奉命于上午到达的福州军区兼福建省负责人韩先楚去车站迎接,毛泽东同他们在火车上谈了两个小时左右。9月1日上午,南京军区兼江苏省负责人许世友奉命到达南昌。当天下午和9月2日上午,毛泽东同程、韩、许共谈了两次。

毛泽东于9月3日0点左右到达杭州后,同浙江省及当地驻军负责人南萍、熊应堂、陈励耘谈了一个多小时。9月10日下午2时半至3时40分,毛泽东在离开杭州前,又同南、熊、陈及白宗善谈了一次。

9月10日晚专列到达上海后,停在西郊吴家花园附近专线上,毛泽东在车上同上海市负责人王洪文等谈了话。

9月11日上午,许世友奉命从南京飞来上海,毛泽东10时半同许世友、王洪文在火车上谈了话。下午2点毛泽东的专列离开上海北返。

9月12日中午,专列到达北京丰台火车站,毛泽东将北京军区和北京市负责人李德生、纪登奎、吴德、吴忠找来,在火车上同他们谈了话。晚5时左右,专列到达北京站,毛泽东下车回中南海。

毛泽东的行踪神出鬼没。9月12日午后,当专列抵达北京,汪东兴将毛泽东回京的消息报告周恩来时,周恩来颇感意外,他问汪东兴:"你们怎么不声不响地就回来了,连我都不知道?路上怎么没有停?原来的计划不是这样的呀!"(汪东兴:《毛主席在粉碎林彪反革命政变阴谋的日子里》,载《中共党史资料》第49辑)

在整个南巡的近一个月时间里,每次接见当地党、政、军负责人,毛泽东都神色严峻,用词严厉。他不仅点名批评了陈伯达和黄永胜、吴法宪、李作鹏、邱会作等人,而且多次点名批评了林彪,包括叶群、林立果。

毛泽东一路上说了下面一些话:

> 1970年庐山会议,他们搞突然袭击,搞地下活动,为什么不敢公开呢?可见心里有鬼。他们先搞隐瞒,后搞突然袭击,五个常委瞒着三个,也瞒着政治局的大多数同志,除了那几位大将以外。

我看他们的突然袭击、地下活动,是有计划、有组织、有纲领的。纲领就是设国家主席,就是"天才",就是反对"九大"路线,推翻九届二中全会的三项议程。有人想当国家主席,要分裂党,急于夺权。

林彪同志那个讲话(指1970年8月23日在九届二中全会上的讲话),没有同我商量,也没有给我看。他们有话,事先不拿出来,大概总认为有什么把握了,好像会成功了。可是一说不行,就又慌了手脚。起先那么大的勇气,大有炸平庐山、停止地球转动之势。可是,过了几天之后,又赶快收回记录(指叶群私自收回她在九届二中全会中南组会议上的发言记录)。既然有理,为什么收回呢?说明他们空虚恐慌。

我同林彪同志谈过,他有些话说得不妥嘛。比如他说,全世界几百年,中国几千年才出现一个天才,不符合事实嘛!马克思、恩格斯是同时代的人,到列宁、斯大林一百年都不到,怎么能说几百年才出一个呢?中国有陈胜、吴广,有洪秀全、孙中山,怎么能说几千年才出一个呢?什么"顶峰"啦,"一句顶一万句"啦,你说过头了嘛。一句就是一句,怎么能顶一万句。不设国家主席,我不当国家主席,我讲了六次,一次就算讲了一句吧,就是六万句,他们都不听嘛,半句也不顶,等于零。陈伯达的话对他们才是一句顶一万句。什么"大树特树",名曰树我,不知树谁人,说穿了是树他自己。还有什么人民解放军是我缔造和领导的,林亲自指挥的,缔造的就不能指挥呀!缔造的,也不是我一个人嘛。

其实,庐山这件事,还没有完,还没有解决。他们要捂住,连总参二部部长一级的干部都不让知道,这怎么行呢?

军队要统一,军队要整顿。我就不相信我们军队会造反,我就不相信你黄永胜能够指挥解放军造反!军下面还有师、团,还有司、政、后机关,你调动军队来搞坏事,听你的?

我一向不赞成自己的老婆当自己工作单位的办公室主任。林彪那里,是叶群当办公室主任,他们四个人(指黄永胜、吴法宪、李作鹏、邱会作)向林彪请示问题都要经过她。

我们的干部,大多数是好的,不好的总是极少数。清除的不过百分之一,加上挂起来的不到百分之三。不好的要给以适当的批评,好的要表扬,但不能捧,二十几岁的人捧为"超天才",这没有什么好处。这次庐山会议,有些同志是受骗的,受蒙蔽的。问题不在你们,问题在北京。

如果考虑到"文化大革命"以来林彪的威望和权势,就会看出毛泽东讲这番话是下了很大决心的。毛泽东一再告诫参加和他谈话的人要对谈话内容严格保密,不得向外传,尤其不得向北京传。他说,这是一条纪律。

为了申明和强调这条纪律的重要性,毛泽东还采取了一项十分新鲜而又意味深长的措施:一路上多次带领被接见的党政军负责人一起唱《三大纪律八项注意》歌,并且加以解释。有时他让秘书张玉凤和护士长吴旭君唱,唱一段,他解释一段。

然而,这条纪律对林彪的亲信来说却毫无约束力。他们忠于林彪,顾不上毛泽东的告诫。很快,毛泽东的谈话内容就被密报给了林彪。

林彪的情报来源有两个:"小舰队"和"大舰队"。

9月5日晚,广州军区空军参谋长顾同舟给周宇驰、于新野打电话,密报了毛泽东南巡接见广州部队负责人的谈话内容。于新野作了15页记录,当晚便电话密报给了林立果。第二天,周宇驰又带着电话记录稿,亲自驾驶直升机从北京直飞北戴河,密报给在那里的林彪、叶群、林立果。

9月6日凌晨,陪同朝鲜代表团到武汉访问的李作鹏,从武汉军区政委刘丰口中得知了毛泽东在武汉同一些负责人的谈话内容。当天返京后,李作鹏即分别告诉了黄永胜、邱会作。当晚,黄永胜即打电话密报给在北戴河的叶群。

对于林彪、叶群来说，毛泽东的谈话恰似晴天霹雳。尽管他们有预感，但如此清楚地了解到毛泽东的意图，仍然使他感到震惊和恐慌。他们清楚，属于他们的时间已经不多了。

在政治斗争的血雨腥风中，林彪是久经沙场的人物。他明白其中的利害关系，也深知毛泽东的个性和魄力。他感到自己走到了命运的十字路口，不是一步升入天堂，就是一步走进地狱。一开始，他万念俱灰，想什么也不做，任凭形势发展，甚至做好了"从容就义"的思想准备。但叶群不干，终日哭求林彪带着全家躲到国外去，像王明那样当寓公。林彪经不起叶群的苦苦哀求，甚至一度表示了同意，但又遭到林立果的强烈反对而暂时作罢。(林立衡：《对 9 月 13 日事件的回忆》;邵一海：《林彪"九一三"事件始末》,四川文艺出版社 1996 年版,第 215 页)

经过两天的焦虑、深思和密谋，林彪集团终于作出了一个断然出手，破釜沉舟，结果不但没有决定毛泽东命运，相反却决定了他们自己命运的重大决策:乘毛泽东南巡的机会，在旅途中谋害毛泽东。

林彪覆亡的当时和多年之后，曾有人认为，林彪集团这次犯下了致命的决策错误，这就是操之过急。如果他们按兵不动，一味顺从毛泽东，到时候还不是稳稳当当接班？其实不然。第一，林彪的身体状况，不容他久拖。虽然林彪比毛泽东年轻 14 岁，有年龄优势。但是林彪远不如毛泽东健康，而且怪病在身，叶群曾多次忧虑地说过林彪身体拖不过毛泽东。第二，林彪也看出毛泽东对他并非真正信任。既然让他当接班人，为什么不让他从名分上担任国家主席呢？他愿不愿意当是一回事，毛泽东给不给当、让不让当又是一回事。在这一点上，林彪感觉自己甚至还不如刘少奇。况且，毛泽东的南巡谈话清楚无误地表明，中共九届三中全会召开在即，毛泽东马上就要更换接班人了。第三，毛泽东搞党内斗争的魄力和手法令林彪畏惧，"文化大革命"中倒下的诸人就不用说了，眼下陈伯达的下场更令他不寒而栗。昨天还是中共中央政治局常委,一夜之间,就成了阶下囚。毛泽东曾在黄永胜的书面检讨上批示说陈伯达"早期是国民党反共分子","混入党内以后,又在 1931 年被捕叛变,成了特务,一贯跟随王明反共"。这个批示无疑极大地刺激了林彪。林彪的历史也并非那么清白,如果被打倒,罪名是很好找的,"逃兵"、"动摇分子"、"一贯右倾"等,岂不是信手拈来?再说,林彪靠颂扬毛泽东而树立了自己的权威,他已经是国内外人人皆知的接班人,历来自尊的他,怎么接受得了一夜之间被废黜的命运呢?与其坐以待毙,不如拼死一搏,林彪或许想到了兵书上"置之死地而后生"这句话。

叶群接到各方传来的有关毛泽东南巡谈话的情况后,向林彪报告,并与林立果加紧密谋。9 月 7 日,林立果向"联合舰队"下达"一级战备"的命令。8 日,林彪下达了批准林立果这一行动的手令。(中共中央党史研究室著《中国共产党历史》第二卷下册第 847 页,中共党史出版社 2011 年 1 月版)

林彪的手令是用红铅笔在一张白纸上写下的,这张后来被称为"暗杀手令"的字条如下:

盼照立果、宇驰同志传达的命令办

林彪　九月八日

传达什么命令呢?字条上没有讲,这就给所有的人留下了想象的空间,也给林立果、周宇驰留下了发挥的空间。或许,这正是林彪的高明之处,也许是林彪的糊涂之处。但有一点毋庸置疑:叶群、林立果拿到这样一张纸条,是动了一番心思,费了一番脑子的。

林立果、周宇驰带着这份手令,开始了紧张的暗杀密谋。

林彪的手令是 8 日写下的,此前,叶群、林立果已经开始了密谋。当时在北戴河的警卫科副科长刘吉纯这样回忆:

9月7日上午，林立果、林立衡等从北京飞往北戴河，是我派车去山海关机场接的。午饭后，我刚休息，8341部队二大队姜作寿来到房间，对我说：张清林和杨森（空军保卫部副处长、林立衡随从人员）有事找你。我随他到大队值班室，张、杨两人已在那里等我。我问有什么事，他们说："不知豆豆被老虎（林立果）弄到哪里去了，你快去把主任、老虎抓起来。"听了这没头没脑的话，我大吃一惊：什么事这么严重，况且我怎么敢抓他们。我说，先别着急，去看看再说。我立即到林立果住处外面，看到他的车停在那里，没有出去。我到96楼找李文普，他是林办在北戴河的负责人。我向他报告了张、杨讲的情况。他说："你不要听他们的，没有那么回事。"我没有再往下问，回到我的房间。我翻来覆去地想，到底出了什么事？由于事关重大，也不敢同别人讲。

晚上，林立衡要我到她那里去，问我，他们（张、杨）对你说了些什么？我把张清林、杨森讲的情况告诉了她。她问：你和别人说了没有？我没敢说和李文普讲过。我问，到底出了什么事？她说：主任、老虎在外面做了坏事，被上边知道了。他们怕挨整，在北京待不住了，想挟持首长到外地去。我说：怎么办，是否去报告？她问：向谁报告？我说：只有向汪东兴、张耀祠、杨德中报告。她说：汪在庐山也受到了批评，现在对谁都不要讲。首长国庆日还要上天安门。现在离国庆日还有二十多天，等几天再说吧。当时我同她商定，她在里面、我在外面观察动静。

这段回忆说明，叶群、林立果的密谋已被林立衡有所知悉，李文普也有所耳闻，但他们并不清楚内幕。

第七章 "两谋"流产

谋杀毛泽东,谋杀不成南逃广州另立中央,是北戴河林彪别墅中出笼的"两谋"。然而,在实施过程中,所谓"超天才"的林立果站在第一线,处处感到风险道道,困难重重。在背后"抽鞭子"的叶群,也如热锅上的蚂蚁,走投无路,束手无策,最后三番五次关起门来在林彪面前哭泣。内勤看到,那几天叶群的眼一直哭得红红的。4天后,叶群、林立果精心策划的密谋以流产告终。

一、林立果虽有林彪"手令",然而威力有限

9月6日,在北戴河的林彪从两个渠道得知毛泽东南下视察谈话的内容后,忧惧交加,以至变态。据林立果讲,林彪当时抱着到北戴河送情报的周宇驰哭着说:"我一家老小都交给你了,你要救救我们一家!"

如果不是赋予周宇驰极为重大的使命,林彪不会说出这番话来。如果周宇驰所担负的使命不是决定林彪一家的生死存亡,林彪也不会说出这番话来。

林彪写下的"手令",用了"传达的命令"几个字,即使不说是杀气腾腾的话,也是异常严肃、严厉的。这显然不是指一般的交代任务。

年轻气盛,颇有"初生牛犊不怕虎"气概的林立果,根本就对毛泽东不服气,他要和毛泽东决一死战。9月7日,林立果下达了"舰队"进

入一级战备的命令。

怀有巨大的政治野心，胆子又大、点子又多的周宇驰，和林立果完全一致，决心动用几年来苦心经营的一切力量，不择手段，拼死和毛泽东一搏，以求死里逃生。

就在9月8日傍晚，林立果怀揣"手令"，乘256号林彪专机由北戴河返回北京，走上了组织暗杀毛泽东、指挥策动武装政变的第一线。

林彪的手令寥寥14个字，却大大值得分析探究。就林彪方面而言，第一，它表明林彪对林立果的绝对信任；第二，拉上周宇驰做帮手，也表明林彪对林立果并不那么自信；第三，林彪是老谋深算的，其手令文字相当含蓄，显然作了两手准备：搞成了自不待言，万一有所闪失，也抓不到他什么更多把柄。一切，尽可往林立果尤其是周宇驰身上推——那时周宇驰肯定是最主要的替罪羊。

但是，林彪忘记了一点，20世纪70年代的中国已经不是凭一纸"密诏"就可以举事的封建时代。况且，尽管他在全党、全国和全军享有崇高威望，但和毛泽东相比，还是要逊色一些。再者，如果知道他是和毛泽东作对，那么真正死心塌地跟他走的人恐怕就有限了。他肯定是过高地估计了自己的威望，过高地估计了林立果的力量，同时也不无丧失理智、破罐子破摔的因素。

8日晚林立果飞回北京，在西郊机场迎接他的有空军副参谋长兼空军专机师党委书记胡萍和周宇驰。林立果第一个让胡萍看了林彪的手令，胡萍一看立即紧张起来，他盯着看了两遍，然后还给林立果，等候林立果传达林彪的命令。林立果对他说："你要准备好两架飞机，一架三叉戟，一架伊尔十八，到时候首长上了飞机就走。"胡萍点着头说："刚才叶主任已经来电话让准备飞机。我一定忠于首长，请副部长放心！"林彪的手令对胡萍起了作用，此后，林立果策划南逃广州和林彪出逃私调的飞机，都是经胡萍一手安排的。

林立果还把林彪的手令给"小舰队"成员江腾蛟(空军政治部党委书记)、王飞(空军副参谋长)、刘沛丰(空军司令部办公室副主任)、于新野(空军司令部办公室处长)、李伟信(空四军处长)、鲁珉(空军司令部作战部部长)等人看过。手令起到了动员、打气的作用,凡看过手令的人均慷慨激昂地表态绝对忠于林彪,坚决听从林立果指挥。但一到实施暗杀的具体问题上,他们就该推脱还是推脱,该强调困难还是强调困难,该打折扣还是打折扣,又都把手令和表态丢到九霄云外去了。

林立果的"小舰队"和军委办事组的"大舰队"之间,尽管政治、思想、感情、根本利益上一致,但在组织联系、指挥程序上还是有区别、有阻隔的。有人曾提出疑问,既然林彪亲自策划武装政变,为什么不使用手握军权的亲信、身经百战的黄永胜、吴法宪、李作鹏、邱会作呢?因为事后查证表明,黄永胜等人对"两谋"并不知情。是林彪相信凭林立果的力量就可以成事呢,还是林彪认为在"两谋"如此重大而机密的事项上,黄永胜他们也许未必可靠呢?但有一点确定无疑,这就是直到最后一刻,林立果也不能直接向"大舰队"发布命令,实施指挥。林彪、叶群肯定考虑到了这一层,因此采取了两样意味深长的举动:一是9月8日晚林立果从北戴河回京,带回叶群给黄永胜亲启的密封大信袋,林立果交代王飞次日给黄永胜送去;二是9月10日,林彪给黄永胜写了封亲笔信,派刘沛丰由北戴河带回北京。9月11日,林立果将林彪的亲笔信交给王飞,要王飞伺机送给黄永胜。林彪信的原文是:"永胜同志:很惦念你,望任何时候都要乐观,保护身体,有事可与王飞同志面洽。敬礼!林彪"。林彪的亲笔信语言虽然含蓄,但用意很清楚,这是沟通大、小"舰队"联络的具体措施,王飞便是联络人。"有事"很可能是指出现非常时期,出现事关"两谋"之事,因为正常时期,两人平时并无工作关系,空军的一名小小的副参谋长,有什么必要和全军的总参谋长"面洽"呢?中间隔的层次太多了。

林彪的手令和给黄永胜的亲笔信是在周宇驰、于新野被迫降的

3685 号直升机上缴获的。周宇驰自杀前，撕碎了手令和信，后被公安部门拼接起来。1980 年审判林彪、江青反革命集团案时，法庭宣读了中国人民解放军总政治部保卫部 226 号鉴定书的结论：手令和给黄永胜的信"两页检验材料上的字迹是林彪所写"。(熊华源、安建设编：《林彪反革命集团覆灭纪实》，中央文献出版社 1995 年版，第 185 页)

林彪在 20 世纪 60 年代初的几年时间里，曾潜心研究过历代宫廷政变的方式、方法和规律。他曾经对叶群说过他研究历代政变的心得："一个权字，一个快字，这是政变的两字诀窍。现代政变可以在一个早晨把权拿到手。搞政变，夺权的代价要最小最小，收获要最大最大，时间要最快最快，可是要找到这样的刺客也最难最难。"林彪的话林立果体会最深，别看平时表态效忠者不少，到真正着手发动政变的时候，要找到为自己不惜献身的刺客，的确"很难很难"。(胡哲峰，于化民：《毛泽东与林彪》，广西人民出版社 1998 年版，第 527 页)

林彪充分信任、放手使用林立果搞阴谋，遵循的是"打虎亲兄弟，上阵父子兵"的古训。

二、林立果六神无主，举棋不定，所提谋害毛泽东的八种方案均难以落实

9 月 8 日晚，林立果乘飞机由北戴河飞回北京。当晚，林立果在西郊机场秘密据点同江腾蛟密谋。林立果让江腾蛟看了林彪手令，开始交代任务，说已经提出了三个办法。一个是用火焰喷射器和 40 火箭筒打毛泽东乘坐的火车。另一个是用 100 毫米口径的高射炮平射打火车，"教导队"以救毛泽东为名往上冲，混乱之中将毛泽东打死。第三个是要王维国乘毛泽东接见时，带上手枪，在车上动手。

接着，林立果命令江腾蛟："你到上海统一指挥，只有你才能胜任。等上海打响后，北京由王飞率领空直警卫营攻打钓鱼台。"

周宇驰说:"要去就快去。为了保密,坐火车去,到苏州下车,上海来车接你,你的代号是'歼七'。"

江腾蛟当即表示:"坚决干!"

林立果打气说:"这次要论功行赏。首长讲过,谁能完成任务,谁就是开国元勋。"

周宇驰插话说:"你如能完成任务,副总理、政治局委员由你挑。"

林立果问江腾蛟:"你看我们的三条办法行不行?有没有把握?"

江腾蛟说:"如果都用上了,可能有六七分把握。"

周宇驰拍了一下沙发的扶手,说:"有七分把握就可以干,打仗就是七分把握三分冒险。"(胡哲峰、于化民:《毛泽东与林彪》,广西人民出版社1998年版,第544~5345页)

江腾蛟表示疑虑,他说:"第一,火焰喷射器空军没有,如果临时要了来,也没有人会使用。第二,谁敢下命令打毛主席的专列?谁要是下这个命令,就怕干部战士会把他捆起来。第三,要王维国干,他愿意不愿意还不知道……"

于是,他们在围绕这三个办法具体研究的同时,又另外提出了两个办法:一是把附近的油库烧着,以救火为名,趁混乱之机动手;二是要陈励耘在杭州干。

9月9日凌晨,林立果又到了空军学院秘密据点,同王飞、刘世英、刘沛丰、李伟信、程洪珍等"小舰队"成员密谋。林立果穿着白衬衣,腰里别着手枪,先是叫喊一声:"把窗户关上!"然后在房间当中大声讲起来:"现在有人反对林副主席,我们要誓死捍卫!养兵千日,用在一朝。当前是要用我们的时候了!你们要全力以赴,一个人顶几个人、十几个人用。这次总的任务代号叫'571'工程,即'武装起义'。江腾蛟是前敌总指挥。搞成了论功行赏,王飞就是空军司令,刘世英就可以当副司令,李伟信可以当外贸部长,其他人都要重用。成败在此一举!"

林立果还布置说:"这次是首长下决心要搞,亲自在抓。副统帅下了命令,要主动进攻,先把 B-52 搞掉。"

林立果在讲话中把"首长"即林彪端了出来,这就供认了林彪是主谋,这显然不利于保护林彪。但是,林立果也没有别的选择,他不能不抬出林彪,否则,他哪来那么大的号召力?

从这天下午到深夜,林立果、江腾蛟、周宇驰在西郊机场秘密据点继续密谋。

9 月 10 日凌晨,密谋中林立果交给王永奎两个任务:一是研究一下在无人驾驶飞机上装上遥控爆炸装置,用雷达制导,带上炸弹,直接引爆炸弹。二是研究一下汽油在什么条件下着火,怎样使油库燃烧爆炸。林立果还问李伟信:"能否进口一个小型原子弹?"这个问话表明,胆大妄为的林立果实在找不到好办法,已经有点气急败坏,丧心病狂了。

9 月 11 日,林立果同周宇驰、江腾蛟、王飞等人,又在一起多次密谋。他们提出了一个新招:用日本人对付张作霖的办法,制造第二个"皇姑屯事件"。但究竟是在从杭州到上海途中炸铁路大桥,还是在苏州附近的硕放炸铁路大桥,又意见不一。进一步密谋的结果,是确定了两个大的行动方案:南线先搞,北线跟上。南线是指暗杀毛泽东,北线是指攻打钓鱼台。这天下午,林立果等还偷偷察看了钓鱼台的地形,绘制了战斗草图。这天晚上,林立果和江腾蛟、周宇驰、鲁珉在西郊机场秘密据点密谋用轰炸机炸毛泽东的专列。林立果叫鲁珉驾轰炸机去执行,鲁珉心里害怕,找种种借口拖延推卸。最后他老婆给他出了个主意,用盐水把眼睛弄红肿,住进了空军总医院。

从 9 月 8 日晚到 11 日晚,3 天之内,林立果先后 6 次找人密谋,提出了 8 种谋害毛泽东的阴谋手段:用火焰喷射器烧毛泽东的专列;用 40 火箭筒和 100 毫米高炮平射打毛泽东的专列;派飞机轰炸毛泽东的专列;由王维国趁毛泽东接见的时候开枪;利用中央开会的机会,对毛泽东下毒手;炸毛泽东专列附近的油库,焚毁专列或趁救火的混乱之机冲上专列,杀害毛泽东;在硕放炸铁路大桥,制造第二个皇姑屯事件;用飞机上的机关炮、警卫营的步枪、机枪打专列,把列车打停以后,欺骗战士说上火车去打凶手,把车上活着的人统统打死。

然而,暗杀毛泽东绝不是件轻而易举的事。8种办法,研究来研究去,没有一个是林立果他们所有把握的,也都找不到具体落实的人员。

正当林立果等人进一步研究时,突然接到上海打来的电话,说毛泽东"今天在上海停了一天,现在已经过了上海"。

林立果一听目瞪口呆。他实指望立殊功一举成名,没想到一切成了黄粱一梦,他发了疯似的咆哮一通,最后神色茫然,两眼发直,一屁股瘫倒在沙发里,双手捂住脸,流着泪说:"首长交给我的任务没有完成。首长连生命都交给我了,我拿什么去见首长……"(张聿温:《温都尔汗爆炸记》,贵州人民出版社1988年版,第165~231页)

三、毛泽东突然改变行程,打乱了林立果的全部部署

毛泽东此次南巡的时间安排,原定是多在杭州、上海待些日子,到"十一"前回北京。叶群也正是这么估计的,她对吴法宪说:"毛主席跑了一路,一定很疲劳,可能在杭州休息一段时间,国庆节前回北京,你要注意掌握毛主席的行动,及时报告。"谁知毛泽东却于9月12日午后提前回到了北京。回京前谁都不告诉,连周恩来都不知情,听说毛泽东回来了大吃一惊。(张耀祠:《张耀祠回忆毛泽东》,中共中央党校出版社1996年版,第104页)

据跟随毛泽东南巡,负责警卫工作的张耀祠回忆,此次南巡,"毛主席行动机警,严格保密。在各地住的时间:武汉住了10天,长沙、南昌住了3天,杭州住了5天,上海住了一晚,没有下车,南京、济南、天津都没有停留。"所住时间或长或短,所经车站或停或不停,所停地点或下车或不下车,对当地党政军负责人或打招呼告别或不辞而别,虚

219

第七章 "两谋"流产

虚实实,行动突然,毫无规律可言,外人根本摸不着头脑。

毛泽东的出其不意, 甚至令经常跟随他出行的汪东兴都感到惊讶。毛泽东到北京后,却又不马上回中南海,而是在丰台找人谈话。谈了两个多小时,才发车进北京站。汪东兴说:"过去,毛主席从来没有白天到北京站下车的,这次是个例外。"

如果毛泽东在杭州、上海多住些日子,林立果的谋杀方案可能就成熟、完善了,那时情况就很难说了。林彪8日写下手令,林立果只有9日、10日、11日三天密谋时间,对他这样一个虽被吹成"超天才",其实是个毫无实际带兵经验(更不要说打仗)的毛孩子来讲,想干成谋害毛泽东的惊天大事,实在是太仓促、太短暂、太艰难了! 林立果的耳目即使再灵,情报即使再厉害,也赶不上毛泽东的应对,他刚刚接到情报,毛泽东就变化了行踪,对他来说,机会稍纵即逝,他的办法永远赶不上毛泽东的变化。毛泽东突然改变行程这一招,完全打乱了林立果的部署,使林立果的暗杀阴谋还处在讨论不休、举棋不定的时候,就完全破产了。

毛泽东究竟是如何察觉阴谋的?毛泽东又是什么时候得知自己处境危险的? 他自己生前从来没有向任何人谈起过,至今仍然是个谜。

不过,根据后来掌握的情况分析,毛泽东是从南昌起有所察觉,到杭州后有所警觉,到上海后就有所判断的。

在南昌,毛泽东同许世友、韩先楚、程世清、汪东兴第一次谈话中,毛泽东问江西的革命委员会主任程世清:"去年的庐山会议,吴法宪向华东空军系统的王维国、陈励耘、韦祖珍这几个人打了招呼,有没有你程世清呀?"程世清赶忙说:"我有错误,吴法宪对我有影响。主要的错误是我的思想没有改造好。"程世清见毛泽东什么情况都掌握,用语严厉,所提问题尖锐,并且点了林彪的名:"军队的缔造者、领导者就不能指挥,这是不对的。缔造者、领导者也不是少数人,也不是我毛泽东一个,也不是你林彪一个! 我们党内还有很多同志是领导兵暴的、领导军队的"，(汪东兴:《毛泽东与林彪反革命集团的斗争》,当代中国出版社1997年版,第144页、第146页)深受触动,下来后单独向毛泽东反映了几点情况:7月间,空军周宇驰两次跑到南昌活动,并运来一辆水陆两用汽车要江西仿造,7月底周宇驰把汽车用飞机运走了。林立衡同我妻子讲了林彪、叶群的一些问题,她要我少同林彪一家人来往,说搞不好要杀头的。据跟随毛泽东南巡负责警卫工作的张耀祠回忆,当时"毛主席略有所思,把眼睛眯成了一条线,远眺窗外,没有讲一句话"。(张耀祠:《回忆毛泽东》,中共中央党校出版社1996年版,第104页)

毫无疑问,程世清反映的情况,引起了毛泽东的重视。

9月3日到杭州,毛泽东同南萍、熊应堂、陈励耘、汪东兴谈话时,问到陈励耘关于庐山会议的一些情况。陈励耘神情紧张,回答慌乱,很不自然,引起毛泽东反感。毛泽东针对陈励耘说他上山前不知道吴法宪的事,问他道:"噢,上山前你不知道。空军有,海军有没有?他们是不是内部有通知呀?"据在场的汪东兴观察,"陈励耘望着毛主席发怔,未作回答。"

8日晚上,毛泽东得到新的消息说,杭州有人在装备飞机;还有人指责毛泽东的专列停在杭州笕桥机场碍事,妨碍他们走路。这种情况,过去是没有过的。一些多次接待过毛泽东的工作人员,在看望毛泽东时也反映了一些可疑情况。毛泽东当机立断,提出把专列转移到绍兴。而且提出,要秘密转移,不要告诉陈励耘他们。毛泽东大大缩短了他在杭州的行期。

毛泽东10日离开杭州无比英明。8日晚上毛泽东要转移专列,汪东兴建议告诉一下陈励耘,结果怎么也找不到他。原来,那天晚上于新野到了杭州。于新野告诉陈励耘,要在杭州、上海、南京之间谋害毛泽东。陈励耘在接待于新野的房子里,挂着一张毛泽东像,陈励耘一看到毛泽东像就发愁。

到上海后,毛泽东的行动更是反常。过去他到上海,总要住些日子,这次离开杭州前,他交代说:"专列停在上海郊外虹桥机场专用线,顾家花园就不进去了。"10日晚上到上海,他连车都没有下。11日上午,毛泽东在列车上同王洪文、许世友谈完话,交代王洪文到锦江饭店请许世友吃饭,喝几杯酒。这时王维国一直在休息室等着召见,但毛泽东没有让他参加谈话,王洪文把他拉上车,毛泽东只在车厢门口与他握了一下手。事后汪东兴回忆,"王维国见到我们时,表情异样","毛泽东对王维国很冷淡,连话都没有讲"。

送走王洪文、许世友后,毛泽东突然命令,立即北返,谁都不通知。(汪东兴:《毛泽东与林彪反革命集团的斗争》,当代中国出版社1997年版,第151页、第168页;熊华源、安建设编:《林彪反革命集团覆灭纪实》,中央文献出版社1995年版,第37~39页)

跟随毛泽东南巡的汪东兴后来回忆说:"现在想来,那时的形势是极其危险的,但毛主席并没有把他知道的危急情况全部告诉我,他老人家没有做声,他沉着地伺机而动。""当时,毛主席还不知道林彪的那个手令,也不知道林彪一伙进行武装政变的计划。但是,毛主席凭着他多年高度的警觉性和丰富的斗争经验,在思想上、行动上已做了各种防范准备。"(汪东兴:《毛泽东与林彪反革命集团的斗争》,当代中国出版社1997年版第185页、第193页、第196页)

四、"天时、地利、人和"等方面的致命弱点,注定了林立果暗杀阴谋的必然破产

林立果暗杀阴谋的失败,从一开始就是注定了的。事后无论从哪个方面来分析,林立果的"571"都像是痴人说梦。

就密谋的时间和决心来看,从8日晚到11日晚,中间仅仅3天时间,林立果纵然是"天才"、"全才"、"超天才",也拿不出一个像样而可行的方案来。何况,10日下午,江腾蛟还接到林立果一个电话,说:"先

不要展开部署,否则就没有收的余地了。"（张聿温:《温都尔汗爆炸记》,贵州人民出版社 1988 年版,第 195 页）

林立果的这个电话至今也没人弄清他是什么意思，是他知难而退,一度动摇了呢,还是另有高招？是他感到时机尚未成熟呢,还是为自己预留了退路？但有一点可以肯定,9 日晚上林立果的亲信从广州带到空军学院秘密据点两名年轻的预备"妃子",10 日晚上林立果在她们的陪侍下美美地睡了一夜,直到 11 日上午 10 时叶群一个电话打过来,才把他叫醒。

密谋的暂时中断令叶群大为光火。如坐针毡的叶群打来的这个事后被林立果称为"抽鞭子"的电话,声色俱厉,催促林立果赶紧下手。

叶群怕林立果靠不住,还专门给王飞打了电话。两人电话上的讨价还价,已经注定了暗杀阴谋的破产。

叶群说:"我们对你们是很关心的。你们的每一点我们都为你们考虑,林副主席对你们很信任,托你们办的事应该抓紧办。"

王飞连连称是。

叶群口气严厉地说:"我们全家的身家性命都托给你们了。听说你们有很大顾虑,总想'抽梯子'。怕什么,就是死了也是烈士嘛！"

王飞慌忙分辩:"不是怕。我参加革命的时候,还没有想到活到快五十岁呢！是不好搞,怕搞不好把你们也连累了。"

叶群稍稍缓和下来:"林副主席历来说话一句算一句，不考虑成熟,不会要你们办的。办了不会亏待你们的,什么问题都好办。你们将来都是'常'字号的。你们忙活了这几天,现在就是不搞也好不了,人家也不会饶过你们的,你们也跑不了。现在是一根绳子把我们的命运拴到一块了。只有同生死,共命运,不能把我们当'省油灯'！"

王飞又慌忙解释:"我考虑的是困难,怕连累你们,不是别的。"

叶群批评说:"有困难想办法克服嘛！哪有不困难的事？你们想想办法嘛！江腾蛟那里是千载难逢的好时机,他(毛泽东)到了我们根据地

第七章 『两谋』流产

里了,不要坐失良机,要当机立断！"

王飞坚决地表示:"我马上去找他们研究,尽力去办。"

叶群的声音变得甜起来:"你家里有什么困难吗？钱够不够用？你的小孩多,带不过来,我给你们带。"

放下电话,王飞马上去找林立果商量。林立果说:"林副主席决心已定,要坚决搞,就是研究如何执行的问题了。"(载自《解放军报》1980年11月25日)

林立果到底是个乳臭未干的毛孩子,"超天才"的吹嘘说说可以,真到了动刀动枪的战场上,他岂是毛泽东的对手！他号令已经发出又想到了"收",叶群一催又来了精神,靠封官许愿和小恩小惠收买人心、雇用死士,仅此这些,就可以看出他的所谓"武装起义"不过是痴人说梦而已,是注定要失败的。

就林立果密谋的方案和实施条件来看,均属于脱离实际的一厢情愿。暗杀享有崇高威望,且戒备森严的毛泽东,无论心理上还是技术上,都有着无法克服的困难和难以逾越的障碍。比如要陈励耘、王维国乘毛泽东接见时动手,毛泽东警卫森严,陈、王怎么敢下手呢？又怎么能够下手呢？他们怎么会冒着杀身之祸为林立果卖命呢？再比如,炸铁路大桥,要有很准确的情报,要有很高明的爆炸技术,要能够接近大桥,还要有一定的兵力,这些,怎么能做得到呢？至于要研究改装飞机,搞电脑制导的遥控爆炸,研究汽油在什么条件下着火爆炸,属于科研项目,又岂是短短几天之内所能完成的？为了谋害毛泽东,林立果丧心病狂,像只没头苍蝇,在各种方案中撞来撞去,结果是处处碰壁。

就密谋的组织和指挥来看,也注定不能得逞。"前线"在杭州、上海,"一线"林立果躲在北京西郊机场、空军学院的秘密据点里指挥,北戴河的叶群还在遥控。为了不露马脚,他们还要用代号。指挥暗杀阴谋毕竟不同于过去的指挥打仗,打仗可以公开进行,暗杀则要秘密实施;打仗有一套指挥和参谋班子,暗杀则靠极少数死党。尤其是林立果不过是一个 26 岁的年轻人,既没当过兵,也没打过仗,甚至在部队连个班长都不知道怎么当,只是被吹上了天,以为就可以和毛泽东过招,岂非荒唐可笑!

当然,叶群在其中起了很大作用。林彪下达手令后的 4 天时间里,在北戴河的叶群与在北京的黄永胜、吴法宪、李作鹏、邱会作频繁联系,有时发生几个人争着与叶群通话的情况,并且拿起电话一讲就是半个小时、一个小时。据调查:10 日,黄永胜同叶群通电话 5 次,其中两次通话时间分别是 90 分钟和 135 分钟 (江东兴:《毛泽东与林彪反革命集团的斗争》,当代中国出版社 1997 年版,第 193 页)。然而,大小"舰队"靠叶群协调指挥,她这个"前敌总指挥"又能比林立果高明多少! 比如林彪给黄永胜的亲笔信,是在周宇驰逃跑被迫降的直升机上缴获的。看来,信并没有送到黄永胜手里,黄永胜也没有看到这封信。如果黄永胜看过,他肯定会收起来的。据吴德讲,林彪的亲笔信被周宇驰撕碎后又被公安部门拼接起来,周恩来交给黄永胜看了,"黄永胜看后很紧张,但他矢口否认他知道这件事。"(安建设编:《周恩来的最后岁月》,中央文献出版社 1995 年版,第 153 页)

就密谋的性质和分量来说,除开极个别死党,几乎没有人心甘情愿为林立果冲锋陷阵。林立果的"小舰队"的确是忠于林彪、林立果的,但这里面也各有各的情况:像江腾蛟、周宇驰、于新野、刘沛丰等少数死党,出于个人野心的驱使,又了解内情,是铁了心跟林彪、林立果走的,即使谋害毛泽东也在所不惜。其他一些人,尽管同样出于个人私利的驱使,有站在林家父子一边捞好处的念头,但他们并不真正了解内情,虽然也知道中央斗争激烈,还以为是林彪同江青、康生、张春桥、姚文元一伙的矛盾,他们是在投入"保卫接班人"的战斗;一旦告诉他们是谋杀毛泽东,那么情况肯定就要起变化了,不是不干,就是不敢。像鲁珉用盐水把眼睛弄红肿,王飞对于攻打钓鱼台一直叫困难,就是不干加不敢。这一点毛泽东自己后来自信地说过,我相信要是知道杀我,广大指战员是不会干的。

有人一直有个疑问：像林彪这样精明的久经沙场的军事家，关键时刻为什么不亲自出面指挥？谋害毛泽东，搞武装政变这样的"大事"，为什么那么放心地交给老婆、儿子去办？似乎难以理解。

这是一个极为复杂的问题。首先，林彪并非没有参与指挥。他写下的手令和给黄永胜的信，他抱着周宇驰哭时说过的话，证明他参与阴谋且是主谋。另一方面，从搜集到的证据看，直接策划、指挥暗杀阴谋的是林立果，站在林立果背后的是叶群。为什么林彪没有像战争年代那样直接发号施令呢？这要从林彪的地位、处境、策略、精神状态和已经形成的军委办事组的领导体制、格局等方面综合分析。久经沙场的林彪，不会不知道谋害毛泽东、搞武装政变的难度。但他一方面过高估计了林立果的力量和能力，过高估计了叶群指挥"四大金刚"的力量和能力，一方面也想借此机会锻炼林立果：如果林立果能完成这件"大事"，他对日后交班给儿子就完全放心了。

其实，素来机警并善于出奇制胜的林彪，让儿子一手策划、指挥政变也是因高度警觉而出的"奇兵"——在这件大事上，他不相信任何人，只相信老婆、儿子。他遵循的是中国那句老话："打虎亲兄弟，上阵父子兵"。

或许，这也是林彪缜密思考后的一个策略，放手让儿子出面去搞，搞成了更好，搞不成他自己也有个"退路"。

甚至还可以作这样的分析，当时林彪的精神状态已经死灰一般，那几天他曾说过"反正我也活不了几天了"这样丧气的话，会不会他是横下一条心，任凭林立果去搞，搞成了"名正言顺"地上台，搞不成就横下一条心"从容就义"呢？

当然，也许还有另外的情况。比如像有人所猜测的那样，林彪的手令是不是林立果和叶群合谋，蒙骗林彪针对别的事情写下的，而林立果却以此招摇撞骗干坏事呢？如果真是那样，需要拿出更加过硬的材料来证实,不能仅凭主观猜测和标新立异的分析推断。正是从这个意义上说,"九一三"事件的某些方面、某些情节也许至今仍然是一个谜。弄不好成为千古之谜,亦未可知。

五、叶群、林立果还有第二个方案:暗杀不成,就南逃广州另立中央

叶群、林立果毕竟是生活在林彪身边的人,军事家思维的耳濡目染,使他们没有把宝完全押在一个赌注上。发动武装政变,他们设想了上、中、下三策。成功地暗杀毛泽东,林彪以"接班人"身分出面接管政权,是他们政变中的上策。暗杀不成,即到广州另立中央,实行割据,同中央谈判或发动内战,是他们政变中的中策。下策是跑到香港或国外去,过政治流亡生活,等有朝一日时机成熟了卷土重来。

暗杀阴谋的主要出面组织者是林立果,另立中央的主要出面组织者是叶群。

9月8日,即林彪下达手令的当天,叶群就直接给吴法宪打电话,要他给林彪准备5架飞机。这5架飞机,是准备万一谋杀不成,就到广州另立中央。在《"571"工程纪要》中曾有过这种设想:"两种可能性:夺取全国政权,割据局面。"

在这几天里,林彪、叶群不断放出空气说:林彪要"动一动","利用坐飞机运动运动","准备去大连","国庆前回北京"。

此外,叶群还暗中作了种种准备。

9月7日上午9时50分,叶群叫秘书通知在北京的秘书,把俄华字典、英华字典、俄语和英语会话等书,让飞机带来。

9月7日晚9时半,总参二部的一位参谋照例给叶群"讲课",按计划表应讲马其顿王亚历山大或美国电影《巴顿将军》。可是叶群却突然拿着《世界地图集》,问蒙古有哪些大城市,哪些地方有苏联军队,中

苏、中蒙边境地区有多少苏联军队。

9月8日上午,周宇驰找人要一本苏联航班地图。

9月9日上午11时,叶群要秘书通知留在北京的秘书,把有关中美关系的文件送来。

9月9日下午,周宇驰布置人搞一份东北、华北、西北地区雷达兵部署图。

9月9日晚9时,周宇驰布置人搞一份可做导航用的周围国家广播电台频率表。

9月10日上午,周宇驰要人把福建、江西、广东、广西的一二三级机场的位置、长度、宽度拉个单子给他。

9月11日上午11时,叶群要秘书通知留在北京的秘书,把全军副军以上干部名册、部队部署情况登记表以及全军干部工作座谈会的全套文件送来。

9月12日午后毛泽东突然回到北京,叶群、林立果不得不报告林彪,放弃暗杀计划,转而采取中策。

林立果离开北京回北戴河前,向"小舰队"成员布置了南逃广州,另立中央的计划。

9月12日下午,林立果把周宇驰、江腾蛟、于新野、王飞、李伟信等召集到空军学院据点,策划南逃。林立果说:"情况紧张,我立即转移。由周宇驰同你们谈谈。"周宇驰说:"情况紧张,(毛)要动手了。林副主席决定立即转移广州,要军委办事组的黄、吴、李、邱明天到广州谈话……到那里以后,首长召开师以上干部会议,宣布另立中央,进行割据,形成南北朝形势。提出条件,和平谈判……和苏联等国建立外交关系,要动武,就联合苏联,实行南北夹击。"(张聂尔:《风云"九一三"》,解放军出版社1999年版,第290页)

气急败坏的林立果,临上飞机飞北戴河前对"小舰队"另外几个成员说了一大堆疯话:"最近有人要搞鬼,反对首长就是要搞印尼的'九三〇'事件。我坐飞机先走,到沙堤去,你们第二批走,听周宇驰安排。"
"明天飞机上有林副主席。8341部队操蛋就跟他干!明天飞机上左派一定要占多数。我们要搞一个中国的'九三〇'事件,把他们的政变阴谋揞死!""到广州后,叫李伟信到香港去,绕道日本到苏联,叫苏联从北极星潜艇上发射导弹,叫他们尝尝山姆大叔的厉害!反正是从公海上发射,也弄不清谁干的。"(原话如此——作者注)(张聿温:《温都尔汗爆炸记》,贵州人民出版社1988年版,第244页)

南逃广州的计划是:

准备一架伊尔-18飞机,9月13日7时飞山海关,拉上部队,再到上海落个地,飞广州沙堤机场。

派一架多座的三叉戟飞机,拉上黄永胜、吴法宪、李作鹏、邱会作和空军机关"小舰队"的人,13日8时直飞广州。

再用一架安-12飞机,拉上2架云雀直升机,也飞广州。

另外,派一架安-24飞机,先训练去上海,再到广州,好供林彪到小机场时使用。

林立果是9月12日晚7时40分乘256号三叉戟飞机离开北京飞往北戴河的,晚8时15分在山海关机场落地。他走到驾驶舱对机组人员说了这样一番话:"明天林副主席也要坐这架飞机。人民解放军战士要听林副主席的指挥,关键时刻要起作用。我代表林副主席谢谢大家。"

然而,不仅暗杀毛泽东不成,南逃广州另立中央的计划,也由于林立衡的报告和周恩来的查问而破产了。

第八章　仓皇出逃

9月12日晚8时15分林立果在北戴河落地，到13日0时32分256号三叉戟飞机从北戴河强行起飞，中间隔了4个小时17分钟。正是这4个小时17分钟时间，北戴河发生了惊天动地的事变，它决定了林彪一家三口的命运，也从某种程度上决定了中国社会和中国政治的命运。

事后看来，这4个小时17分钟的时间是极其可怕的，它引爆了积蓄已久的党内矛盾，差一点把中国推向内战和分裂的危险境地。

一、一周之内，北戴河林彪一家处于矛盾的旋涡中

林彪一家是个奇特的家庭。"九一三"事件之所以爆发，固然有其政治的、社会的深刻根源，但无可否认，也与这个奇特家庭中的奇特矛盾密切相关。

（一）林家人口不多，但家庭关系极其微妙而复杂

这里，需要分析一下林彪这个四口之家的成员状况。这个奇特的家庭，一家人有着奇特的感情，相互关系错综复杂。甚至可以说，林彪的家庭就是一个小政坛，家庭风波和政坛风浪连在一起，家庭矛盾影响着党内的政治斗争。

林彪和叶群，是一对政治夫妻。他们常年分居，过早地结束了正常人所过的夫妻生活。林彪身体不好，并且精力都用在搞政治上，他无法给叶群多少爱抚和温存。

林彪与叶群是在延安时期结合的。林彪长征到延安后，先和陕北姑娘张梅(刘新民)结婚，负伤后由张梅陪同到苏联养伤。张梅在苏联生下女儿林小琳，由于性格的差异，林彪经常和张梅吵架，最后分了手。林彪追求在苏联学习的周恩来的养女孙维世不成，1942 年春回国后，在延安结识了叶群，后来结婚。

也许与林彪的性格、情趣有关系，叶群与林彪结婚后，在爱情生活上十分贫乏。她在怀林立衡的时候，有一次故意跟林彪撒娇，要林倒碗水给她喝，但林彪却冷冰冰地说："你想喝就自己倒！"这个生活细节使叶群刻骨铭心。多年后，她在同林立果看中的对象张宁谈话时，不无惆怅和嫉妒地说了这样一番话："老虎工作忙，但他是很喜欢你的。感情这个东西，是要长期培养的。我和首长谈恋爱时，可没有你们自由，总有两个大兵跟着。首长比我大得多，对我要求很严格。老虎对你比对我这个母亲有感情，给你倒水，给你搬沙发，这些，我都看在眼里啦！"(于弓编：《林彪事件真相》，中国广播电视出版社 1988 年版，第 225~226 页)

在林彪和叶群有了女儿林立衡、儿子林立果后，一直未婚的孙维世回国途经哈尔滨。已经担任中共中央东北局书记、东北民主联军总司令的林彪设宴招待孙维世，看到自己在苏联时曾追求过的年轻漂亮的孙维世至今未婚，不免怅然若失。叶群看在眼里，醋意大发，为把孙维世尽快挤走，竟胆大妄为地假冒罗荣桓政委的名义给中央发电报，闹出了一场不大不小的风波。孙维世后来与演员金山结了婚。

此后，林彪和叶群，作为一对夫妻，他们的感情既微妙又复杂。两人时而表现得亲密无间，比如林彪曾给叶群写下这样的题词："温文、豪放、理智，既受于天，且受于人。书赠爱妻叶群"。叶群对此十分珍爱，把它刻在砚盒上，置于案头，天天过目。可是，两人时而又经常发生口角,有时破口大骂甚至动武。待到叶群趁"文化大革命"之机登上政治舞台,他们各怀心思,令人匪夷所思地开始了钩心斗角。

1961 年 11 月,林彪和叶群闹翻了,叶群一气之下,在笔记本上写了痛骂林彪的一段话,说林彪是"一个专门仇恨人,轻视(友情、子女、父兄——无意趣)人,把人想得最坏最无情,终日计算利害关系,专好推过于人们,钩心斗角互相倾轧的人"。

在武汉中南军区时,有次当着警卫员的面,两人话语不和,林彪勃然大怒,一脚将叶群从车上踢了下来。

还有一次在毛家湾,为给林立果找对象一事,叶群说林彪是"摘桃派",林彪大叫:"我摘什么桃?"叶群火上加油,"你摘的是女人!漂亮女人!"几句话把林彪激怒了,他顿时气得脸发青,手发抖,抡起胳膊就给了叶群一个响亮耳光。叶群又哭又闹,林彪索性一不做,二不休,一阵拳打脚踢,嘴里还不住地叫骂:"你这个坏婆娘!……你给我滚!……我和你离婚!……"叶群见林彪真翻了脸,不得不下跪求饶。(张云生:《毛家湾纪实》,春秋出版社 1988 年版,第 359 页)

叶群还对林家的女服务员王淑媛说过:你守死寡,我守活寡。为了首长的身体,我早与他分居了。

曾先后两次调来给林彪当内勤的刘文儒,也回忆有林彪、叶群夫妻关系正常的一面。刘文儒说:"我第一次在林办那段时间(1960—1967年),叶群怕林彪,也很关心林彪。她每天起床后,要到林彪房间看林。有时还给林彪讲历史,讲典故,讲笑话。""叶群好学习,我曾看到过她读《资治通鉴》、《中国通史简编》等。她常给林彪讲故事,讲典故,讲笑话。有一次,去无锡,叶群还讲过那里有名的对联:上联是'无锡锡山山无锡',下联是'平湖湖水水平湖',还有一个下联是'常熟熟田田常熟'。"

林彪接替彭德怀后出山,主持军委工作,叶群也成了林彪办公室主任。渐渐地,叶群涉足高层政治,野心慢慢膨胀。"文化大革命"中,叶群和中央文革江青一伙打得火热,林彪出于特殊考虑,几次要叶群少往钓鱼台(中央文革住地)跑,少和江青接近。叶群听不进去,她趋炎附势,对秘书说:"我要紧跟江青!"让秘书瞒住林彪,照样和江青他们密切来往。九大时,叶群想当政治局委员,林彪不同意,说女人不能参政,还在毛泽东面前说了她一些坏话。叶群为达目的,反过来讨好儿子,让林立果为她在林彪面前说好话,要林彪千万别坚持反对她进政治局。(张云生:《毛家湾纪实》,春秋出版社1988年版,第172页、第250页)

但是,有一点也是肯定的,林彪、叶群之间闹归闹,钩心斗角归钩心斗角。闹过之后,两人又重归于好。毕竟,他们是夫妻,根本的利害关系是一致的。

林彪、叶群的儿女对他们俩,态度是不同的。林立衡和林立果都亲近他们的父亲,而疏远甚至讨厌他们的母亲。林立果就说过:"首长是好首长,就是没有一个好参谋长(指叶群)。"还说过:"我知道感情这个东西,虽无形,却很珍贵。我自己,还有我姐姐对叶主任,就根本没有感情。从我懂事到现在,姐姐和我从来没叫过叶主任一声妈妈。"林立果还多次在秘书面前流露对叶群的不满甚至厌恶。比如,关于叶群求林立果帮忙进政治局一事,林立果立即对几位秘书说了,当秘书们议论叶群这样做"不像话"时,林立果也搭腔骂叶群:"他妈的,叶胖子真给首长丢人!"(张云生:《毛家湾纪实》,春秋出版社1988年版,第251页)

令常人难以理解的是,叶群和林立果矛盾很深。叶群嫉妒儿子和林彪的亲密关系,她把从林彪那里无法得到的情欲,转化为极端的权势欲,其中包括用种种手段控制儿女。叶群极力为林立果"选美",正是她的一个手段。而林立果看上的女人,叶群总是反对,为此母子闹过不知多少次。有时候,林立果对叶群出言不逊,甚至破口大骂。更叫绝的是,林立果竟然给叶群房间装上录音装置,偷偷录下了叶群和黄永胜调情的对话。这在一般家庭的母子之间,是绝对做不出来的。

但是,随着后来林立果逐渐滋生政治野心,政治上母子俩开始慢慢靠拢。只不过具体策略上有些分歧,并且都想争功,压倒对方。这从中共九届二中全会上林立果失败后的叫骂可以看出来,当时他气急败坏地说:"翻车了,倒大霉了! 都是他妈的主任搞的,她想抢头功,尽是瞎指挥! "

相比之下,林立衡和叶群的矛盾最深。

毛家湾分"爸爸党"、"妈妈党"是公开的秘密。叶群为了控制林彪,在一些重大问题上对林彪采取封锁政策,规定秘书、工作人员和家庭成员不得向林彪透露。但首先冲破禁令的是林立衡,因此常遭叶群打骂,叶群甚至抓住她的头发往墙上撞。

在"文化大革命"前毛家湾收到的"匿名信"中,曾经有林立衡不是叶群亲生的暗示。逐渐长大的林立衡,对此也有了怀疑,为此她曾给舅舅写信询问。林家为了弥补母女的嫌隙,不得不找当年延安医院的接生医生来证明,林彪还在中央的会议上出具了"老虎、豆豆是我与叶群的亲生子女"的证明。

林立衡很受林彪喜爱,这样就遭到了叶群的嫉妒。叶群控制女儿的办法之一,也是在婚姻问题上横加干涉。林立衡自己谈过几个男朋友,都让叶群给活活拆散了。叶群得知林立衡在空军保卫部物色了一个对象,大为恼火,把正在生病的女儿找来,猛掴一掌,骂道:"你这个没心肝的东西,把你培养这么大,竟然目中无人了! 哼,你别做梦想称心! "这种残忍的虐待,深深刺伤了女儿的自尊心,林立衡被逼得吞服了整瓶的安眠药,想一死了事。幸亏被老保姆发现,送往 301 医院抢救,才幸免一死。叶群知道后,又继续大骂:"让她去死,我才不怕她用死来威胁呢! "并下令林家所有的人必须对林彪封锁这个消息。林立衡先后 2 次被逼得自杀,都因发现及时而保住了性命,林彪也都毫不知情。

当林立衡听说叶群受到中央和毛泽东批评, 心中的快意不难理解。她对人说:"主任做的坏事太多了,是该整整她了! "直到现在,都很难解释清楚母女之间的矛盾,何以如此尖锐,形同水火。据张宁冷眼旁观，"每次受虐待后，林立衡都因顾虑林彪的身体而对父亲隐瞒不吐实情，全'林办'的人没一个人敢向林彪反映情况，林彪直到死都不知道叶群虐待自己的亲生女儿。"(张宁:《张宁:自己写自己》，作家出版社1998年版，第214页)

林立衡与林立果之间，也是有矛盾的。对于林立果，林立衡看不惯他的某些做法和做派。林立果作"讲用报告"后，空军司令部掀起吹捧林立果之风，空军政治部不甘落后，也要宣传林立衡，林立衡保持低调，立即制定出持相反意见的五条，以示和林立果的一套划清界限。当后来出于政治上的原因，林立果与叶群的关系有所缓和，并且越来越一致的时候，一向看不惯叶群的林立衡，就对林立果的一些做法变为担心、忧虑和反感了。而对于林立果要采取极端手段谋害毛泽东，林立衡更是取反对态度。尤其是9月7日林立衡到北戴河后，林立果的密谋她都反对。

(二)林家的事真真假假，让人云里雾里

林彪家的秘书、警卫、工作人员一大帮，各种文件、报告一大堆，但林彪却是消息最闭塞，也最好欺骗的，这主要是由于林彪奇特的生活、工作方式和常人难以理解的家庭生活。

林彪怕风、怕光、怕冷，室内要求恒温。叶群和林彪早就分居，为了不让林彪到自己房间，叶群故意把自己室内的温度调低一点。

林彪那里只有叶群自由出入，秘书到林彪那里既有严格的分工，又有时间限制，比如每天上、下午各去讲一次文件，每次一二十分钟，最多不超过半个小时。甚至林立衡、林立果要见林彪，都要事先征得叶群的同意。这样，叶群就等于把林彪控制起来了。

叶群是个假话满嘴的人，平时她对林彪说些什么，林彪很难找人证实，不由他不信。另一方面，叶群假借林彪名义说些什么，别人也根本不可能找林彪证实，也就只好当做林彪的指示去执行。叶群就是利

用这样的工作方式发号施令,以售其奸。

跟随林彪多年、对林家了若指掌的警卫参谋李文普,曾这样谈到过林家的状况:"在'林办',叶群经常说些谎话骗人。在杭州,有一次毛家湾打来电话,说了一些林家丑事,叶群让我不告诉林彪。林彪知道北京打来电话问我,我按叶群的话回答了。林彪发了大火,说:'我枪毙了你!'后来,他知道是叶群搞的鬼,又向我道了歉。林家的事,经常就这样真真假假弄得人云里雾里,所以后来'九一三'事件前夕发生的诸多事情,我们都没有很大的警惕,这也是其中原由之一。"(《中华儿女》杂志 1999 年第 2 期)

在林办,工作人员都知道林立衡与叶群关系不好,加上由于叶群的散布,也都知道林立衡精神受过刺激,"神经不大正常"。这样,到关键时刻,林办工作人员对林立衡的话就半信半疑,甚至还以为他们在闹家庭纠纷,因而没有引起足够的重视。

(三)林彪一家四口有根本利益一致的地方,但在对党和国家的形势认识尤其是对毛泽东的态度方面,立场、观点并不相同

在对形势的认识判断和对毛泽东的感情态度方面,林立衡的表现与叶群、林立果明显不同。

作为林、叶的女儿,林立衡同林立果一样,在方方面面享受到了不少实惠和特殊照顾。比如,吴法宪秉乘叶群的意旨,把林立果提升为作战部副部长,不久也把林立衡提升为空军报社副总编辑,取得了政治上的"平衡"。但实事求是地讲,林立衡同林立果相比,要踏实、谨慎得多,也善良、温和得多。此外,就思想上、政治上而言,林立衡比较单纯、幼稚,她接受党的传统教育要比林立果多得多。

1970 年 7 月 31 日,林立果在空军机关二级部副部长以上干部会上作了所谓"讲用报告"后,8 月 3 日空军政治部党委第 67 次会议讨论学习林立果的"讲用报告",同时决定请林立衡也给政治部干部作一次

"讲用报告"，并起草了一个紧跟林立果、林立衡的 5 条措施，其中规定："一切重大问题，例如工作计划、决定、报告、干部配备以及重要问题的处理等，都要及时、主动地向立果、立衡同志请示报告，争取他们的领导，真正做到大事不遗漏，不延误，小事不干扰。"林立衡对此持反对意见，她表示要谦虚谨慎，坚决不作"讲用报告"，并向政治部领导提出不要下发 5 条措施，但她的意见没有被采纳。"九一三"事件后周恩来看到空政提出的 5 条，斥之为"最封建、最买办、最法西斯的东西"。

（中共中央文献研究室编：《周恩来年谱》，中央文献出版社 1997 年版，第 501 页）

对于林彪私下里发表的反毛言论，林立衡也是内心里持有异议的。1972 年 9 月 8 日，林立衡在空军报社小组会上发言说："我有时听到林贼一些反动言行很气愤，另一方面，还觉得他过去打过仗，理论上也有一套，想不通为什么会这样？也希望他早点死，保持个晚节算了。"林立衡还说，她一贯反对林彪，很早就想给主席写万言书，讲林彪不能当副统帅。1973 年 1 月 9 日她甚至发言说："'九一三'以前我没有报告，主要是里应外合，配合毛主席这场反林、叶的斗争。"（《"九一三"之后的林立衡——暨说给豆豆的心里话》载《中华儿女》杂志 2000 年第 9 期）林立衡的这些说法，难免有言不由衷之嫌，甚至有些幼稚可笑，但考虑到当时她所处的环境，剔除其中言过其实的成分，还是不难看出她对林彪、叶群、林立果的反毛，是持有不同意见的。

当然，林立衡自始至终认为，林彪即使再对毛泽东不满，也不至于叛逃。林彪的叛逃，是受叶群、林立果的鼓动，是被叶群、林立果挟持跑的。她当时之所以报告，是想挽救自己的父亲，而只要 8341 部队阻止飞机起飞，林彪就能保得住，不至于走向深渊。这就是她后来在关键时刻向中央报告的思想认识基础和感情基础。

但是，既然林立衡认为林彪是好的，只有叶群、林立果是坏的，林彪是受了叶群、林立果阴谋的坑害，那么，在决定父亲一世名节和全家性命的最危急、最关键的时刻，她为什么不直接去向林彪报告，不到林彪面前揭露叶群、林立果的阴谋,而竟去向8341部队报告呢?难道她认为8341部队的权威和力量大过林彪的权威和力量吗?那么,这会不会是政治上幼稚的林立衡自作主张、自以为是采取的挽救措施呢?这是林立衡无法解释清楚的问题,也是人们难以理解,并难免发出的疑问。

二、林立衡的报告引起了周恩来的警觉,打乱了叶群、林立果的部署

林立衡知不知道林立果的暗杀阴谋?知不知道叶群的南逃广州另立中央的阴谋?她是什么时候知道的?她采取了什么态度?做了哪些工作?她既然认为林彪蒙在鼓里,仅仅是叶群、林立果干坏事,她为什么不直接向林彪报告?她是在什么情况下向8341部队报告的?她的报告起到了什么作用?又为什么没能阻止住林彪的出逃?这些问题,都是关于"九一三"事件的要害问题。

(一)林立衡从一开始就不同意林立果的密谋

林立衡是9月7日上午乘256号专机从北京飞往北戴河的,同行的有她的对象张清霖、林立果的未婚妻张宁。他们一到,林彪一家就在北戴河集合齐了。这是林彪、叶群为展开下一步行动采取的一个重大步骤。用意很明显:要走,全家一起走。

林立衡一到北戴河,住进56号楼,住在对面57号楼的林立果当天下午立即把她找去,告诉她:"主席最近在南方巡视,沿途和各大军区领导打招呼,要在三中全会上解决问题,现在情况很紧急。昨天晚上,主任就提出到国外去,首长开始没同意,后来被主任逼得同意了。他们要我立即调飞机,我借口来不及,推迟了一天。今天早上,把周宇驰从北京找来商量,说服了首长,暂时不走。首长抱着老周,哭着说:

'我一家老小都交给你了,你要救救我们一家。'"(林立衡:《对9月13日事件的回忆》;邵一海:《林彪"九一三"事件始末》,四川文艺出版社1996年版,第215页)

林立衡表示不明白究竟出了什么事,林立果说:"几句话说不清楚,主任干了很多坏事,她怕自己被抓起来,也会牵连到首长,在国内确实待不下去了。"林立衡问到国外干什么,林立果说:"像王明那样当寓公,吃洋面包,反正比坐牢好。你想想,首长身体这么弱,关进监狱能活几天?我们也会被关进监牢。"

8日下午,林立果又来找林立衡,告诉她:"我们决定了一个新方案,现在主席就在杭州、上海一带,只要我批准,就可以把他干掉。"林立果所说的"我们",是包括林彪呢,还是仅指叶群、林立果,此点值得深究。林立衡闻言大吃一惊,连忙劝阻,但林立果不听。林立衡问:"首长知道暗杀主席的事吗?"林立果肯定地说:"他也同意。"

但是,张宁的说法有所不同。她说多年后林立衡告诉她,7日下午林立果找林立衡谈,要跟毛泽东硬拼。林立衡问林立果:"你准备怎么硬拼?主席威望高,稍有不慎,首长更被动。"林立果说:"反正形势对首长非常不利,坐着等死不如主动出击,说不定有一线希望!我想再看看形势发展,实在不行就跟一组(毛泽东代号)硬干!或者到广州立中央,再不行就上山打游击。首长带兵多年,军队威信高,到时把一组两面派老底全兜出去,把他干的坏事公诸天下,号召全国声讨,总会有办法的。"林立衡劝阻林立果说:"你可千万不要什么事都听主任的,她说话不准,又爱在首长面前说谎,你可不能头脑不冷静,给首长造成错觉。"林立果大发牢骚道:"我咽不下这口气!一组翻手为云,覆手为雨,想整谁就整谁,别人不敢反,我就反!首长忍耐那么多年,还是避不过。你就甘心眼睁睁看着首长挨整?!"林立衡见林立果根本不听她的意见,便又问林彪的态度,林立果说:"首长还不知道,事情没考虑成熟前,不能跟他说。"(张宁:《张宁:自己写自己》,作家出版社1998年版,第186~187页)

林立衡对林立果的全部阴谋打算自始至终是清楚的,至少大体清

239

楚。她不同意林立果的危险举动，但她也曾表态说"跟你们在一起"。事后，她解释说，"我如果不表态，就暴露了。"（高厚良口述，高德明整理：《"九一三"之后的林立衡——暨说给豆豆的知心话》，载《中华儿女》2000年第9期）她当时思想斗争激烈，但因为林立果说"首长也同意"而不敢去当面劝阻父亲。她一直是想挽救父亲的，但却失去了当面劝阻的最宝贵的机会，留下了终生遗憾。

（二）临近最后时刻，林立衡开始小心谨慎地做工作

自9月7日从林立果口中得知阴谋，林立衡内心一直处于紧张、害怕、忧虑之中。10日下午她和张宁去山海关、秦皇岛游玩，置身于当年吴三桂引清兵入关的地方，沉默良久，摇头叹息说："历史上多少悲剧都是在误会中产生，相互不信任，导致一个国家败亡。通观历史各朝，都离不开这一轨迹。"但是，她也只是感叹而已，并没有采取任何实质性措施。"九一三"事件后，张宁曾问林立衡："当时你为什么不将林立果的想法告诉你爸爸？"林立衡的解释是："一个是母亲，一个是弟弟。当时情况不明，光有想法，没有行动。向首长说了徒惹他生气，他那种身体，再经不起刺激，准得大病一场。再说，口说无凭的事，首长真追查起来，立果和主任不承认，反而是我挑拨离间了。"张宁又说："你可以先跟几个秘书商量对策。"林立衡说："这种性质的事怎可随便说？就是说了，也不会有人相信我。传到主任耳朵里，让她有了防备，真要是有那么回事，对首长更不利。"（张宁：《张宁：自己写自己》，作家出版社1998年版，第225页、第188页）

林立衡的话自有其一定道理，但又并不尽然。既然知道问题的性质严重，事关全家的生死存亡，还有什么顾虑不能告诉父亲的呢？既然一心想保护父亲，为什么在千钧一发的危重关头又不向父亲汇报，客观上继续蒙蔽父亲呢？很有可能是林立果所说的林彪"也同意"的话她信以为真了，至少是将信将疑，但又没有勇气当面征询父亲。

9月上旬,叶群放话说,首长想动一动,然后回北京过国庆。林彪还当面交代李文普收拾东西准备去大连。于是,林办工作人员中有了传言,近日要换住地。有的说去广州,也有的说去大连。然而,究竟去哪里?何时动身?在北戴河的工作人员是否全部随行?始终没有正式的说法,出于保密的要求,又不敢随便打听。这其实是叶群为下一步的行动预作的安排和放出的口风。

只有林立衡明白其中的玄机,她开始既小心谨慎,又比较明显地做工作。

她第一个做工作的对象是林彪身边的警卫干部刘吉纯。对此,当时在北戴河的林办秘书宋德金回忆说:"大约9月10日,8341部队警卫副科长刘吉纯把我拉到僻静处,悄悄地对我说:'豆豆说,主任与林立果要挟持首长外逃,怎么办?'我听了之后,大吃一惊,继之又平静了下来,我说:'不会吧?这怎么可能呢?或许是他们家庭内部的问题。'因为林办工作人员都知道豆豆与叶群关系不好……当我听了刘吉纯的话,我觉得此事非同小可,当即与他商定:一、此事关系重大,希望并支援豆豆向中央报告;二、刘注意外边动静,我留意办公室情况,有了情况,随时交换。当时我和刘吉纯都不知道豆豆在什么范围内谈及此事,所以也不敢轻易同其他秘书商量,豆豆也嘱咐刘吉纯千万不要扩散。"

林立衡还做另一名林彪身边的警卫干部李文普的工作,对此李文普自己回忆说:"就在这天(12日)下午,我在平台上乘凉,林立衡突然对我说,'林立果尽干坏事,要害毛主席,他们还要去广州。万一不行就让首长去香港,你不能让首长上飞机走。'林立衡说这番话,我确实感到突然,不相信。当时我不相信的原因有几条:一是林彪让我准备去大连,并没说去广州。另外,林立衡和叶群感情不好,而且林立衡与林立果也有矛盾,感情平淡。现在,林立衡冒出这么大个'阴谋'来,真把我吓了一大跳。但我首先想这是林家儿女又闹矛盾了。同时也问有什么证据,但她也不说任何证据,我当然就不会很相信了。还有一点,就是长期在'林办',对林家真真假假的事见多了,听多了,也遇多了,所以就用平常的心态去看待了。我对她说:'你有什么证据? 我有什么理由不让首长上飞机? 如果他要上,我强行阻止,不让他上,能行吗?'林立衡见我这样,就没有往下说。"(《林彪卫士长李文普谈"九一三"事件》,原载《中华儿女》1999年第2期)

宋德金、李文普的回忆都是合情合理,有可信度的。

林立衡虽然说服不了李文普,但并没有停止做工作,因为她太了解问题的严重程度了。9月12日晚9时左右,当刚刚从北京乘256号专机回到北戴河的林立果,在向举行订婚仪式的林立衡和张清霖草草做了祝贺之后,便和叶群进入林彪卧室一起密谈时,林立衡离开放电影的96号楼走廊,逼着林彪的内勤公务员张恒昌、陈占照去门外偷听。她要真正弄清楚叶群、林立果的真实意图,大概她也要弄清楚林彪的态度。

林彪、叶群、林立果是关起门来密谈的,林立果警惕性又很高,张恒昌、陈占照没有听到更多的东西。平时在林彪身边自由出入的陈占照,当晚10点左右曾在96号楼前对前来巡查的8341部队2大队大队长姜作寿抱怨说:"大队长,刘沛丰把着门,首长的屋连我也不让进去了……"

据李文普和林立衡两人共同的说法,张恒昌告诉林立衡:"刚才,在卫生间里,隔着门隐约听到里面两句谈话,一句是叶群说的:'就是到香港也好嘛!'一句是林立果说的:'到这时候,你还不把黄、吴、李、邱都交给我'。"

林立衡听了这些,根据她所观察到的情况,知道最危险的时刻已经临近,她再次做李文普的工作。据李文普回忆:"晚上,北戴河风云骤起,但谁也弄不清风从何来? 我仍然在值班室里值班,林立衡又突然把我叫到小厕所里,再次对我讲了不能让林彪上飞机的事。对她的话,我心中还是没有底,仍然问她:'有什么证据,没有证据,我怎么好不让首长上飞机?'"(《林彪卫士长李文普谈"九一三"事件》,原载《中华儿女》1999年第2期)

对林立衡和李文普来说,这都是个天大的难题。李文普问的当然有道理,但林立衡一时又怎么拿得出证据呢?

正是在这种情况下,林立衡决定去向8341部队报告。

(三)林立衡的报告引起了中央重视,但情况依然并不明朗

几天前,林立衡就了解叶群、林立果曾有过或南逃广州,改道香港,或直接跑到国外去的打算,但什么时候跑,究竟跑到哪里去,却并不清楚。12日晚,林立果从北京匆匆赶回北戴河后,她知道情况不妙,开始注意叶群、林立果的行动。她见叶群安排自己的订婚仪式,接着放电影,并把大家都赶去看电影,自己却和林立果躲进林彪房间密谈,便更加怀疑。她根据叶群、林立果的行踪和当时的气氛,已经断定他们很快要跑,但究竟跑到哪里去,她却并不清楚,只是隐隐约约地听说他们要跑到某个地方去。而且在林立衡听来,很可能是第二天早上跑。

警卫林彪的8341部队二大队的大队部在58号楼,离林彪所住的96号楼不远,中间隔着一片小树林。林立衡是由8341部队警卫科副科长刘吉纯陪同,摸黑一路小跑去报告的。对此姜作寿回忆说:"回到大队值班室不大工夫,刘吉纯副科长领着林立衡来找我,说有要紧事情。'叶群、林立果欺骗首长,他们要带着首长逃走。他们先到了广州,然后去香港……你看怎么办?'林立衡急切地说。'你说的这些,可靠吗?'我惊异地问。'可靠。这是叶群当面给我布置的,她让我回楼准备,让我跟他们一起走……我不能跟他们一起走呀!你看我应该怎么办?'我问她:'首长知道吗?''他们骗他,他哪里会知道。'"姜作寿听了,表示要向张耀祠、汪东兴报告,林立衡疑虑重重地问他们靠得住吗?姜作寿说靠得住,林立衡便催他赶紧向他们报告。

于是，姜作寿立即用电话向中央办公厅副主任、中办警卫处副处长、8341 部队团长张耀祠做了报告，请示该怎么办？得到的回答是："注意监视，了解情况，有什么变化，随时报告。"（《卫队长记忆中的"九一三"前夜》）随后，姜作寿又报告了正在北戴河主持暑期警卫工作的副团长张宏。

关于姜作寿报告的时间，据张耀祠回忆说是晚上 9 时 50 分左右，而他本人接到北戴河张宏副团长的报告，已经是晚上 10 时 20 分。他指示姜作寿："要派专人监视林彪住所的动静。"随后，他立即报告了汪东兴，汪东兴又立即报告了周恩来。（张耀祠：《张耀祠回忆毛泽东》，中共中央党校出版社 1996 年版，第 108 页）

据汪东兴回忆，林立衡的报告是晚上 9 时 20 分左右，北戴河 8341 部队的张宏、姜作寿听到林立衡的报告，立即报告了张耀祠，张耀祠立即赶到汪东兴在中南海的办公室，说："情况很紧急，林彪要走动，怎么办？"汪东兴立即打电话报告了正在人民大会堂福建厅主持讨论四届人大的《政府工作报告》的周恩来（汪东兴：《毛泽东与林彪反革命集团的斗争》，当代中国出版社 1997 年版，第 203 页）。汪东兴说："林副主席的女儿林立衡在北戴河向张宏副团长报告，叶群、林立果要带着林副主席逃跑，他们还弄不清是真是假……"

据 8341 部队二大队一中队中队长肖奇明回忆，晚 10 时 20 分左右，林立衡向警卫部队反映：叶群、林立果要挟持林副主席出逃。晚上 11 时 40 分左右，林立衡在其未婚夫张青霖的陪同下来到 58 号楼，对肖奇明说："肖队长，他们要我回 56 号楼准备自己的东西马上走，你快带人去把他们抓起来。如果在楼里不动手，到了机场就打不过他们了。林立果对我说了，他们从上海带来 60 多人，武器比你们好，都是微型冲锋枪。"（肖奇明：《"九一三"事件亲历记》，《文汇报》1992 年 6 月 30 日）

根据这几种说法判断，由于林立衡报告不止一次，周恩来最迟在晚上 10 时半以前就已接到了林立衡的报告内容。

但是,无论是北戴河的8341部队,还是北京的周恩来、汪东兴、张耀祠,都只是听到林彪可能要跑的消息,究竟是真是假,为什么跑,什么时候跑,跑到哪里去,又为什么被叶群、林立果"挟持"跑,这么多疑问,根本不可能一下子弄清楚。尤其是说党的副主席要"跑",说老婆、孩子要"挟持"、"绑架"老子跑,对于根本不了解林立果暗杀阴谋的人来说,简直形同儿戏,不可思议!因此,他们对此所作的指示,也就只能是大而化之、原则性的。并且,他们对此所采取的态度,也就只能是"基本不信,但又不敢完全掉以轻心",只好进一步了解、掌握情况。

张耀祠接到报告后一方面向顶头上司汪东兴报告,一方面指示北戴河8341部队"派专人监视林彪住所的动静"。汪东兴接到报告后立即向主持中央日常工作的周恩来报告,周恩来问了声:"报告可靠吗?"汪东兴回答:"可靠。"周恩来对汪东兴说:"你马上打电话通知张宏,如果有新的情况,立即报告。"(汪东兴:《毛泽东与林彪反革命集团的斗争》,当代中国出版社1997年版,第204页)周恩来还要汪东兴告诉警卫部队,"密切注意",但"不要鲁莽行动"。 (邵一海:《"联合舰队"的覆灭》,春秋出版社1988年版,第259页)

据中央文献出版社出版的《周恩来传》中介绍,"周恩来所接的第一个电话是张耀祠打来的。他报告:驻北戴河的中央警卫部队获悉林彪等人打算离北戴河出走,准备去哪里还不知道。这是林彪的女儿林立衡报告的。周恩来立刻指示警卫部队继续观察,随时报告。"

大约在晚上11钟时,宋德金秘书告诉楼外的姜作寿,看来马上要走。姜作寿立即直奔58号楼报告张宏副团长,张宏当即用电话向北京做了报告,得到的指示是:"林副主席要走,你们就跟上去。"

在情况不明、真假难辨的情况下,无论林办工作人员还是8341部队指战员,都对上层毛林之间已是水火不容的局面毫不知情,对林彪这样的党内二号人物,上了党章的"接班人",没有谁敢下命令限制他的行动。因此,按照警卫惯例"跟上去",是唯一可能下达的命令。

（四）周恩来警觉起来，开始查问 256 号专机情况

当时，最关键的人物是周恩来，尽管他不知悉林立果的暗杀阴谋，但他既清楚党内矛盾的真相，了解毛泽东对林彪的真实态度和林彪对毛泽东的抵触情绪，也听到了北戴河警卫部队所报告的林立衡反映的情况，因此，只有他能够既缜密又迅速地直接处理接下来发生的整个事件。如果换了另外一个人，历史肯定将要重写。

周恩来精细过人，他处理问题的逻辑是：既然林彪要逃跑，必须有飞机。林立衡报告已经有飞机在山海关，是林立果乘坐来北戴河的。究竟真情如何？他要核实飞机情况。

周恩来打电话问吴法宪今天调飞机去山海关机场没有，吴法宪肯定地回答说"没有，绝对没有"。周恩来追问："究竟是没有，还是不知道？"吴法宪想起，叶群曾要他把为林彪安排飞机的事交给胡萍，便说："我不知道。"周恩来要他迅速查清，立即报告。

周恩来仍不放心，他想到山海关机场是海军的机场，又向李作鹏查问。不久，李作鹏报告："我问了山海关机场，今天傍晚，去了一架三叉戟飞机，现在还停在那里。"

紧接着，吴法宪也来了电话："我问了胡萍，确实有一架飞机到山海关去了，是改装后训练试飞去的。"周恩来立即对吴法宪说："你通知这架飞机马上回来。飞机回来时，不准带任何人回北京。"

但胡萍却欺骗吴法宪说，这架飞机有故障，不能立即回来。吴法宪将胡萍的话报告周恩来，周恩来虽然不能断定飞机是否故障的真实情况，但他却敏锐地意识到这是一个疑点，必须对这架飞机保持高度警觉。于是他严肃地指示吴法宪："那架飞机修好后，一定要马上飞回来。你立即去西郊机场，查明情况，务必把这件事处理好。"

然而，周恩来严厉追查 256 号飞机的情况，却让正在西郊机场的胡萍立即派人当面报告了正在西郊机场秘密据点里的周宇驰，并用电

话通报给了山海关的潘景寅,统一口径。胡萍对潘景寅说:"如果有人查问你为什么飞山海关,就说是试飞训练;如果要问谁安排的,就说你们自己安排的,我根本不知道;如果问训练为什么还不回来,你就说飞机有点毛病,暂时回不来。你听明白了吗?"潘景寅回答说:"明白! 如果问我什么毛病,我就说飞机的油泵出了故障,正在修理。"(邵一海:《"联合舰队"的覆灭》,春秋出版社 1988 年版,第 261~263 页)

叶群、林立果也立即知道了周恩来追查飞机的情况,这肯定是周宇驰报告的。周恩来这一追查,甚至比毛泽东出其不意地回到北京的消息还要使他们惊慌,因为这意味着最后的唯一的一条退路,眼看就要被卡断了。到那时,他们上天无路,入地无门,只有束手待毙,死路一条了。

(五)叶群做贼心虚,同周恩来的最后一次通话促使其改变部署,决定立即出逃

无论是林彪,还是叶群,多年的军旅生涯和指挥打仗,使他们深谙兵不厌诈的兵法。他们在实施南逃广州另立中央这一重大步骤的前夜,采取了三项掩护措施,以迷惑人心。

第一项措施是:不断放出空气说要去大连,国庆节前回北京。12 日深夜出逃前,还以此欺骗周围的工作人员到最后一分钟。

叶群一直避开去广州的字眼,而多次说要去大连,还叫刘吉纯准备去打前站。据李文普回忆,"12 日上午,林彪叫我收拾一下东西,准备去大连。""(12 日晚上)大约 11 点多钟,叶群拉我到林彪卧室门外叫我等着,她先进去和林彪说了几句话然后叫我进去。这时,林彪早已从床上起来穿好衣服。林彪对我说:'今晚反正睡不着了,你准备一下,现在就走。'我说:'等要了飞机再走。'叶群插话骗我说:'一会儿吴法宪坐飞机来,我们就用那架飞机。'"(《林彪卫士长李文普谈"九一三"事件》,原载《中华儿女》1999 年第 2 期) 据林彪内勤陈占照回忆,12 日晚上 11 点半左右,林

彪要他去找另一名内勤张恒昌，决定马上要走。"11 点 50 分左右，林立果、叶群、刘沛丰一起来到林彪的客厅。过了一会儿，叶群、林立果出来了。林彪又打铃，我到林彪客厅，林彪对我说：'马上去大连，不休息了，有些东西可以不带，够用就行了。过几天再回来，回北京过国庆。'"

　　林彪、叶群说去大连，林立果预先交代机组的却是次日一早去广州，而最后的结局却是逃往苏联。究竟是林彪、叶群此时已经决定外逃，却连身边最亲近的工作人员都要欺骗到最后一分钟，还是情况有变，林彪、叶群在最后一刻才决定外逃？这个问题的答案，关键在于上了林彪外逃用的红旗轿车后却侥幸唯一活下来的李文普的证词。李文普说，他在车上听到林彪问"到伊尔库茨克有多远"，才判断出林彪原来不是去大连，而是要外逃。

　　第二项措施是：突然决定为林立衡、张清霖举行订婚仪式，以示林家"一切正常"，林家正沉浸在"天伦之乐"中。

　　林立衡、张清霖去北戴河，原本是违背林立衡心愿的。她同张清霖的关系刚明确一个月，9 月 6 日晚约 10 点钟，他们俩正在毛家湾谈得高兴，叶群打来电话，要林立衡和对象去北戴河，林立衡推托身体不好，过几天再去。叶群发火说："你这么大的架子，爸爸请你，你都不来。现在他病得快死了，还没见过张清霖。见到你们的事定下来了，他的病就会好了。"林立衡只好同意，于次日去了北戴河。（邵一海：《"联合舰队"的覆灭》，春秋出版社 1988 年版，第 240 页）

　　就在林立果回北京紧张策划暗杀行动的第二天，叶群开始拿林立衡的婚事做文章。9 日下午，她给吴法宪打电话，说林立衡很快就要结婚了，结婚的那天，要放两部电影，请全体工作人员热闹热闹。由于林立衡是空军的干部，所以要陈绥圻（吴法宪夫人）帮助找两部片子。

　　12 日晚林立果从北京返回北戴河后，先和叶群一起匆匆到林彪卧室，谈了一阵子，然后叶群便传林立衡、张清霖去，要他们举行订婚仪式。林立衡坚决不同意，叶群毫不妥协，并搬出林彪来做林立衡的工作。这样,在叶群的一手导演下,林立衡、张清霖的订婚仪式用半个小时草草结束,然后叶群安排放映香港影片《甜甜蜜蜜》,后又加放一个《假少爷》。叶群赶着大家看电影,自己却和林立果躲在林彪卧室密谈,并不时出出进进,神色慌张。林家四口几乎没有一点欢乐气氛,情况异样。显然,订婚仪式是个烟幕弹。

第三项措施是:叶群同周恩来通电话,说林彪要空中动,谎称还没有调飞机,而且晚上不飞,企图迷惑周恩来。

关于叶群同周恩来的最后一次通话,是决定林彪一家命运的最为关键的一次电话。

过去林彪动用飞机,属于国家机密,只报告两个人:毛泽东和周恩来。但通常情况下,由两边办公室秘书作为例行公事来办理,像叶群直接向周恩来报告,是罕见的。仅此一点,就足以引起精细过人的周恩来的思考和警觉。

但为什么会有这样一次通话呢?纯粹是叶群做贼心虚,在听到周恩来查问飞机的消息后,自作聪明地企图麻痹、迷惑周恩来,结果却欲盖弥彰,露了马脚。

晚上 10 点之前林立衡第一次在刘吉纯的陪同下向 8341 部队报告,叶群发现林立衡不在看电影,遂产生怀疑,问李文普林立衡哪里去了,李文普没有隐瞒,告诉叶群:"刚才林立衡找我,让我跟她到 58 号楼报告去,我没去,她就去了。"这个情况令叶群一惊,她马上对李文普交代:"你准备准备,首长有随时走的可能。"周恩来查问 256 号飞机,叶群、林立果从周宇驰、潘景寅口中得知这一重要情况后,更是胆战心惊。此时叶群、林立果最担心两点:一是中央察觉了他们的阴谋;二是没了飞机,一切就全完了。

据在人民大会堂和周恩来一起开会的李德生回忆:"林彪、叶群得知总理查问三叉戟飞机的事,更加惊慌,为了掩盖他们南逃广州的阴谋,在晚上 11 点 22 分,叶群故意给总理打电话说:'林副主席想动一动。'总理问：'是空中动，还是地下动？'叶群答：'空中动。'总理又问：'你那里有飞机吗？'叶群说：'没有。'叶群一句话露了马脚。"（熊华源、安建设编：《林彪反革命集团覆灭纪实》，中央文献出版社1995年版，第9~10页）

按照汪东兴的说法，是周恩来亲自打电话给叶群的。"晚上11点半钟，周总理亲自打电话给叶群。周总理问叶群说：'林副主席好不好呀？'叶群说：'林副主席很好。'周总理问叶群知道不知道北戴河有专机，叶群说她不知道。叶群稍微顿了一下后，又改口对周总理说：'有，有一架专机，是我儿子坐着来的。是他父亲说，如果明天天气好的话，他要上天转一转。'周总理在电话里又问叶群：'是不是要去别的地方？'叶群回答周总理说：'原来想去大连，这里的天气有些冷了。'周总理说：'晚上飞行不安全。'叶群说：'我们晚上不飞，等明天早上或上午天气好了，再飞。'周总理又说：'别飞了，不安全，一定要把气象情况掌握好。'接着，周总理还说：'需要的话，我去北戴河看一看林彪同志。'周总理提出要去北戴河，这一下子叶群警觉了，她慌了。周总理要是一来，林彪南逃广州、另立中央的阴谋也就搞不成了。叶群劝周总理不要到北戴河来，对周总理说：'你到北戴河来，林彪就紧张，林彪会更不安。总之，总理不要来。'这些情况、对话，是周总理后来告诉我的。周总理后来对我说，他确实打算去北戴河，已经让杨德中准备飞机了。"（汪东兴：《毛泽东与林彪反革命集团的斗争》，当代中国出版社1997年版，第205~206页）

《周恩来传》中也说是周恩来主动给叶群打电话的，"在证实山海关机场确有一架专机后，周恩来亲自打电话向叶群询问，并且提出打算到北戴河来见林彪，这时已是深夜23时30分。"（金冲及主编：《周恩来传》，中央文献出版社1998年版，第1039页）

关于调飞机周恩来和叶群通话一事，吴法宪是这样回忆的：

……过了不大一会儿，周恩来又打电话找我，告诉我说："叶群给我打来电话,说副帅要到大连去转一转。我问她有没有调飞机去,叶群说,还没有调飞机,等一会儿,我给吴胖子打电话,要吴胖子调飞机来。可能她很快就会给你打电话,先不要答应她,你就说要请示我。"不久,叶群果然给我打来电话说:"林总要到大连去,让胡萍来一下,如果你能来也好。"我说:"胡萍因病正在住院,再说他的飞行技术也不好,还是让时念堂去吧?"叶群不同意,说:"时念堂不熟悉,还是让胡萍来吧,他又不是什么大病。"我告诉叶群说:"调动飞机的事情,我不能决定,要请示总理。"

不管电话是谁先主动打的,实质性的内容和通话后的实际效果是:做贼心虚又自作聪明的叶群欲盖弥彰,不能自圆其说,结果露出了破绽,让精明的周恩来看出其中有鬼,从而证实了北戴河警卫部队的报告。同时,叶群也摸清了周恩来确实掌握了北戴河有专机的情况,并被周恩来要亲自来北戴河的决定吓破了胆。于是,她赶紧将情况向林彪报告,催促林彪以变应变:改变时间,立即就走;改变方向,由南逃为北窜。很可能林彪最后关头也乱了方寸,听从了叶群的主张。

三、林彪经过反复权衡,终于下定决心,立即亡命苏联

应当说,叶群、林立果谋杀、南逃和北叛的上、中、下三策都是惊天动地之举,林彪下其中任何一个决心都不那么容易。但是,随着形势的变化,他又不能不做出最后的决断。叶群、林立果肯定对林彪有着重大影响,但以林彪的身份、地位、政治态度和个性禀赋等因素来看,最后起决定性作用的,肯定还是林彪本人。

(一)林彪是在紧张、惊慌的气氛中出逃的

林彪决定立即出逃苏联大约在晚上 11 时半左右,是叶群与周恩

来通过电话之后。

临走前96号楼的气氛异常紧张。据林立衡回忆,11时,她被叶群叫去,冷冷地告诉她,明天早上带她和张清霖、张宁去大连,但不久,林彪的内勤张恒昌匆匆跑来对她说:他们现在就要走!突然的变化,使林立衡大吃一惊。她赶快去找李文普,要李文普赶快拖住他们,还可以叫张宏副团长来劝一下。李文普说还是要上飞机,不行再拼。林立衡问他带枪没有,李文普说没有带。林立衡说,到这时候,你连枪都不带,还怎么拼!李文普就去拿枪。林立衡说:"你们不拖住,我去叫部队阻拦!"林立衡从那里出来,碰上了林立果,她问林立果现在怎么样?林立果告诉她现在就走,并边说边往林彪那里跑。林立衡回到放电影的地方,这时,电影《假少爷》快要演完了。她看到林办李秘书正在看电影,便告诉他,林彪、叶群今晚要跑,叫他注意点。随后又告诉了张清霖和杨森(注:空军保卫部干部),并要杨森在门口控制住汽车。这时,叶群突然跑来,叫喊道:"快停演!今天晚上就到大连去。你们马上回去准备。杨森不去大连了,留下来看东西。"她一边叫喊,一边慌张地在走廊里来回乱窜。

据林彪内勤张恒昌回忆:临走前的气氛吓人。"大约11点40分到50分左右,叶群、林立果、刘沛丰一起到林彪的客厅里。刘沛丰手里提着三四个皮包。叶群一到,就马上出来到处找李文普,叫喊着调汽车,在走廊里到处乱窜,像个疯子一般。"

据林彪内勤陈占照回忆:"11点50分左右……我走出林彪的客厅,看到叶群、林立果像热锅上的蚂蚁,叶群披头散发,林立果跑来跑去,忙着调车,十分着急的样子。这时,我心情很紧张……"

据李文普回忆:11点多钟,他和叶群从林彪卧室出来,林彪交代他:"今晚反正也睡不着了,马上走,给大连打个电话,等吴法宪派的飞机来了就走。"叶群催着他快点调车。叶群说:"快点吧,什么东西也别带啦!有人要来抓首长,再不走就走不了啦!"(邵一海:《"联合舰队"的覆灭》,春秋出版社1988年版,第271~276页)

这些情况有力地说明,林彪的出逃,是仓促之间决定的。如果不是有鬼,无论如何是不会吓成这个样子的。同时也说明,叶群、林立果,一个是靠了"夫人"的身份才爬上高位的女人,一个是乳臭未干的毛孩子,外强中干,色厉内荏,哪有什么大将风度!一遇紧急情况,就不知所措了。林彪完全依靠他们,情况靠他们掌握,形势靠他们判断,电话靠他们打,一切靠他们安排,这和战争年代指挥千军万马的林彪判若两人,岂不是昏了头脑,荒唐透顶!这样到头来落个满盘皆输,也就毫不奇怪了。

林彪仓促出逃,丢下了心爱的女儿林立衡。他肯定是一方面听叶群说林立衡向 8341 部队报告去了,对女儿又气又恨;另一方面情况紧急,容不得找林立衡耽搁时间,自己和叶群、林立果逃命要紧。这也再次说明了他心中有鬼。

(二)林彪是自己走的,谈不上什么"挟持"和"绑架"

林彪的出逃,既有他自己说过的话,也有他自己采取的行动。

23 时,林彪当面交代李文普说:"今晚反正睡不着了,你准备一下,现在就走。"

23 时半左右,林彪当面交代内勤张恒昌、陈占照说:"马上去大连,不休息了,有些东西可以不带,够用就行了。过几天再回来,回北京过国庆。"

汽车调到车库,据陈占照亲眼目睹,林彪、叶群、林立果、刘沛丰一起走出来,准备上车。林彪走在最后边。当他走到内勤门口时,林彪还问陈占照:"东西都装车没有?"陈占照回答:"没装车。"林彪没有再说什么,也没停步,连帽子、大衣都没带,就钻进了汽车。(邵一海:《"联合舰队"的覆灭》,春秋出版社 1988 年版,第 277 页)

关于林彪上车的情景,由于职责、习惯的原因,李文普看得最清楚。他的回忆是:"这是一辆三排座大红旗防弹车,林彪第一个走进汽车坐在后排,叶群第二个走进汽车,坐在林彪身边。他们坐定了,中间第二排座才能放好。第三个上车的是林立果,他坐在第二排在林彪的前面。第四个上车的是刘沛丰,坐在叶群的前面,我最后上车,坐在前排司机旁边,身后就是林立果坐的位置。"(《林彪卫士长李文普谈"九一三"事件》,原载《中华儿女》1999 年第 2 期)

山海关场站副站长赵雅辉等 5 位人员,目击了林彪等人出逃登机的狼狈相。他们写道:"我们在现场亲眼看到林彪、叶群、林立果极其死党刘沛丰等人仓皇逃命、狼狈投敌的情形。1971 年 9 月 13 日 0 点 22 分,林彪一伙乘坐红旗轿车,极高的速度开到停在机场的三叉戟飞机附近。车还未停稳,林彪一伙就急忙下车。叶群、林立果、刘沛丰等拿着手枪,乱喊乱叫:'快!快!快!快!快!飞机快起动!飞机快起动!叶群披头散发,林彪光看秃头,慌慌张张地跑到飞机驾驶舱门底下,在没有客机舷梯的情况下,慌忙顺着驾驶舱的小梯子,一个一个往上爬。第一个爬上去的是刘沛丰,叶群往上爬的时候,林彪紧跟着往上爬,林彪的秃头都顶着了叶群的脚。他们没待机组人员上齐,连副驾驶员、领航员、通讯服务员都没有上机,飞机滑行灯也没敢开,机舱门还未关上,飞机就急促起动,强行滑出。在滑行中,右机翼撞坏了停在滑行道旁的加油车罐口盖,刮掉了机翼上的铝皮,撞坏机翼上的绿色玻璃灯罩和有机玻璃等。在没有夜航灯和一切通信保障的情况下,便在一片漆黑中,于 0 点 32 分,强行起飞,仓皇逃命。"

党史研究专家于南在《说不尽的毛泽东》一书中,对林彪是否被劫持的问题作了研究。他写道:"在审理'两案'时,曾就林彪是否被劫持问题做过调查,结果证明被劫持的说法站不住脚。这里关键的人物是林彪的警卫秘书李文普,李跟随林彪 14 年,最后和林彪同车去山海关机场。他在车上听到林彪问林立果:到伊尔库茨克有多远?因为林彪原来对李说是去大连,现在听说去伊尔库茨克,是到苏联,李怕当叛徒,想到家里还有老婆孩子,不愿跟他们一道走,就突然喊停车。司机当时是听他的口令的,车一停,李便跳下车,车里人向他开枪,击伤左臂,李用右手掏枪还击。李文普在'九一三'后,一直这么讲的,直到1980年审理'两案'时,从未改过口。此外,林彪在北戴河96号楼上车时,很多人看到并没有人强拉他上车。因此劫持的说法不能成立。写在党章上的'接班人',掌握军队实权,身经百战的元帅,在周围有大批警卫部队的安全环境中,竟会被一个50岁左右的女人、20多岁的毛孩子绑架、劫持走,这不是天大的笑话吗?不管林彪当时是怎么想的,他必须对出逃一事负直接的主要的责任,这是谁也开脱不了的铁的事实。"

但是,林立衡一直认为林彪是被叶群、林立果绑架走的。1972年8月,周恩来遵照毛泽东的指示,在人民大会堂接见林立衡。周恩来向她询问了"九一三"的情况,然后严厉批评了她:"你还认为林彪是让林立果绑架走的吗?他是副统帅,别人怎么命令他?"(《说不尽的毛泽东》,原载《北京青年报》1988年6月28日)

据知情人透露,事后曾在林彪乘坐的红旗轿车里发现捆绑用的绳子和堵嘴用的毛巾。如果确凿的话,肯定是叶群、林立果怕林彪不走,想来硬的。此说近乎天方夜谭,似乎没有可信度,但考虑到外逃性质的严重性和叶群、林立果的狗急跳墙、铤而走险,也不好完全排除。而确凿无误的事实却是:绳子、毛巾,根本没有派上用场。

(三)林彪、叶群、林立果上汽车前已经决定逃往苏联,只是瞒着周围的一切人

逃往苏联的决策是林彪、叶群、林立果三人关起门来紧急之间决定的,瞒着身边其他一切人。至多,刘沛丰知道真情。善于用诈术的林彪,在晚上11点多钟还交代李文普和内勤等说去大连,纯属欺骗。

其实,惊慌之中,叶群离开北戴河别墅前已经说漏了嘴。既然"有人要来抓首长",那么是什么人吃了豹子胆,竟敢来抓"副统帅"、"接班人"呢?林彪的地位是一人之下,万人之上,全中国除了毛泽东,还能有

谁敢动林彪元帅的一根毫毛呢？如果是毛泽东要来抓林彪，那么跑到大连就安全了吗，就能躲过这一灭顶之灾吗？

林彪交代李文普马上走，去大连，但李文普感到去向不明，情况甚为复杂。便一面按照林彪、叶群的吩咐赶快调车，一面给北京的胡萍打电话。他问胡萍："首长马上要走，什么也不带，我觉着方向不明确。林立果跟你讲到哪里去了吗？"胡萍一反常态，说："你不要问了，不要问了！你不要往北京打电话了！"说完就很不耐烦地把电话放下了。李文普难免生出狐疑，随同林彪上了司机杨振刚开的红旗轿车后，发生了最关键的对话。李文普是这样说的：

> ……汽车开出不久，叶群对林彪说："李文普和老杨对首长的阶级感情很深。"林彪没有吭气。过了一会儿，林彪问林立果："到伊尔库茨克多远？要飞多长时间？"林立果说："不远，很快就到。"汽车开到58楼时，姜大队长站在路边，扬手示意停车。叶群说："8341部队对首长不忠，冲！"杨振刚不但没有停车，反而按喇叭加快车速，冲过58楼。听说要去伊尔库茨克，我的思想犹豫了，跟着跑，这不是当叛徒了吗？到了苏联他们能管我吗？会不会把我弄回来？就是不把我弄回来，我的老婆、孩子不成了叛徒的家属了吗？我觉得还是下车好，便决定下车。汽车冲过58楼以后不久，我突然喊了声："停车！"杨振刚把车停下了。我立即下车。当时车里几个人没有吭气。我为了保命，向后车门后面退了几步。我说："你们到底往哪儿跑？"叶群气冲冲地说："李文普，你想干什么？"我说："当叛徒我不去。"便转身向58楼喊了一声："来人哪！"车里向我开枪，我即向汽车的前车门开枪。我在林彪的阴谋活动中，忠实地为他们逃跑保密和欺骗别人，做了不少坏事，林彪不会怀疑我不跟他们跑。我下车后，看到我不跟他们走了，才想开枪打死我灭口。（《林彪卫士长李文普谈"九一三"事件》，载《中华儿女》1999年第2期）

李文普的证言是最关键的证言,而且车内其他人已经死亡,李文普成了唯一的证人。正是一句"到伊尔库茨克有多远",给林彪的出逃定了性。从"九一三"事件发生到30年后,李文普一直这么讲,从未改过口。

说李文普是孤证,那倒不假。

车内开枪者肯定是林立果,他击伤了李文普的左臂。

车内开枪打人,汽车高速冲过部队的阻拦,险些撞上部队的战士,这一切气坏了警卫部队的中队长肖奇明。他举枪向汽车尾部连开两枪,手枪子弹打在汽车的后风档玻璃上,因为是防弹车,只在玻璃上留下两个白点。周恩来的卫士高振普撰文说:"后来,周总理对这两枪提出批评,说是没有明确指示,怎么能开枪呢?"(高振普:《周恩来卫士回忆录》,上海人民出版社2000年版,第121页)1972年8月1日、2日,周恩来接见回国述职大使和外事单位负责人时说:"林彪逃跑时,我就在人大会堂电话机旁边,我拉住黄永胜,当时也没有想到林真的要跑,也可能他上去转一转,又下来,所以不好开枪打他。"

这两枪非同寻常,它无疑加速和坚定了林彪外逃的决心,使林彪绝无可能回心转意。也有人说就是这两枪,使矛盾激化,打跑了林彪,并迫使他变南逃为北叛。

(四)林彪出逃前肯定作过激烈的思想斗争,他的选择连他自己也知道是孤注一掷

林彪决定同毛泽东彻底决裂,肯定不是经过一天半天的考虑,只是在北戴河听到毛泽东南巡谈话的内容密报后,他才下决心同毛泽东决一死战,拼个鱼死网破。

"九一三"事件前,从林彪和毛泽东的关系看,有三次大的性质严重的转折:一次是庐山会议,一次是"批陈整风"汇报会,再一次就是毛泽东南巡谈话。

庐山会议后林彪开始思想不通，顶牛，后来试图缓和、挽回和毛泽东的关系，想向毛泽东作个检讨，私下了结此事。为此，曾让他的秘书代为起草个检查，并想找毛泽东谈谈，但一直未能谈成，于是林彪由失望转为更加强烈的不满。(李文普：《"九一三"事件真相》)1970年12月18日毛泽东接见美国记者斯诺，针对林彪有意识地说了"四个伟大""讨嫌"。毛泽东让林彪接见斯诺，林彪拒不接见，还私下发泄对毛泽东的不满，说："今后再也不随便讲话了！讲话都要有根据，不然你好心好意拥护毛主席，还会犯拥护过头的错误。"并愤愤地讥讽："什么路线，就是毛线。""什么讲老实话，他(指毛泽东)就最反对讲老实话，最喜欢吹捧，谁讲老实话，谁就完了。"(林立衡揭发林彪的材料，转引自中央"两案"材料)

"批陈整风"汇报会后，林彪的情绪就相当低沉了。对此，吴法宪回忆说："'批陈整风'汇报会以后，林彪就要回北戴河，我去机场送林彪，向他汇报空军训练的情况，但他一言不发。我心里想，林彪怎么变了呢？是避嫌？还是因为其他？但是有一点，我应当实事求是地说明，从九届二中全会之后，我没有听到林彪说过一句对毛主席不满的话，林彪的思想上是不是有一个禁区，或者是有什么其他的想法我就不知道了。"

吴法宪的回忆证实林彪思想情绪的消沉，至于他不在吴法宪面前说毛泽东的坏话，正是他的一贯做法。如果政治上毫无城府和防范，在部下面前有话就吐，直言不讳，那还是林彪吗？

林彪生命最后阶段的心态，是极其阴暗低沉的，他决心破罐子破摔，甚至几次流露出"死"的念头。

那几天，林彪、叶群、林立果经常关起门来密谈，从内勤听到的只言片语，联系起来分析，不难看出内中隐藏的某种玄机和特殊含义：

9月2日下午，林彪在自己卧室和林立果谈话。内勤进去倒水听到："……飞机。"林彪问："行吗？"林立果回答："他们会盲目执行的。"几个小时后，林彪把李文普找来，对李文普说："北戴河的房子不要盖了,反正我活不了几天啦! 把这个门改到东边就可以了。"

9月8日上午9时,林立果来到林彪客厅。一进门,林彪就说:"老虎,好朋友! 请坐,请坐!"众人听了面面相觑。10时30分,林彪和叶群在林彪卧室谈话。卫士和内勤均听到叶群边哭边说:"说我是特务,叫我到农村去没有安眠药怎么办? 我要跑,你说走不走……"嗣后,林、叶密谈3个小时。

9月9日7时,林彪给办公室的人讲,等林立果来后调一架很强的飞机再去大连。吩咐飞机要备飞3小时以上。并急着找叶群谈到中午11时。其间内勤进来,看见叶群眼睛红红的,像是刚哭过。

9月10日下午4时左右,林彪和叶群在林彪客厅密谈。内勤在门外探听叶群在谈——杨成武倒台;三十八军;各大军区都不会跟你走的,许世友是跟毛主席的,也不会跟你一条心……

9月11日12时30分,林彪找叶群。内勤听到叶群对林彪说:"没想到小小的立果活动面那么大! "林彪说:"反正活不了多久了,死也死在这里。一是坐牢,二是从容就义。"

9月12日下午5时30分左右,林彪、叶群叫李文普,告诉他原准备去大连的时间已定,"明天早上六七点钟。"

晚8时,叶群又到林彪处密谈一小时。9时许,林立果从北京赶回北戴河,林彪、叶群、林立果先关门密谈,后来林立果又到叶群处密谈,再后来林彪、叶群、林立果又进行密谈。密谈中,林办工作人员听到林立果好像对林彪说:"黄吴李邱……你都交给我了嘛! 到了香港就好办了! "(图们、肖思科:《特别审判——林彪、江青反革命集团受审实录》,中央文献出版社2003年版,第337页)

林彪的思想意识和最终抉择,肯定有一个相当复杂的思虑和斗争过程。其中叶群、林立果的影响不容小看,他的心理已经被叶群、林立果所打破。但是,一到紧要关头,比如是南逃广州还是北投苏联,林彪不能不三思而后行。他毕竟不是小孩子,他要考虑成败,考虑后果,考虑自己的名誉和影响,考虑历史上这一笔怎么写。

那么,会不会像张宁所说,林彪临跑的那天晚上"哭着说'我至死是民族主义者'"呢? 如果真是那样,说明林彪直到出逃前的最后一分钟,都是动摇不定的,只是经不起叶群、林立果的怂恿、鼓动甚至欺骗,这才走上了身败名裂的绝路。

关于林彪临跑前的这个情节,最早出现于《扭曲的虹——张宁自述》一文,那里说"首长好像说什么是民族主义者"。在《乱世佳人》一书中,也有这样的说法:"……我看见首长坐在沙发上,他在流泪……首长说:'我至死都是个民族主义者……'"(胡平:《乱世佳人》,江苏文艺出版社1988年版,第182页)张宁在另一处回忆中,说林彪说自己"起码是民族主义者"(何力编:《林彪家族纪事》,光明日报出版社1989年版,第278页)。后来在张宁所著的《自己写自己》一书中,再次这样写。

林彪内勤陈占照也说过类似的话。他被林立衡要求去偷听林彪、叶群、林立果的密谈,回来对林立衡说:"我端了茶水进去时,叶主任和副部长蹲在首长面前,说话声音很轻,听不清楚,我见首长一边流泪,一边说……首长好像说,说什么是民族主义者……副部长发现我,把我推出去,后面的话没听见。"(张宁:《"九一三"事件前夕在林彪家》,见熊华源、安建设编:《林彪反革命集团覆灭纪实》,中央文献出版社1995年版,第125~126页)

李文普对此说法颇不以为然。他在事隔28年之后,终于打破沉默,发表了自己的看法。他说:"我没有听到内勤公务员陈占照说过他偷听到的这句话。林彪、叶群、林立果三个人秘密商量的谈话内容谁都说不清楚,在偷听来的一两句话上大做文章并不能推翻林彪是自己走上飞机逃往苏联的历史事实。"(《林彪卫士长李文普谈"九一三"事件》,载《中华儿女》1999年第2期)

但是,接班人亡命苏联毕竟是件惊天动地的大事,在关系个人名节的重大问题上,林彪不可能不经过激烈的思想斗争。其中举棋不定,迟迟下不了最终决心,其间犹豫动摇乃至出现反复,都是有可能的。

据知情人透露,林彪车开出别墅后一度萌生打退堂鼓,改变主意的念头,曾经命令李文普停车,但被叶群、林立果所阻止,林立果为此开枪打伤了李文普左臂。李文普最初曾向上面反映了这一情况,但遭到专案组训斥,以后迫于压力,在后来的交代中便回避了这一情况。事实是否如此,只有等待更多的第一手材料来佐证了。但即便如此,也改变不了最后出逃的事实和性质。

第九章　机毁人亡

　　林彪一家三口能登上 256 号三叉戟飞机出逃，从一定意义上说是他们的幸运和成功，因为他们是在驻北戴河 8341 部队的严密监视下，在周恩来对停候在山海关机场的 256 号三叉戟飞机下达了封锁令，并且前有拦截、后有追击的情况下，得以脱身的。当飞机在恐怖的枪声中摇摇摆摆地冲向跑道，在刺耳的发动机声中慌慌张张地隐入茫茫夜空的时候，林彪、叶群、林立果肯定有一种死里逃生松一口气的感觉。

　　然而，在他们面前，希望只是那么一闪，便稍纵即逝了，他们怎么也逃不脱命运的安排。事情的最后结局是，256 号三叉戟飞机在空中飞行了 1 小时 53 分钟后，于 13 日凌晨 2 时 25 分在蒙古的温都尔汗坠毁了。机上包括林彪、叶群、林立果在内的 9 名乘员，全部丧生。

　　林彪生命的最后两个小时，充满了仓皇、恐怖和惊险，也充满了侥幸、无奈和神秘。后世种种猜测，种种流言，种种未知之数，也自然而然地由此而生。

一、林彪座机飞出国境后在温都尔汗坠毁

（一）周恩来下令封锁 256 号专机，意在阻止林彪起飞

　　256 号三叉戟飞机 12 日晚飞往山海关机场一事本身，并不具有

多么特别重大的意义,也并没有引起从空军,到北戴河 8341 部队,再到林彪身边所有工作人员的特别注意。因为,林彪一家动用飞机,就像其他高级干部动用小轿车一样,太普通,太平常了。当时,由于毛泽东不坐飞机——早在 1958 年中央就有决定, 出于安全原因禁止毛泽东乘坐飞机,这样,林彪就成了中央乘坐飞机的最高领导人。以前,林彪经常乘坐英制子爵号飞机。1970 年,中国从巴基斯坦转手引进了 4 架英制三叉戟飞机,其中 256 号是里面最好的一架,经过对其机舱和有关设备进行改装、更换,就固定成了林彪的专机。此后,林彪、叶群包括其子女只要一动,就是 256 号专机伺候。原本调动专机有一套制度规定,但副统帅用飞机,还有谁敢说个"不"字呢?再加上林立果在空军,有众多的亲信,吴法宪还有著名的"两个一切"——"空军的一切都可以由立果同志指挥,空军的一切都可以由立果同志调动",所谓请示报告,就成了形式,最多向主持中央日常工作的周恩来和中央办公厅打个招呼,备个案,有时甚至连招呼都不打。特权,使规章制度变为形式,有时甚至连形式、程序都不要了,这就为林立果从事阴谋活动创造了便利。

正是基于如此情况,周恩来开始接到北戴河的报告,一开始无从判断,只是原则上讲"注意观察,有情况随时报告"。待到北戴河几次报告,并且同叶群通话之后,他才判断出情况严重,说不定真有意想不到的事情发生。

林彪起飞前,周恩来并不知道林彪要逃往苏联。但有一点可以肯定,周恩来知道林彪只要一起飞,问题就有些复杂,甚至凶多吉少。因为 12 日晚北戴河 8341 部队的副团长张宏打电话向张耀祠报告说:"林立衡讲,林立果、叶群正在商量要挟持林彪今天晚上逃跑,还要派飞机轰炸中南海,暗害毛主席。林立衡让我立刻直接向张耀祠副主任报告,保卫好毛主席。"(张耀祠:《张耀祠回忆毛主席》,中共中央党校出版社 1996 年版,第 109 页)张耀祠立即报告了汪东兴,汪东兴随即报告了周恩来。丰富的政治斗争经验和对林彪、对党内斗争形势了如指掌的周恩来深知,此时不论真假,他所要做的,是无论如何阻止林彪起飞。

精明过人的周恩来,采取的最果断、最关键的措施是:封锁256号专机。只要飞机不动,所谓林彪的逃跑就无法实现。

周恩来封锁256号专机的部署是先后对吴法宪、李作鹏下了两道命令:第一道是命令吴法宪:256号飞机立即飞回北京,不许带任何人进京。第二道是命令李作鹏:既然256号飞机有故障,飞机停在那里不准动,修好后马上回来。而且,必须有周恩来、黄永胜、吴法宪、李作鹏4个人联合下命令,飞机才能起飞。周恩来并要李作鹏马上打电话通知山海关机场负责人。(中共中央文献研究室编:《周恩来年谱》,中央文献出版社1997年版,第481页)

周恩来关于4个人联合下命令才能放飞的命令,其实是把256号飞机控制在自己手中,又不使黄永胜、吴法宪、李作鹏感到不被信任。

(二)李作鹏篡改周恩来的命令,放跑了林彪

李作鹏是林彪的老部下,也是林彪的亲信。"文化大革命"中,李作鹏受冲击时,林彪说过这样的话:"我活着不准反李作鹏,我死了以后也不准反李作鹏。"林彪信任、器重李作鹏,李作鹏忠于、听命于林彪,这都是毫无疑问的。问题在于,李作鹏在多大程度上知悉林彪"空中动"的内容,李作鹏篡改周恩来指示的动机何在?

周恩来12日晚第一次向李作鹏询问山海关机场有无空军的一架飞机,李作鹏并未引起多大重视。当周恩来严肃地向他下达了封锁256号专机的命令,脑子灵活、点子甚多的他肯定意识到了问题的严重性。接下来,他既不敢公然违抗周恩来的命令,又不想、也不敢对林彪绝对不利,于是采取了"耍滑头"的策略,放跑了林彪。

23时05分,李作鹏直接打电话给山海关机场航行调度室,询问下午是否来了一架飞机,几点落地的,走没走。值班员李万香把李作鹏

来电话的情况立即报告了场站站长潘浩。潘浩当时认为,可能是哪位首长要用飞机,没有引起特别的重视。

23时35分,山海关机场航行调度室值班员又接到李作鹏的电话。这一次,李作鹏首先询问了值班员的姓名,然后说:"告诉你们,它(指256号专机)的行动,要听北京周总理指示,黄总长指示,吴副总长指示和我的指示,以上四人其中一位首长指示放飞,才能放飞,其他人指示都不可以。"

13日0时06分,李作鹏又给山海关机场航行调度室来电话,再一次通知:"四个首长其中一个首长指示放飞,才能放飞。谁来指示,要报告我,要负责任。"

像李作鹏这样级别的首长,直接把电话打给一个机场的值班员,而且不止一次,自然非同寻常,也自然会引起机场领导的特别重视。就在李作鹏第二次来电话后,机场的几位领导感到,有关256号飞机的情况复杂,关系重大,必须慎重处置。

0时10分左右,山海关场站站长潘浩等来到航行调度室,鉴于李作鹏三次来电话,而此时三叉戟飞机已经要了加油车,情况紧急,必须再给李作鹏打个电话,问明情况。电话上,李作鹏把已经通知的内容,又重复了一遍。潘浩问李作鹏:"现在飞机正在加油(实际上没有来得及加油——作者注)。如果飞机强行起飞,怎么办?"李作鹏回答:"飞机如果强行起飞,可直接报告周总理。"潘浩一听,感到为难,因为以前从没有因事直接请示过周总理的先例。但他不好再说什么,想到飞机能不能起飞,关键在于飞行员,他已经知道这架飞机的飞行员是空军航空兵某师的副政委潘景寅。于是便问李作鹏:"中央首长的指示,是不是给××师潘副政委传达?"李作鹏表示同意。

潘站长放下电话,已是0时20分。他和场站政委急忙去找潘景寅。而0时18分,林彪的红旗轿车已经驶进机场。潘站长等迅速跑到潘景寅的房间,潘景寅已经不在了,他们又立即回头向停机坪跑去,但

还未等跑到，飞机已经发动了。（邵一海：《"联合舰队"的覆灭》，春秋出版社 1988 年版，第 283~286 页）

0 时 28 分，山海关机场航行调度室向李作鹏打来紧急电话："飞机已强行滑出！"李作鹏问："飞机到了哪里？"调度室回答："快到跑道了。"李作鹏反倒轻松地说了一句："就这样吧！"

李作鹏的几次电话是大有文章的。他将"四人联合下达命令才能放飞"篡改为"其中一人下达命令才能放飞"，是否估计到其中有一人会下达放飞的命令呢？他讲如果飞机强行起飞"可直接报告周总理"，显然是既故意拖延时间，又把责任推到周恩来身上。他在得知飞机正在加油、眼看要强行起飞的情况后，并没有下令采取阻拦的其他措施，而要阻拦，还是完全来得及的。

参谋出身的李作鹏，当然知道传达命令的程序和严肃性。事后，他指示秘书要山海关机场修改电话记录，遭到拒绝。他心中有鬼，在秘书抄清的电话记录中，把 0 时 06 分那次通话中的"四个首长其中一个指示放飞才放飞"，亲笔改为"四个首长联合命令才放飞，其中一个首长指示放飞，不管谁的指示，要报告李政委。"改毕，他叫秘书重抄一份，由他签字，上报周恩来，并交代给他另抄一份留存。（肖思科：《超级审判》上册，济南出版社 1992 年版，第 338~339 页）

李作鹏所做的手脚，客观上导致了林彪的登机出逃及机毁人亡。根据事后掌握的材料，李作鹏并不知悉林立果的暗杀阴谋，也不知悉林彪 13 日要南逃广州另立中央，更不知悉林彪要逃往苏联。但是，他知悉毛泽东南巡谈话的部分内容，知道毛泽东已经把矛头对准了林彪，判断出林彪遇到了严重麻烦。他肯定是同情林彪的，不想为难林彪，而想巧妙而策略地对林彪网开一面。这如同林立衡向中央的报告，原本想挽救林彪，结果却事与愿违，促成了林彪行动的提前、决心的下定、方向的改变和大难的临头。这些都是当事人所始料未及的。

(三)256 号专机因叶群、林立果的催促而油未加成，机组人员未上齐就强行起飞，结果自己亲手埋葬了自己

据林彪身边工作人员回忆，林彪离开北戴河 96 号楼的时间是晚上 11 时 50 分左右。据山海关机场工作人员目击者称，林彪的红旗牌轿车驶进机场的时间是 0 时 18 分，靠近 256 号专机，开始登机的时间是 0 时 22 分。这就是说，从北戴河 96 号楼到机场约 40 公里，那时没有高速公路，路况并不特别的好，林彪的轿车行驶了 30 分钟左右，已经是高速疾驶，256 号机组有 30 分钟的准备时间。

潘景寅如何知道林彪马上要起飞的？途径有二：一是空军航空兵某专机师西郊机场调度室主任李克修被派驻山海关机场，他的宿舍里安装了两台保密电话，一台通北京，一台通北戴河林彪所住的 96 号楼。林彪离开北戴河前往机场前，林立果肯定给潘景寅通了电话，告诉他立即准备好，等林彪一到，马上起飞。二是晚上 11 时 40 分左右，胡萍用保密机从北京给潘景寅打来电话，李克修在旁，只听潘景寅连声应道："好的，好的。"最后说了一句："明白。"潘景寅放下电话，就把三位地勤人员李平、张延奎、邰起良叫起来，并要李克修给飞机加 2 吨半油。(邵一海：《"联合舰队"的覆灭》，春秋出版社 1988 年版，第 287 页)

潘景寅叫醒三个机组人员起床加油是 0 时 05 分。这对他来讲是个突然变化，因为头天晚上他交代机组的是：明早 6 点起床，6 点 30 分吃饭，然后上机场准备飞机。副驾驶康廷梓事后认为，潘景寅似乎认为有人要害林彪，他要捍卫林彪。康廷梓还认为，潘景寅不叫康廷梓等人，估计是林立果叛逃时，不需要那么多人，怕反抗。(康廷梓 2005 年 10 月 30 日在凤凰卫视《口述历史》栏目所谈)

吴法宪也从北京西郊机场给潘景寅打来电话，命令潘景寅："要绝对忠于毛主席，飞机绝对不能起飞，不管什么人的命令都不能起飞。"当时在电话里，潘景寅满口答应。

吴法宪是 0 时左右给潘景寅打来电话下命令的,此前他已接到周恩来给他的电话:"林彪已经和叶群、林立果乘车离开了北戴河,车正往山海关机场方向开去,临走的时候还开枪打伤了警卫人员。"

潘景寅最后还是紧急布置了机组的起飞,他没有听从吴法宪的命令。

潘景寅此时要加 2 吨半油是个十分重要的情节,这是从山海关到广州需要的油量。这说明,在他的脑海里,起飞的目的地是广州,既不是回北京,也不是去大连。因为头天晚上,林立果交代他的就是准备第二天一早飞广州。

李克修 0 时 03 分要了油车,深更半夜,部队行动即使再迅速,也要有段时间。刚刚睡着的 3 位机械师被紧急叫起后,赶到飞机上准备加油。由于飞机上自带的压力加油接头和机场加油车的加油导管不配套,不能使用先进的压力加油法,只好使用老旧的同其他飞机一样的重力加油法,这就比较麻烦。当机械师中的一人爬到机翼上准备加油的时候,林彪的轿车已急驶而来。第一个跳下车来的是叶群,她一下车就大喊:"有人要害林副主席,我们要走了!"并高呼口号:"誓死保卫林副统帅!"她跑到加油车旁,尖声叫喊道:"快把油车开走!快把油车开走!"林立果、刘沛丰手里拿着手枪,也一个劲地乱喊乱叫:"快!快!快……飞机快起动!飞机快起动!"

身经百战的林彪,从来没有像眼前这样惊慌失措过,也许他还没有从受警卫部队枪击中回过神来。飞机起动了,但是没有登机的舷梯。他们慌慌张张地跑到驾驶舱门下,攀着驾驶舱的小梯子,拼命往上爬。第一个上去的是刘沛丰,叶群披头散发,跟了上去。林彪光着脑袋,紧跟着往上爬,头差不多顶着了叶群的脚。

由于叶群、林立果的歇斯底里的催促,结果造成了两项导致 256 号飞机机毁人亡的重大原因:

第一,飞机一滴油也未加成。林彪出逃伊尔库茨克因空中油料不够,最后只得冒死迫降。

第二,机组人员未上齐。机组共 9 名成员——机长、第一副驾驶、第二副驾驶、领航员、通信员、主管机械师、机械师、特设师和空中女服务员,仓皇之中只上了机长和 3 名机械师,飞夜航至关重要的领航员和通信员都没上去,飞机成了瞎子和聋子,犹如"盲人骑瞎马,夜半临深池",这就不可避免地要酿成迫降失败。

(四)在北京的"小舰队"成员制定南逃方案和周宇驰、于新野劫夺直升机,从另一方面证实了"两谋"

12 日傍晚林立果离京飞往北戴河前,交代周宇驰全权组织第二天安排 8 架飞机,把黄永胜、吴法宪、李作鹏、邱会作设法弄上飞机,南逃广州。周宇驰在空军学院秘密据点里,要王飞晚上回空军机关具体组织实施。

晚上 9 时,王飞、鲁珉、贺德全(空军司令部情报部部长)、刘世英(空军司令部办公室副主任)、于新野(空军司令部办公室一处副处长)、朱铁铮(空军司令部办公室二处处长)、郑兴和(空军司令部军务部装备处处长)等人在空军办公大楼邝任农副司令员的办公室里,开会密谋第二天的行动。王飞宣布说:"林副主席决定,立即转移去广州,明天在广州召集军委办事组的黄、吴、李、邱开会,宣布另立中央。我们的任务是保证黄、吴、李、邱安全到达广州。"接下来,他们围绕"护送"黄、吴、李、邱安全到达广州这个中心议题,考虑了行动的各个环节,设想了可能遇到的种种情况,讨论了行动方案,并确定了一个 25 人的名单。

然而,他们无论如何没有想到,北戴河的林彪已经决定放弃南逃广州的计划,改为北叛了。林立果临离开 96 号楼前给周宇驰打了最后一个电话,对周宇驰说:"首长马上就走,你们越快越好!"(邵一海:《"联合舰队"的覆灭》,春秋出版社 1988 年版,第 252~255 页、第 279 页)周宇驰马上打电话给王飞:"暴露了,不搞了!"此时约午夜 12 时左右。王飞等一听,一个个呆若木鸡。许久,王飞才清醒过来,对众人交代说:"刚才研究的全部作废。要注意保密,泄露出去要杀头的!"

王飞等"小舰队"成员各自散去回家了,于新野没有回家,直接去了空军学院秘密据点。随后,周宇驰、于新野、李伟信跑到西郊航空兵某师,以林彪手令为大旗,以"执行紧急任务"为借口,骗取了3685号直升机,于13日凌晨3时15分起飞。当飞行员陈修文判断出周宇驰要乘直升机叛国,并且周宇驰明确提出要飞乌兰巴托时,陈修文坚决不从,果断地与周宇驰周旋,最后将飞机降落在怀柔境内。周宇驰枪杀了陈修文,然后和于新野、李伟信相约一起开枪自杀。结果,周宇驰、于新野自杀身亡,李伟信放了空枪,走投无路自动投降。

"小舰队"的主楼密商和周宇驰劫夺直升机企图北叛,证实林彪南逃广州另立中央和北上投靠苏联的阴谋,都是计划中的。而北叛,是在他认为南逃"暴露了"的情况下,仓促之间断然决定的。

(五)林彪座机在空中飞行1小时53分钟后,坠毁在蒙古的温都尔汗

林彪座机从0时32分一起飞,就踏上了一条不归之路。

在北戴河发生林彪警卫参谋李文普被打伤,8341部队因阻拦林彪轿车不成气不过,冲林彪轿车开了枪的惊人一幕之后,肯定直接起到了两个作用:对林彪而言,此时他确信自己处于生死存亡的危急关头,他要不顾一切地逃命。对北京的周恩来而言,他接到这一显然能判定事件性质的确凿的报告之后,有千条万条充足的理由采取一切措施拦截飞机。既然发生了非常事件,就要采取非常手段。

周恩来采取的一系列紧急措施中,第一个是命令华北地区的雷达部队全部开机,严密监视256号飞机的动向。

从地面跟踪绘制的航线图可以看出,256号飞机一直是在3000米左右的低空飞行的,这样做的目的显然有三:一是为了有效地避开地

面雷达的搜索跟踪,二是为了有效地避开歼击机的空中拦截,三是为了有效地在没有导航的情况下观察地形、方位。而且,一直用每小时500公里左右的速度,这是一个偏小的速度。据没来得及上飞机的第二副驾驶康庭梓事后分析,采用这样的速度肯定是潘景寅有意如此,可能一是为了尽量延长在国内的飞行时间,以求转机;二是为了节省油料,飞机上不多的油料不允许他做大速度飞行。(康廷梓:《林彪座机副驾驶员谈"9·13"事件》,原载《湖南文史》2000年增刊)

13日凌晨1时50分,256号飞机起飞1小时18分钟后,在中蒙边界414号界桩上空,飞越国境,进入蒙古境内。不久,由于我方雷达探测距离的限制,256号飞机从雷达屏幕上消失。

事后,蒙古方面提供了确凿而又准确的时间、地点:256号飞机于13日凌晨2时25分,在蒙古肯特省贝尔赫矿区以南10公里处坠毁。准确地点是:东经111度15分、北纬47度42分,即蒙古肯特省依德尔莫格县苏布拉嘎盆地。(孙一先:《在大漠那边》,中国青年出版社2001年版,第164页、第216页)

这就是说,林彪座机出境后半个小时,就机毁人亡了。

由于肯特省的省会是温都尔汗,地处沙漠荒原,256号飞机是三叉戟飞机,故以后均称林彪在温都尔汗的下场为"折戟沉沙"。

"折戟沉沙"四字出自唐朝杜牧的《赤壁》诗:"折戟沉沙铁未销,自将磨洗认前朝。东风不与周郎便,铜雀春深锁二乔。"

林彪事件后,1971年10月16日晚,毛泽东在听取周恩来、叶剑英、姬鹏飞、熊向晖等汇报关于即将公开访华的美国国务卿基辛格一行的接待方案时,顺便谈到了林彪的机毁人亡。

毛泽东连连说: "我的'亲密战友'啊!多'亲密'啊!"随后念了杜牧的诗,接着说:"三叉戟飞机摔在外蒙古,真是'折戟沉沙'呀。"(《新观察》杂志1986年第18期)

二、林彪座机越出国境后中央做了最坏的打算和最充分的准备

（一）周恩来调兵遣将，运筹帷幄

整个"九一三"事件，可以说是周恩来一手处理的。因为，第一，当时周恩来是党内第三把手，受命主持中央日常工作。第二，毛泽东南巡刚刚回京，一路疲劳，需要休息，加上对北京、北戴河许多情况的掌握并不那么具体。第三，当晚周恩来正主持中央讨论《政府工作报告》的会议，中央各方面的领导人相对集中，这就为他了解、沟通情况，实施决策和指挥提供了便利。当然，当北戴河出现林彪警卫参谋李文普被打伤，林彪等人向机场落荒而逃的突发情况后，周恩来及时报告了毛泽东。林彪座机强行起飞后中央采取的一系列重大决策，都是由毛泽东亲自拍板决定的，但周恩来参与了重要意见，并按照毛泽东的意思直接下达命令，组织实施。

周恩来的组织指挥体现在以下几个方面：

一是及时中断会议，集中全力了解处理北戴河的情况。12 日晚的会议 8 点钟开始，地点在人民大会堂的福建厅，参加人员是部分中共中央政治局委员和有关的部长。晚上 10 时 40 分左右周恩来接到张耀祠的电话，转述林立衡关于叶群、林立果要挟持林彪出逃，先去广州，再去香港，晚 8 点已经调来了林彪的专机 256 号的报告后，他沉着冷静，多方查询，及时稳妥地下达指示。在各种情况接连报来，会议已经不可能继续下去，他首先询问毛泽东在哪里，然后进入会场，宣布今天的会议结束，政治局的成员留下，转到新疆厅等候。而他，则转到北大厅，集中全力了解、处理北戴河的情况。

二是派遣得力人员，控制重要部门。周恩来在向吴法宪、李作鹏

下令封锁 256 号飞机后,当机立断,派李德生到空军司令部作战部值班室,派纪登奎到北京军区空军,叫吴法宪去西郊机场,并派杨德中同时前去"协助"。此举就把最重要的军事单位和军事部门控制起来了。

(高振普:《周恩来卫士回忆录》,上海人民出版社 2000 年版,第 119~120 页)

三是召集全部中共中央政治局委员,一方面待命,一方面防止意外。周恩来通知所有在京的政治局成员立即到人民大会堂新疆厅待命,他认为事态的发展有必要迅速通报给政治局成员。他在林彪座机越过边境,并向毛泽东作了汇报之后,根据毛泽东的指示,到新疆厅向政治局委员们宣布了林彪北飞的消息,场内哗然。政治局委员们大吃一惊,面面相觑,谁也没有讲话,也不知道该讲什么。周恩来看看大家,声音不太高地说:"请你们待在这里,都不要离开新疆厅。"周恩来的用意,除了有情况迅速向政治局通报外,也有防止发生意外的考虑,毕竟,政治局内有林彪的亲信黄永胜、吴法宪、李作鹏、邱会作。这时,在别人都紧张、沉重的情况下,张春桥却显得特别高兴,他意味深长地对坐在一起的李作鹏、邱会作说:"你们愁眉不展作什么? 这是你们甩了一个包袱,你们解放了!"姚文元马上让工作人员拿茅台酒庆祝,叶剑英严肃地说:国家出了这么大的事情,这是一种耻辱,你们还有心庆祝? 姚文元这才作罢。接着,江青、张春桥、李作鹏三个人就玩儿起扑克牌来了。(纪希晨:《史无前例的年代》,人民日报出版社 2001 年版,第 597 页)

四是到中南海向毛泽东报告,共同决定重大应对举措。据汪东兴讲,他在中南海接到张宏关于 256 号飞机已经强行起飞,与此同时又接到林立衡关于飞机好像是上天了的电话后,立即打电话给人民大会堂的周恩来,说:"毛主席还不知道这件事,您从人民大会堂到毛主席那里,我也从中南海南楼到主席那里,我们在主席那里碰头。"周恩来随即到中南海,向毛泽东作了汇报。汇报期间,吴法宪从西郊机场打来电话给汪东兴,问飞机在向北飞行,即将飞出河北,进入内蒙古,要不要派歼击机拦截?汪东兴请示毛泽东,毛泽东说不能拦截。周恩来同意

第九章　机毁人亡

273

毛泽东的意见,并要汪东兴马上去传达给吴法宪。(汪东兴:《毛泽东与林彪反革命集团的斗争》,当代中国出版社 1997 年版,第 208 页)周恩来同时建议毛泽东立即转移到人民大会堂 118 厅。

五是下达全国禁空令,下令迫降 3685 号直升机。林彪座机越出国境后,周恩来拿起电话,向全国发布禁空令:关闭所有机场,没有毛泽东、周恩来、黄永胜、吴法宪、李作鹏、邱会作联合下达的命令,所有飞机不准起飞,开动全部雷达监视天空。13 日凌晨 3 时许,李德生向他报告,北京沙河机场起飞一架直升机,正向北飞行。他请示毛泽东后,下令空军出动飞机拦截,不听就打掉。由于空军的出动,加之飞行员陈修文的斗争,直升机迫降在北京怀柔,没有造成飞出国境的政治上的更大损失。

六是给各大军区和各省、市、自治区打招呼,抓领导层和军队、国家大局的稳定。从 13 日清晨到下午,周恩来亲自给全国 11 个大军区和 29 个省、市、自治区主要负责人打电话,考虑到保密的需要,他使用的是经过斟酌的语言:"庐山会议第一次全会上第一个讲话的那个人,带着老婆、儿子,坐飞机逃往蒙古人民共和国方向去了!你们要听从党中央、毛主席的指挥。从现在起,立即进入紧急备战。"他怕有的人还听不明白,又补充一句:"老病号跑了!"南京军区司令员许世友一听就明白了,福州军区司令员韩先楚却怎么也听不明白,周恩来又说:就是第二个张国焘嘛。但韩先楚还是不大明白,他压根想不到林彪会跑。

七是重点抓好外交和战备方面应付不测事件的准备。周恩来指示外交部,密切注意外电报道,研究并提出因林彪事件引起的对外交涉及应对方案。他亲自和政治局部分成员及总参负责人共同拟定紧急战备指示,并对北京地区的军队部署、京郊各机场的军管以及机动兵力的安排做了布置,加强了中南海的警卫力量。(中共中央文献研究室编:《周恩来年谱》,中央文献出版社 1997 年版,第 481~482 页;金冲及主编:《周恩来传》,中央文献出版社 1998 年版,第 1041 页)他说:"要准备打仗。我现在考虑的,第一是打仗,第二是打仗,第三还是打仗！"他最担心的是林彪从苏联那里搬救兵,在苏联的帮助下打进来,国内林彪的党羽发动政变,里应外合。(张佐良:《周恩来的最后十年》,上海人民出版社 1997 年版,第 240 页)

(二)毛泽东强作镇静,宽容大度

尽管毛泽东对林彪一伙的表现有所警觉,但 13 日夜林彪出逃的举动,还是令他深感震惊。毛泽东是从周恩来、汪东兴的汇报中得知林彪强行起飞的消息的。周恩来汇报未完,吴法宪来电话请示要不要拦截,打不打,还在射程之内。周恩来请示毛泽东,毛泽东坐在沙发上,头向后靠在靠背上,沉思片刻,不无忧郁地说:"林彪还是我们党中央的副主席呀。要是把副统帅打下来,怎么向全国人民交代呀?""不要打。天要下雨,娘要嫁人,都是没有法子的事,由他去吧！"边说边在沙发上比画了一下。

周恩来建议毛泽东转移到人民大会堂休息,以防不测。开始毛泽东不以为然,在周恩来的坚持下,他才前往大会堂。他委托周恩来全权处理外面的情况,自己尽管十分疲劳,但无论如何睡不着觉,便在 118 厅看古书等候下一步的情况。

在这个时候,毛泽东还有心思看书,而且看的是线装书,可见他此时的心情是多么沉重、复杂！

当周恩来向他报告了 256 号飞机越过国境,林彪出逃已成定局,他冷冷地说了句:"不过是张国焘、王明以外,再加一个罢了。"

"九一三"之夜,表面上镇定自若的毛泽东所受的震动是可想而知的。

自己亲手选定的接班人竟然叛他而去,他和林彪的关系竟是如此结局,这不能不令他震惊,令他愤慨,也令他伤感。

他的精神受到了极大刺激,此后他大病一场,身体状况明显不如以前了。这说明,林彪事件给他的打击是沉重的。

（三）得到林彪机毁人亡的确切消息后，毛泽东、周恩来的反应发人深思

林彪座机从雷达屏幕上消失后，中国方面并不知道飞机已经坠毁，而是认为超出了雷达探测距离。

13日下午，周恩来致信毛泽东，汇报了全天同全国各地打招呼，要外交部、总参做好外交、战备等方面准备的情况，并附送空军司令部一份获悉蒙古温都尔汗地区一军用飞机坠落起火的电文。这份电文是空军有关部门通过无线电技术侦察获悉的情报，具体内容并不清楚。（中共中央文献研究室编：《周恩来年谱》，中央文献出版社1997年版，第482页）

中国方面真正获悉林彪坠机的确切消息是在14日中午。中国驻蒙古大使馆关于中国一架三叉戟飞机在温都尔汗坠毁的电报传到外交部时，外交部核心领导小组正开会讨论如何应对林彪出逃引起的外交问题。12时50分，秘书将电报送到正主持会议的外交部代部长姬鹏飞面前。姬鹏飞阅完电报，用一种异常的语调对与会者讲："机毁人亡，绝妙的下场！"接着把电报念了一遍。随后，立即派人把电报送到人民大会堂，报告毛泽东、周恩来。

此时50多个小时没有合眼的周恩来刚刚休息。外交部先报告了周恩来。被紧急叫醒的周恩来看完电报，异常震惊地连声说："你看，摔死了，摔死了！"（孙一先：《在大漠那边》，中国青年出版社2001年版，第171~172页）

毛泽东是如何得知这一确切消息的，有两种说法：一种是《周恩来年谱》和《周恩来传》上所说，是周恩来"亲往毛泽东处报告情况"。另一种是汪东兴所说，周恩来、汪东兴等都在人民大会堂开会，中央办公厅副主任王良恩接到外交部送来的电报后，报告周恩来。"周总理看到报告后，在会场上对我说：'得到了一个很重要的消息，你是不是马上去报告毛主席。'我说：'我马上就回去报告毛主席。'当时，毛主席就住在人民大会堂北京厅。我跑了一段路到北京厅，把这个消息报告了毛主

席。"(汪东兴:《毛泽东与林彪反革命集团的斗争》,当代中国出版社1997年版,第212页)显然,此处汪东兴所说他第一个向毛泽东汇报有误。

据汪东兴讲,毛泽东闻讯后问了不少问题。"毛主席想了一下,问我:'这个消息可靠不可靠? 为什么一定要在空地上坠下来? 是不是没有油了? 还是把飞机场看错了?'我对毛主席说:'飞机到底是什么情况,现在还不清楚,大使准备去实地勘察。目前还不知道飞机是什么原因坠落下来的。'毛主席又问:'飞机上有没有活的人?'我对毛主席说:'这些情况都不清楚,还要待报。'这个消息虽然很不具体,但它却使毛主席、周总理和正在人民大会堂参加会议的中央政治局大多数同志心里的石头落了地。"(汪东兴:《毛泽东与林彪反革命集团的斗争》,当代中国出版社1997年版,第212页)

周恩来向政治局成员宣布了林彪摔死的消息,会场上马上变得一片轻松。晚上大家吃了一顿好饭,还破例喝了茅台酒。(高振普:《周恩来卫士回忆录》,上海人民出版社2000年版,第127页)

实际上,周恩来的反应是极为复杂的。

一周之后,当中国驻蒙古大使馆派人送回林彪等折戟沉沙的大量照片,周恩来在人民大会堂看后,当房间里只剩下他和纪登奎时,却突然号啕大哭。周恩来的侄女周秉德在《我的伯父周恩来》一书中写道:"这是一种长久压抑到了极限,终于无法再压抑而爆发的哭声,一种痛楚无比撕肝裂肺的痛哭,纪登奎一下呆住了:不是亲眼目睹,他压根儿不会相信,发出这种哭声不是别人,正是面对墙壁双肩颤抖的周恩来! 就是刚才还和大家一样露出久违的笑容,举杯庆祝这不幸中的万幸的周恩来! 自从调到中央工作,纪登奎看到的周恩来永远是从容、镇定、乐观。像今天这样的失控,纪登奎是第一次看见,真感到太意外了,太震动了,以至说话结结巴巴:'总理,总理,林彪一伙摔死了,这是不幸中的万幸,应该说是最好的结局了,您该高兴,对不?'周恩来回过身来,双肩依然在颤动,脸上老泪纵横,他摇着头,声音嘶哑地反复说:

'你不懂,你不懂!'"

10月初,周恩来到广州送走外宾后,应邀给广州部队领导机关作报告,谈了林彪出逃的一些情况,并说明了256号林彪座机不是他下令打下来的。他感慨地说:"主席说,天要下雨,娘要嫁人,由他去吧!主席尚能宽容林彪,我周恩来为什么要阻拦他呢?主席南巡时也说过,林彪还是要保的,如果他承认了错误,还可以给他当一个政治局委员。主席对林彪都很宽宏大量,我为什么要置林彪于死地呢?"最后,他自责地说:"'萧何月夜追韩信'还追回来了,可惜啊,我周恩来没能把林彪追回来……"(晓亮、文军:《十大元帅之谜》,河南人民出版社,1993年版)

(四)黄、吴、李、邱"四大金刚"六神无主,惶惶不安

在中央和军队里面,最引人注目的是黄永胜、吴法宪、李作鹏、邱会作四人的态度。根据林彪出逃后掌握的材料,他们并不了解林立果的暗杀阴谋,也不了解林彪南逃广州另立中央的阴谋。1980年审判时的特别法庭副庭长伍修权在《审判林彪、江青反革命集团主犯的回顾》一文中写道:"黄永胜是个主要人物,他的罪行特点是同林彪、叶群关系特别密切。""吴法宪罪行的特点,是把空军的权力交给了林立果。""李作鹏的要害问题,我们抓的是'九一三'事件中,由他放跑了林彪的座机问题。""邱会作的突出问题是在总后实行法西斯专政。"但伍修权后来说他们参与了"两谋"。

9月12日是个星期天,这一天,黄永胜在家,吴法宪在家打乒乓球,李作鹏一家去逛颐和园,邱会作先开会后在西山看电影。如果第二天去广州另立中央,他们恐怕不会如此悠闲。此外,12日晚"小舰队"王飞等制订第二天前往广州另立中央的计划时,曾有把黄、吴、李、邱设法弄上飞机的种种方案,其中包括欺骗,骗到机场后如果不从就绑架等。如果他们参与了另立中央的阴谋,是根本不需要这样来行动的。

但是,毕竟他们同林彪的关系不同寻常,何况林彪出逃前几天他们之间有些反常表现。并且,从已经缴获的林彪一伙的罪证材料表明,他们与林彪、叶群关系密切,有重大嫌疑。9月14日毛泽东告诉周恩来:"看他们10天,叫他们坦白交代,争取从宽处理。老同志,允许犯错误,允许改正错误,交代好了就行。"

黄、吴、李、邱心中有数,在惶惶不安中,开始了串联。一天,邱会作来到李作鹏家,商量是否向中央写个检讨报告。李作鹏当即回答说:"不,要看看。"

据邱会作的妻子胡敏交代,大约15~17日间的一天,李作鹏对她说:"有些问题准备安到林彪头上,因林死了,查不清了。"

林彪一出逃,吴法宪的妻子陈绥圻就开始销毁证据,她销毁了吴法宪参加庐山会议期间的记录本和叶群写给吴法宪"此时无声胜有声"的条幅,以及一个叫吴统成的人在1971年夏揭发林立果在广州搞阴谋活动的信等。(老久主编:《林彪和他的十大干将》下,甘肃文化出版社1998年版,第498页、第435页)

10天后,毛泽东要汪东兴向周恩来询问黄永胜等人的情况。周恩来当即与汪东兴前往毛泽东处汇报,说黄永胜等人在拼命烧材料,黄永胜把一个痰盂都烧炸了。

毛泽东说:他们是在毁灭证据,这些人是要顽抗到底了!根据毛泽东的意见,周恩来表示要立即处理黄永胜等人的问题。第二天,即9月24日,周恩来代表中共中央宣布对黄永胜、吴法宪、李作鹏、邱会作四人实行隔离审查。(中共中央文献研究室编:《周恩来年谱》,中央文献出版社1997年版,第483页、第485页)

黄永胜被北京卫戍区司令员吴忠押走时,"浑身打颤,两腿瘫软,是被两名卫戍区干部架着走出大会堂,塞进汽车的。"如果不是有鬼,何至于此!(《黄、吴、李、邱最后的顽抗》,载《光明日报》2000年11月23日)

但黄永胜的"鬼",和政变并无关系。

三、林彪出逃激起的外交波澜

林彪出逃不仅在国内，在国际上也引起了极大震动。由于事件的真相是逐渐披露的，这种震动也表现为从猜测、误会到证实后大吃一惊的戏剧性过程，并且一直伴随着种种传说。

（一）中蒙关系再度受到冲击和考验，但缓和的总体趋势最终没有受到影响

从 20 世纪 60 年代初，由于蒙古当局追随苏联反华，中蒙关系便处于紧张状态。1971 年 8 月 22 日，中国新任驻蒙古大使许文益到乌兰巴托莅任，标志着中蒙关系有所缓和，开始走向正常化。谁知不到一个月，就因一架中国大型飞机在蒙古境内坠毁而出现了某种危机。

9 月 14 日上午，蒙古副外长额尔敦比列紧急约见许大使，受政府委托通知如下事情："13 日凌晨 2 时左右（注：后来蒙方肯定为 2 时 25 分），在我国肯特省贝尔赫矿区以南 10 公里处，有一架喷气式飞机失事。经多方察看，那架飞机是属于中国人民解放军某部的飞机，乘员 9 人，其中包括一名妇女，不幸全部遇难。这件事我们通知中国大使馆迟了一些，因为事情发生在夜里，我们知道得也比较晚，而且我们还要派人去了解情况。"接着，副外长就中国军用飞机深入蒙古领空提出口头抗议，希望中国政府就此事的原因作出正式解释，蒙方保留再提出交涉的权利。最后，副外长表示：现在天气还比较暖和，尸体需要按照某种方式掩埋，请中方拿出意见。

当天中午，中国大使馆将此突如其来的情况用电报报告给外交部，并请示如何处理。党中央也就是由此得知林彪机毁人亡的。下午 6 点多钟，驻蒙使馆收到国内指示电报，内容大致是：许大使立即约见蒙古副外长，奉命通知："13 日 2 时许失事的飞机，可能是迷失方向误入

蒙古国境,我们表示遗憾。请蒙政府立即派飞机载我大使及随员亲往现场视察。"经交涉,蒙方同意派飞机载大使前往现场视察。大使馆再次请示国内,尸体如何处理?15日清晨,使馆收到国内关于死难者尸体处理的指示电,内称:尸体尽量争取火化,将骨灰带回,如确有困难,可拍照作证,就地深埋并竖立标记,以便今后将骨骸送回国内。电报没有提及这架飞机的任何情况。

9月15日下午,许大使等4人在蒙方有关方面人员陪同下,乘飞机到坠机现场作了勘察。16日上午,许大使等再度到现场复查。鉴于蒙方没有火葬的习俗,且当地不具备火葬条件,双方协议,就地土葬死者。土葬地点是蒙方建议的,他们走下现场西坡,来到距现场1100米的一个较高的山坡前,指画着说:"这里地势较高,向东可以看到失事现场,而且每天迎着刚升起的太阳,葬在这里好。"16日中午,死者无名无姓,每人白布裹身,享受到一口白茬棺木,按照编号,集体葬入一个昨夜挖好的长10多米、宽3米、深1.5米的土坑。掩埋后,没有墓碑,每具棺木的头顶只有一个高出地面的木牌,上书红色阿拉伯数字编号。

由于不知道机上是谁,出于人道主义,中方人员还对"遇难同胞"三鞠躬,表示哀悼。

接下来,中蒙双方就飞机是否系军用飞机、坠毁原因、入境责任等问题,先后举行了5轮会谈,以便形成一个双方签字的文件。出自各自的利益,加之有些问题真相并不清楚,双方各执一词的情况在所难免,甚至多次发生激烈争论。

9月23日,大使馆根据国内指示,向蒙方索要死者遗体、遗物,但没有成功。

9月29日、30日,蒙古广播电台和《真理报》先后播发和刊出消息,报道了坠机事件,就中国飞机"侵犯"蒙古领空一事,向中国方面提出"抗议",并要求作出"正式解释"。

事后分析,9月20日以后,蒙古方面根据种种迹象,已揣测出飞机上有一位大人物,并已猜想到林彪,但又难以肯定。以至9月30日晚我大使馆举行国庆招待会,出席招待会的蒙方国防部的外事处长私下"咬着耳朵"问我使馆工作人员:"林彪还活着吗?"我使馆工作人员根据国内指示回答:"一切如旧。"

总起来看,中蒙双方在坠机事件上的处理是理智的,尽管其中有些冲突和不愉快,但在对整个事件的处理过程中,双方的配合基本上是友好的,刚刚有所好转的中蒙关系没有因此受到影响,出现波折和逆转,而是继续朝着缓和的方向发展。(孙一先:《在大漠那边》,中国青年出版社2001年版,第164页、第196页、第272页、第273页)

(二)苏联克格勃积极介入坠机事件,苏联政府暗自庆幸

苏联在蒙古驻扎了大量军队,无孔不入的苏联克格勃在蒙古的活动十分活跃。林彪座机坠毁之后,克格勃很快就介入其中,并进行了耸人听闻的活动。

在中国大使馆人员9月15日到温都尔汗坠机现场勘察前,苏联方面已经捷足先登,抢先到现场拆走了三叉戟飞机的主发动机,取走了飞机上的"黑匣子"。他们的专业人员是从赤塔乘坐苏军直升机飞往现场的,为此,蒙古方面刻意将中国大使馆人员前往现场勘察的时间推迟了一天,以保证苏联方面有足够的时间先行研究、取证。(孙一先:《在大漠那边》,中国青年出版社2001年版,第193页、第335页)

开始,克格勃并没有弄清飞机的真实情况和死者的真实身份,他们只是对这架英国制造的飞机的发动机感兴趣。到9月20日左右,他们已从种种蛛丝马迹中猜测出飞机上有一个大人物,甚至差不多怀疑到是林彪。为了证实这一点,于是,林彪坠机后5个星期,十多个苏联人专程从莫斯科赶到坠机现场,十分残忍地挖开坟墓,逐个检验尸体,将林彪和叶群的耳朵和头颅割下来,耳朵用于鉴定耳廓,把头颅放在架起的柴锅里煮,然后把头骨装箱,带回苏联慢慢研究。

为了使鉴定头骨和耳廓的结论万无一失，根据林彪在苏联养伤、养病过程中留下的病历，11 月 7 日，克格勃第三次来到坠机现场，第二次掘开坟墓，开棺验尸。他们详细检查林彪的尸体，并带走了尸体的上半身。他们在林彪尸体的右肺确实发现了钙化的硬块，证实了与病历中的 X 光片完全一致。

据参与此事的苏联方面人士称，从坠机事件发生到 1993 年澳洲记者彼德·汉纳姆获准采访当年参与验尸的克格勃人员，22 年间，全世界只有 4 个人知道这个事件的结果，他们是：苏联共产党总书记勃列日涅夫、克格勃主席安德罗波夫和克格勃将军扎格沃兹丁、病理学家托米林。(孙一先：《在大漠那边》，中国青年出版社 2001 年版，第 333 页、第 336 页)

由于出现坠机事件，驻蒙古苏军一度处于紧急战备状态。

林彪出逃，前往投靠苏联，这只是他一厢情愿的选择。就苏联一方而言，事情却未必那么简单。如果林彪叛逃成功，苏联有可能持欢迎态度，为手中掌握一张同中国、同毛泽东对抗的"王牌"而喜出望外；但也有可能感到为难，因为捡到了一个烫手的山芋。当时任苏共中央联络部中国处处长的库里克后来说："我们感到最为庆幸的，是林彪没有真的飞到苏联来。"的确，如果林彪真的到了莫斯科，中苏之间的麻烦就难以预料了。库里克的话，也许确实反映了苏联方面的某些真实想法。

(孙一先：《在大漠那边》，中国青年出版社 2001 年版，第 269 页)

(三)国际上议论纷纷,各种猜测和传言不断

林彪出逃后，尽管中国方面保密工作做得很好，许多公众场合有关林彪的标语、口号、题词、宣传画甚至报纸的提法保持不变，但还是在国际上引起了种种猜测，有些说法耸人听闻，近乎天方夜谭。

中国国内是在国庆节前后开始自上而下地传达林彪事件的。由于当时中国还不开放，各级干部和人民群众的纪律观念、保密观念很强，因此在半个多月的时间里，国外并不知道中国发生了林彪出逃事件。

到 9 月下旬,国际上关于林彪的猜测和议论才多了起来。

最权威的新闻发布是蒙古的电台和报纸。它们在 9 月 29 日、30 日首次公布了中国一架大型喷气式飞机在蒙古境内坠毁的消息。

最敏感的新闻媒体当属法新社、合众社、路透社、塔斯社和日本、香港的报纸。奥地利电视台和报纸,9 月 30 日至 10 月 1 日援引上述媒体的消息报道:"9 月 13 日凌晨,中国武装部队一架喷气式飞机在蒙古上空坠毁,有 9 人死亡";"日本政府部门据法新社消息称,这架飞机是被击落的,机内有被黜的中国国家主席刘少奇,他企图逃往国外未遂丧命"。

英国《卫报》10 月 1 日刊登记者莱斯卡萨 9 月 30 日从香港发出的报道,内称:不管所传在蒙古发生的飞机坠毁事件的意义如何,这里的分析家却认为,从 9 月中旬以后,中国领导人中发生了重大问题。人们普遍排除了早些时候毛患病或去世的推测,而赞成环绕副主席林彪和政治局其他委员的地位问题的一些说法。林一些年来身体一直不好,从 6 月以后没有在公开场合露过面。不管是因为生病或是国内的政治原因,林的权威的削弱,都有必要使中国最高领导人重新排队。军事领导人最近几周引人注目地没有露面, 这使许多分析家作出这样的推测,那就是人民解放军的领导人特别卷入了当前这场危机;另一方面,周恩来继续不断地在公开场合露面, 并且看来已经完全控制了局势,他可能比以前更为有力。

美国《华盛顿邮报》11 月 27 日在头版位置,刊登了记者史丹利·卡诺写的题为《林彪据信已死》的报道,第一个在美国披露了"九一三"事件的消息。

12 月 14 日,香港《快报》刊登来自北京外交界的消息,说一名苏联外交官向一名经常同他打网球的巴基斯坦外交官讲,蒙古所报道的坠机事件,上面有林彪。这是苏联当局派人把 9 人尸体挖出后,经过严密的生物化验确定的。

1972年1月,英国《新观察家》驻莫斯科记者听苏联人议论,苏联专家把已烧焦的林彪尸体整理出来,发现尸体上中了9颗子弹,呈蜂窝形。(孙一先:《在大漠那边》,中国青年出版社2001年版,第273~274页)

这些外国报道,用意也各有不同,有的是出于商业目的的抢新闻,有的则是借此攻击和诬蔑中国;有的是消息来源不准确不可靠,有的则是蓄意编造甚或制造谣言;有的表现出迷惑不解,有的则是幸灾乐祸。

四、林彪坠机的原因探析

(一)因油料不够而紧急迫降

按说,林彪座机最紧张的是三个阶段:一是能否从北戴河起飞;二是起飞后会不会遇到麻烦,比如遭拦截包括被击落;三是越过国境后会不会被苏蒙方面防空部队误以为轰炸机或侦察机而击落。当这三个阶段都侥幸闯过去之后,它只要放心大胆地向预定的伊尔库茨克飞就是了,为什么要冒险野外迫降呢?

答案是:飞机没有油了。

按规定三叉戟飞机满载油量为22吨,续航能力5小时(其中包括1个小时的保留油量),平均每小时耗油4.5吨。但9月12日傍晚256号三叉戟飞往北戴河时,加油15吨。从北京飞山海关,半个小时略多,用油2.5吨,这时油箱中有油12.5吨。13日凌晨256号从北戴河仓皇起飞时,没来得及加油。从北戴河到温都尔汗约1100公里,飞机出境前在内蒙古的贝尔庙上空原地盘旋了一圈。空中飞行时间1小时53分,加之飞行中一直保持在2500~6500米的中低空,耗油较多,这样飞机上就只剩下2.5吨上下的油了,而这时油箱有一部分油,因为油泵抽不上来,还不能使用。它要继续低空飞行,最多只能飞20多分钟。照此油量,不要说伊尔库茨克飞不到,就是乌兰巴托也飞不到。在此情况下,飞行员只有野外迫降,别无选择。(孙一先:《在大漠那边》,中国青年出版社 2001 年版,第 258 页、第 277 页)

以上分析是林彪出逃后不久,空军参谋长梁璞作出的。

256 号三叉戟第二副驾驶,因没赶上登机而幸免一死的康庭梓,也作了同样的分析。他说:"山海关机场起飞时,飞机上的油量只有 12 吨半,按正常的高度、速度飞行,把最低的平均耗油量也计算在内,最多只能飞行两个小时。"因此,潘景寅在飞行 1 小时 53 分钟后野外迫降,是合乎事理的。(《湖南文史》增刊第 27 页)

(二)一系列主客观原因导致迫降失败

无疑,潘景寅断然决定迫降是正确的,但为什么又导致机毁人亡的后果呢? 这里面既有客观的原因,也有主观的原因。主要的有以下几点:

1. 判断失误,没有弄清飞机的准确位置。飞机坠毁地点位于温都尔汗东北仅 60 公里(空中直线距离),而温都尔汗就有个简易机场,跑道是从草原上轧出来的,周围的地势非常平坦开阔。256 号三叉戟飞到那里降落,油量是完全够的。但是,潘景寅却没有去。之所以如此,可能是错把迫降现场当做了温都尔汗简易机场,或者潘景寅压根不知道温都尔汗有个简易机场,他只是急切地选择个地势平坦的去处做迫降场用。由于飞机上没有领航员,也没有地面导航,精神高度紧张的潘景寅很难弄清自己的确切位置。尽管如此,潘景寅能选择地势开阔平坦的苏布拉嘎盆地,该盆地是沙质土壤,南北长 3000 多米,东西宽 800 多米,到处覆盖着三四十厘米的茅草做迫降场,已属不易。(于弓编:《林彪事件真相》,中国广播电视出版社 1988 年版,第 160 页)

2. 陌生的地形和没有光亮,加剧了夜间迫降的难度。内行人都知道,飞机迫降本来就不是件轻而易举的事,夜间在异国他乡迫降就更是难上加难。13 日之夜,是个暗夜,天上没有月亮。碰巧的是,温都尔汗那夜正好停电,整个城市漆黑一团。但是盆地西北方向 10 公里处著名的贝尔赫莹石矿没有停电,有灯光,很可能潘景寅把有灯光的地方看成了温都尔汗简易机场。至于地形,平坦之中其实暗藏危险,中间有高低不等的土包。(孙一先:《在大漠那边》,中国青年出版社 2001 年版,第 187 页)

3. 面对特情紧张过度,操纵失当。迫降,不能放起落架,要用肚皮擦地,最担心的是擦地后飞机起火爆炸,这就必须把油放掉。把油放光,需原地盘旋 20 分钟,但潘景寅没有这样做,很可能考虑到长时间盘旋会招致地面防空炮火的威胁。他虽然做了迫降的一系列准备,但迫降的着陆动作并没有做全,着陆速度过大,而减速板却未打开,结果造成飞机接地后遇到凹凸不平的地面后弹起、倾覆、折断,然后起火爆炸。

4. 技术欠佳,难逃厄运。潘景寅尽管是挑选出来的,但驾驶三叉戟飞机的技术还未到娴熟精湛的地步。相反,由于 1971 年 8 月份三叉戟专机维修改装就绪后,他试飞了几次,去过山海关机场,也飞过较远的航线,但他始终对自己的“落地”动作不满意。9 月 12 日晚三叉戟飞机拉林立果去山海关的前一天,潘景寅又飞了一次东北航线,有人看到他情绪不好,问怎么啦? 他说“落地”问题还是不理想(刘岩:《我参与处理“九一三”事件的回顾》,原载《中华儿女》2000 年第 9 期)。正因为他技术上存在如此致命的短处,在突发情况面前也就很难处理好了。

潘景寅的飞行技术,并不算最好。师长时念堂回忆说:潘景寅是专机师副政委,内向,不那么开朗,话极少。他的优点是非常沉稳,但也由此带来脑子有点“木”。他飞伊尔-18 时,就飞得不精。1969 年潘景寅驾伊尔-18 飞往山海关机场,“撞”上雷雨,下不来了,怎么也对不准跑道。那次我在后舱,上去把潘景寅换下来,这才让飞机落了地。陈联炳(飞三叉戟的团副参谋长)对我说了好几次,叫我快点飞三叉戟,我们说了不算,意思是潘景寅不行。

5. 三叉戟飞机的设计对迫降极为不利。它的机翼、机腹部有油箱,高速接地,很容易造成油箱摩擦受热起火。自三叉戟问世以来,国内外还没有迫降成功的先例。因此,潘景寅即使驾驶技术再高明,也难以弥补飞机设计上固有的缺陷,何况潘景寅的技术水平还不是最精。

(三)关于几种传闻的由来和匡正

1. 飞机是被中国方面击落的吗

这种说法,一度甚为流行,根据是飞机上有个大洞。

据最先到达坠机现场视察的中国大使馆工作人员孙一先证实,飞机机翼的翼根处,的确有一个直径40多厘米的大洞,大洞的旁边还有兔耳朵形的细长洞两个。一开始,他曾怀疑这个大洞好像是一枚地空导弹打的。但进一步探查这个洞的底部,却发现并未穿透,机翼另一面完好无损。而大洞周围不规则的铝刺,刺尖有的朝里,有的朝外。如果是地空导弹打的,怎么可能不穿透机翼,而且洞口朝上呢?经过仔细观察和深入分析,他最终否定了自己一开始的认识。(孙一先:《在大漠那边》,中国青年出版社2001年版,第195页)

但是,也还有人坚持林彪座机是被导弹击落的。张宁在《尘劫》一书第278页中,引述第二炮兵一位转业军人的话,说用导弹击落了林彪座机。那位转业军人说:"当年出事时,我在基地当兵,我们接到开炮命令,不知道是什么目标,以后听到文件传达,心里才明白是林彪座机。"张宁问他是不是搞错了,打的恐怕是周宇驰的飞机,这位二炮军人笑道:"打直升机哪用导弹? 周宇驰的直升机是在北京郊区迫降的,根本没用开炮。我们导弹发射的方向不是北京。我们用的是新式导弹,弹头进去反向爆炸,当时打伤了飞机。"

针对机翼上一面完好,一面有炸开的大洞的情况,编造"新式导弹"的说法,显然是无稽之谈。直到现在,还没有听说过弹头打进飞机能反向爆炸的地空导弹。况且,在当时,中国根本没有能打200公里的地空导弹。就是到了30多年后21世纪的今天,我国这样射程的地空导弹也未问世。

1971年10月,周恩来陪同埃塞俄比亚的海尔·塞拉西皇帝到广州参观交易会,送别外宾离境后,应邀给广州部队领导机关作报告,说了林彪叛逃的一些内情。会上,有人递条子问是否总理命令部队用导弹把林彪座机打下来的。周恩来看完条子,非常严肃、郑重地说了下面一席话:

"我再说一遍,林彪的座机不是我命令打下来的,确实是迫降时自我爆炸,自取灭亡。大家可以想一想,林彪是党中央副主席,我仅仅是个常委。在军队他是副统帅,而我在军队没挂职,我能命令部队把党中央副主席、军队副统帅打下来吗?他是'九大'写进党章的接班人啊!如果我命令部队把他打下来,我怎么向全党、全军、全国人民交代啊!当然了,林彪座机外逃时,我是及时向主席报告了的。这是一个共产党员起码的组织纪律性嘛!但主席说,天要下雨,娘要嫁人,他要走,就由他走吧。主席尚能宽容林彪,我周恩来为什么要阻止他呢?主席南巡时也说过,林彪还是要保的。如果他承认错误,还可以给他个政治局委员。主席对林彪宽容大量,我为什么要置林彪于死地呢?"(图们、肖思科:《特别审判——林彪、江青反革命集团受审实录》,中央文献出版社2003年版,第342页)

1972年春,在京西宾馆的一个中央召开的会议上,针对有人提出中央为什么不阻拦林彪的飞机而让他跑掉的问题,周恩来在讲话中说:林彪是我们党的副主席,叶群给我打电话说他要在天上转一转,当时并不知道他要飞到哪里去,做什么事,在这个情况下你们哪一个(周恩来用右手食指指着与会人员)敢下决心把它拦截下来?拦截副统帅的专机,把林彪打下来,怎么向全党、全军和全国人民交代?!

这就清楚地说明,中国方面是根本不会击落林彪的专机的。(刘岩:《我参与处理"九一三"事件的回顾》,《中华儿女》2000年第9期)

林彪事件发生后,为了确实弄清飞机坠毁的原因,中央命令空军成立专家组,对飞机坠毁的原因作出结论报告。空军专家组由著名空战英雄、空军军训部第二部长王海(后来担任空军司令员)牵头,成员有空司机务部副部长何培元、空政组织部副部长陆德荣、空司军训部副处长王季南、王涛和空司机务部参谋赵汉立、金华。后来,公安部也派人参加。空军专家组明确认为:"飞机被击落的可能性可以排除","机身上引起种种猜测的大洞,是飞机上油箱里的油同时向外燃烧爆炸时形成的。"(王海:《我的战斗生涯》,中央文献出版社2000年版,第297页)

还有两个更有力的证据:第一,林彪专机越境方向我方根本没有部署地对空导弹。第二,林彪专机坠毁地点离国境线360公里左右,那时我方根本没有能打这么远的防空导弹。即使在防空武器不断升级换代的今天,也做不到。

2. 飞机是被苏蒙方面击落的吗

如果说林彪座机被中国方面击落的可能性被排除,那么会不会是被苏蒙方面击落的呢?

的确,当时中苏关系紧张,苏联在中蒙边境驻扎有大量军队,其中包括雷达、防空和航空兵部队。中国方面一架大型喷气式飞机夜深人静时突然深入蒙古境内,其危险性是不言而喻的。

但孙一先认为,事实上,苏蒙方面的雷达部队并没有及时发现越境的三叉戟飞机,原因可能有二:一是9月12日是星期天,翌日凌晨仍处于休假状态,苏蒙军队官兵松懈麻痹,值班不认真,没有发现空中特情;二是三叉戟飞机保持中低空飞行,有效地躲过了地面雷达的搜索。

唯一的例外是,414号界桩附近的蒙军阿沙盖图边防站,9月13日凌晨曾发现一架飞机深入蒙境,但他们把这个消息压了9个多小时才上报边防总队,而边防总队又因故延误了近9个小时,直到9月13日下午4时以后,才上报到乌兰巴托公安部边防内务军事事务局。也正是这次突发的空情,检验出苏军的防空系统漏洞不小。因此,10月底,苏联国土防空军总司令巴季茨基空军元帅专程到蒙古活动近一个月,检查和整顿苏蒙军的防空系统。既然苏蒙方面连空情都没有及时发现,还能谈到发射地空导弹或出动歼击航空兵击落林彪座机吗?（孙一先:《在大漠那边》,中国青年出版社 2001 年版,第 279 页）

孙一先的说法并不完全准确,蒙古方面虽然没有击落三叉戟,但他们的雷达还是发现了目标,这是根据我侦听部队获悉的情报得知的。9 月 13 日 22 时 15 分,空军司令部报告说:18 时 04 分,蒙古雷达团团长向所属各连发报,凌晨 2 时半有一架不明飞机在温都尔汗起火坠落,因此,从 18 时起进入一等戒备。周恩来接到这份报告,立即报告了毛泽东,并相应做了紧急战备部署。

2009 年前后,又出现了苏蒙方面击落林彪座机的新说法。苏联资深外交官、汉学家古达舍夫·里萨特·萨拉甫京诺维奇（中文名"顾大寿"）新近出版了回忆录《我的中国生涯》,其中有一段详细记述了 1971 年"九一三"事件后,他在苏联驻华大使馆工作时,苏联驻华使馆派他到温都尔汗实地查看、现场的经过。他写道:"林彪、叶群、林立果乘坐军用飞机急匆匆地从北戴河机场起飞,但是,他们在越出中国国境后,在蒙古的温都尔汗地区被击落"。"蒙古人民共和国的空军雷达发现中国一架军用飞机侵入蒙古人民共和国的领空,错误地把它当做是侦察机。"（阎明复:《前苏联外交官目睹"九一三"事件现场》,《炎黄春秋》2009 年第 10 期）

顾大寿没有明确地说出林彪座机是被蒙、苏哪方击落的,他这里有一个根本的问题无法自圆其说:既然被击落,机上人员的尸体为何完整无损呢?

3. 飞机是在空中遇到麻烦了吗

有人怀疑,林彪座机或许是空中遇到了麻烦,比如机械方面出现了故障,再比如气象方面遇到了困难。

256 号三叉戟飞机是从巴基斯坦转手买来的同类飞机中最好的一架,机组人员都是精心挑选出来的在政治、思想、技术、作风方面均过得硬的干部,飞机的维护保养是无可挑剔的,因此不存在技术方面的故障。而且从北戴河起飞时,飞机状况是好的。周恩来查问飞机时,

第九章　机毁人亡

291

胡萍回答吴法宪并授意潘景寅说飞机有点故障，是为了欺骗周恩来，掩盖阴谋。至于天气情况，也无异常。蒙方在 9 月 16 日提供的《关于中华人民共和国飞机在蒙古人民共和国领土上飞行失事的现场调查纪要》中说："据乌兰巴托中央机场气象台报告，在 9 月 13 日两点钟时，肯特省依德尔莫格县上空有二至四级的云，能见度 50 公里，无危险的气象情况，无风沙，无雾，无风。"(孙一先：《在大漠那边》，中国青年出版社 2001 年版，第 217 页)这就是说，林彪座机的坠毁，与飞机机械和天气状况无关。

退一步讲，如果飞机空中遭遇机械故障，直接的后果要么发生爆炸，要么失去控制，无法操纵。王海肯定地认为，"飞机不是在空中爆炸的。"他的理由是失事现场留下了一道相当长且清晰的迫降轨迹，飞机残骸散布呈带状且比较集中，机上人员尸体也非常完整且散布在一小片面积内。如果是凌空爆炸，残骸和现场根本不会是这个样子。如果飞机失去控制，也不可能做出一系列基本符合迫降特征的动作。(王海：《我的战斗生涯》，中央文献出版社 2000 年版，第 297 页)

4. 飞机上发生了枪战或搏斗吗

从理论上说，飞机上发生枪战或搏斗，足以导致飞机失去控制，机毁人亡。而坠机现场又发现了 7 支手枪，2 支微型冲锋枪，43 发子弹，这就更给机上枪战搏斗说提供了佐证。1972 年 1 月，英国《新观察家》驻莫斯科记者听苏联人讲，苏联专家已把烧焦的林彪尸体整理出来，发现尸体上中了 9 颗子弹，呈蜂窝形。这家报纸的意思是，飞机上发生了激烈枪战，导致飞机无法操纵而坠毁。

如果发生枪战，至少必须具备两个条件：第一，他有枪；第二，他对林彪叛逃以死相拼。从飞机上的乘员来分析：林彪、叶群、林立果、刘沛丰绝不可能搏斗，司机杨振刚也不可能；潘景寅在聚精会神驾驶飞机，也难有搏斗的可能；唯一有可能的是 3 名机务人员，但这 3 名机务人员没有配备武器，手枪在叶群、林立果、刘沛丰手里，林立果也不可能到飞机上给他们发枪。那么,没有枪,怎么向林彪射击呢?退一步讲,从当时人们的思想实际出发,林彪是大名鼎鼎的副统帅,即使他们明知道是仓皇起飞,即使他们感到情况异常(他们未必就知道是向蒙古、苏联方向飞),但他们会有胆量向副统帅开枪吗?

最有力的证据还是坠机现场的实际情况。9月15、16日两次到坠机现场视察的中国驻蒙古大使许文益写道:"是否像外电所传,飞机坠毁前机上发生过搏斗?根据对飞机坠毁现场和飞机残骸进行的技术研究,以及对尸体进行的法医鉴定,没有发现搏斗的痕迹。9具尸体都没有任何弹孔。几具尸体头部的血迹,是飞机爆炸时撞伤和急速甩出时摔伤所致。外电传林彪尸体有枪击的'蜂窝状窟窿',纯属无稽之谈。"

(于弓编:《林彪事件真相》,中国广播电视出版社1988年版,第175页)

王海也肯定地认为:"飞机坠毁前机内没有发生过搏斗。机上3个机械师没有带枪的可能,他们知道飞机是未经批准强行起飞,但并不知道飞机要去哪里,不可能知道此行是林彪叛党叛国,因此不会允许他们携带武器。"(王海:《我的战斗生涯》,中央文献出版社2000年版,第297~298页)从他们的尸体分布在林彪尸体周围看,倒像是保护的样子。

但是,前面提到的顾大寿的回忆却持异议。他说:"温都尔汗地区干燥炎热,死者的残骸埋在沙里,所以还没有腐化。我们在飞机的舱壁上发现子弹的弹孔,这些弹孔的边缘全都是向外翻的,可以断定子弹是从飞机里面射击的。这说明机舱内曾经发生了搏斗,还使用了武器。至于在飞机坠毁之前,机舱里面发生过什么事情很难说。但是,可以肯定飞机坠毁不是由于机舱里面的射击所致,因为飞机坠落下来,着起火来,并发生了爆炸。"(王海:《我的战斗生涯》,中央文献出版社2000年版,第298页)

都是现场目击者,是否发生枪战却说法迥然有异。哪一种说法更真实可靠呢?

5. 潘景寅有可能发难吗

尽管飞机上只有潘景寅一名驾驶员,给他的夜间驾驶带来极大的困难,但从另一方面讲,又给潘景寅本人创造了极大的机遇。他起飞后改变航向,很可能是在叶群、林立果的威逼利诱下进行的,并非出于本愿,也事先缺乏思想准备。如果他坚决反对林彪出逃,再如果他深知林彪叛逃成功后的严重后果,他很可能拼死斗争,不惜机毁人亡来粉碎林彪的企图。但是,潘景寅有人为破坏的可能吗?

王海后来在回忆录中写到了空军专家组的意见:"驾驶员潘景寅当时也不可能进行了搏斗,这一点可从他当时的政治和现实思想情况及飞机起飞前后的情况判断出来。9月12日深夜,林彪一伙是仓皇出逃的,登机时没有正常舷梯,是从工作梯爬进机舱的,这些情况驾驶员当然清楚。林彪一伙登机后,驾驶员没有得到航管部门的指令就匆匆开车,飞机先滑入草地,以后转入滑行道,然后强行起飞,由于操作慌乱,256号飞机的机翼航行灯撞到了加油车的加油口上,这有事后在山海关机场捡到的256号飞机航行灯玻璃碎片为证。这一切都是驾驶员自觉所为,他当然也就不可能随后在飞机上进行搏斗。"(王海:《我的战斗生涯》,中央文献出版社2000年版,第297~298页)

潘景寅起飞前接到过截然不同的两种命令,他最终还是起飞了,仅此一点,就可以判断他不会搏斗。他是军人,服从命令是其天职。给他下命令的,有林彪、叶群,有吴法宪,他当然听林彪、叶群的。

此外,从飞机有操纵、有准备的迫降的情况看,潘景寅也没有发难的可能。

倒是飞机出境前在内蒙古的贝尔庙上空莫名其妙地原地盘旋了一圈,给人们对潘景寅,对机上情况留下了一个难解之谜,提供了无限思索的空间。

但是,潘景寅的死却是个难以下结论的问题。潘景寅死后,长时间没有哪一级组织或领导为他做结论,不少人怀疑甚至公开声称他是林彪死党。1980年11月15日,邓小平在接见美国《基督教科学箴言报》总编辑厄尔·费尔时谈到了"九一三"事件,他说:"据我个人判断,飞行员是个好人,因为有同样一架飞机带了大量党和国家的机密材料准备飞到苏联去,就是这架飞机的飞行员发现问题后,经过斗争,飞机被迫降,但这个飞行员被打死了。"邓小平的话,只能说是他的一个判断。但正是因为有了邓小平这个话,1981 年 12 月 23 日, 中国人民解放军总政治部,作出了潘景寅是"在蒙古温都尔汗飞机坠毁死亡"的结论,民政部门发给了潘景寅的家属应有的抚恤金。(孙一先:《在大漠那边》,中国青年出版社 2001 年版,第 282~283 页)

6. 可靠的结论是什么

林彪座机究竟是如何坠毁的,这曾引起周恩来的极大关注。当中国驻蒙古大使馆派人专程回国向他报告坠机现场情况时,他就指示要切实弄清坠机原因。此后,他亲自到西郊机场,察看另外的三叉戟飞机。他还指示空军司令部组织专家组,给中央写出专题报告。空军专家组经过几个月的努力,终于搞清了飞机坠毁的真实原因。1972 年 5 月 19 日,专家组向中央提交了报告。报告中专家组的结论是:

我们根据大量证据认定:飞机是有操纵地进行野外降落(也就是迫降)没有成功,造成破碎烧毁的。作出这种判断的主要依据有这样几点:其一,失事发生的场地是经过有意选择的。在温都尔汗附近这片戈壁滩上,这块地点地势是比较平坦的,飞机着陆的方向也刻意进行了选择,这些情况不可能完全是偶然的。其二,飞行员实施了野外迫降动作。他在飞机接地前主动打开了前开缝翼,这是着陆前必须进行的动作,前开缝翼只有人工操纵才有可能打开。其三,起落架轮毂完整,没有撞击和磨损的破坏痕迹,主轮胎良好,仍有气压,这说明在迫降时飞行员没有放下起落架。其四,飞机是在有操纵的情况下尾部先接地的。这一切都表明,256 号飞机当时是在飞行员有效控制之下,而且是主动作出了使飞机迫降的选择。

根据各种情况判断,256号飞机当时之所以没有成功地实施迫降,主要原因有以下几点:其一,飞行员着陆动作不确切,没有做全,着陆速度过大,而减速板却未打开;其二,三叉戟是下单翼飞机,它的机翼、机腹部有油箱,在高速接地时,极易造成油箱破裂、机翼折断,引起燃烧爆炸;其三,当时飞机仓促起飞,机上没有副驾驶和领航员,飞机迫降时正是夜间,又处在完全陌生的区域,一个飞行员难以应付种种特殊情况。

我们认为,当时256号飞机之所以要在温都尔汗实施野外迫降,主要原因是因为该机油料不够。这架飞机是仓促起飞,准备工作不充分,没有加满油料;在外逃时该机又长期在2500~6500米高度飞行,低中空飞行耗油量大,到失事地点前后油料已感不足,因此被迫进行野外降落。另外,因为机上没有领航员,地面又没有导航,当日恰逢暗夜,飞行员在空中不可能掌握精确位置,飞机是在这种情况下盲目降落。(王海:《我的战斗生涯》,中央文献出版社2000年版,第298~300页)

到坠机现场视察过,并回国当面向周恩来汇报过的驻蒙古使馆工作人员孙一先,对专家组的报告评价甚高。他说:"这个研究报告作出的结论,我在若干年后才知道,感到十分欣慰。许大使和我们视察现场后,向国内报告的看法,以及我回国向周总理当面汇报中的分析,虽然是比较肤浅的,但并没有搞错。"(孙一先:《在大漠那边》,中国青年出版社2001年版,第278页)

五、对于林彪出逃事件的几种主要评论

林彪出逃事件发生后,从毛泽东、周恩来到中央其他领导人,震惊之余,也陷入了深深的思索。他们的评论,各有角度,但都极为精辟。

毛泽东谈得最多。他多次说:林彪他们搞反革命活动,谁个晓得?我就不知道嘛!"治病救人嘛,有病也不让治。原来准备在三中全会时解决这个问题,并且准备安排林彪的工作的。""林彪不跑,我们也不会杀他的头。"(安建设编:《周恩来的最后岁月》,中央文献出版社1995年版,第160页)

1973年5月15日,周恩来在空军党委四届五次全体会议上,用了4个半小时的时间,谈了林彪出逃事件的前因后果。他说:"庐山会议后,林彪对主席更加仇恨了,用了很多恶毒的语言攻击毛主席……五一节晚上,林彪上天安门城楼只待了5分钟。过去每次去天安门,他都是紧跟,拿着语录本,紧跟毛主席后面,从东到西,'语录不离手,万岁不离口'。这次他不跟了,对主席恨极了!这天,他本来是不愿意来的,叶群哭着在他面前跪下,苦苦哀求:'你要是不去,咱们一家人都得死了!''没有那么紧张,那么严重嘛。'林彪答应只来5分钟……林彪对毛主席是仇恨的,他是封建资产阶级思想,只要有土壤,他就酝酿一次阴谋,'道高一尺,魔高一丈'。林彪的叛逃是逐渐演变的,发展的,'九一三'事件不是偶然的。"(纪希晨:《史无前例的年代》,人民日报出版社2001年版,第555~556页)

周恩来在林彪出逃后接见部分驻外使节时说:林彪事件的发生,既在预料之外,也在预料之中。说"预料之外",是指他和毛泽东怎么也没有想到林彪会跑。因查问他私调飞机一事,他心惊胆战,逃跑了。说"预料之中",是指林彪一伙自九届二中全会以来,一直阳奉阴违,抗拒毛主席和党中央对他们的批评帮助。对林彪,毛主席一直是保他的,事实也证明对他是仁至义尽了。毛主席同斯诺的谈话林彪最反感了,他这个人一辈子不能批评,一批就消极。林彪摔死了是偶然性,但他失败是必然的。

在说明"九一三"事件缘由的同时,周恩来对林彪本人的历史和变化过程作了客观而冷静的分析。他说:不能讲毛主席从"文化大革命"初期就已看出林彪反党,只是当时为了打倒刘少奇而没有提林的问题,这不是我们党看问题的方法和主席的作风。我们要历史地、辩证地、发展地看问题。因为一个人的思想是发展的,不能说林彪早先的思想和他以后的思想是一样的,会有变化的。同样,我们对林彪的认识也有一个发展的过程。怎么会一下子就识破他呢?九大时还不可能识破他,否则,怎么会让他当副主席?林彪的欺骗性也就在这里。因此,对林彪要作具体分析,他也有一个从量变到质变的过程。不要以为说他坏,就从头到尾都是坏的。林彪取得接班人的地位是有历史原因的,是当时党内形势发展的结果。总之,对我们党来说,林彪事件的教训是深刻的。(中共中央文献研究室:《周恩来传》,中央文献出版社1998年版,第1046~1047页)

朱德评论说:"林彪是自我爆炸的。他是有组织、有计划、有纲领地搞反革命政变,妄图谋害毛泽东主席,另立中央。我们党是有经验、有力量的党,他是绝不会成功的。"

邓小平在江西南昌下放,他听了林彪出逃事件的传达,愤愤地说了句:"林彪不亡,天理不容!"后来,邓小平评论林彪说:"林彪这个人不能说没本事,但是个伪君子。利用毛主席的威望发布一号命令,贬低毛主席,抬高自己。林彪垮台了我们党的日子会好点,就是有那么几个书生在胡闹。"(毛毛:《我的父亲邓小平"文革"岁月》,中央文献出版社2000年版,第246页)

陈云在工厂下放,他听了林彪出逃事件的传达,沉思良久,感慨地说:"想不到这个人干出这么没良心的事!"(朱佳柱编,中共中央文献研究室编:《陈云年谱》,中央文献出版社2000年版,第165页)

聂荣臻说:"林彪之坏,过去不曾预料。""林彪最后变成一个资产阶级野心家和阴谋家绝不是偶然的,这是由于他长期坚持剥削阶级的极端个人主义的结果。随着地位的提高,他的这种思想不但没有得到克服和改造,反而越来越严重,在'文化大革命'中终于发展成为野心家,最后成了党和祖国的叛徒,以至自取灭亡。这完全是咎由自取,罪有应得。"(聂荣臻:《聂荣臻回忆录》,解放军出版社1984年版,第864页)

第十章　迷雾·疑团·争论

"九一三"事件发生至今已经 30 多年了,尽管事件的性质和主要情节已成定论,但围绕林彪出逃的前因后果仍有某些疑问,在人们心头解之不开,挥之不去。

这一方面是由于有些疑团和迷雾,当初就客观存在,30 多年来从未廓清,也无法廓清,因为主要的当事人都已消失,死无对证;另一方面是由于彻底否定了"文化大革命",党实事求是的作风得到了恢复,有些过去讲得不妥的地方恢复了历史的本来面目,有些过去没有披露的材料现在披露了出来。

另外,随着思想的解放与政治环境的相对宽松,人们可以大胆地探讨问题,自由地发表见解了。随着对党的领袖人物的研究、评价、臧否不再成为禁区和罪过,随着人们对一代名将身败名裂所产生的惋惜、恻隐之情不再刻意掩饰,对林彪事件的关注自然就日见其浓了。至于某些个人受感情左右和自身利益的驱使,随便发表一些不负责任的议论,甚至故意散布迷雾,就更增添了弄清问题真相的复杂性。但无论如何,这些分歧乃至争论的实质和焦点,它所产生和导致的社会效果和最终结局,则在于重新认识、评价林彪,这显然是个事关重大、需要特别慎重对待的历史课题。

下面几个问题,由于有不同的说法,又比较重要,有些甚至比较关键,值得进一步深入探讨:

一、关于林彪手令

9月8日,林彪在北戴河写下了"盼照立果、宇驰同志传达的命令办"的手令,林立果拿着它作为尚方宝剑,在"小舰队"内部下达命令,开始了谋害毛泽东的阴谋活动。林立果把这个"手令"给江腾蛟看过,江腾蛟还作了誓死效忠林彪的坚决表态。但是,据张聂耳在《风云"九一三"》一书中讲:"江腾蛟在羁押中两次讲,他所看到的手令,与公布的这份周宇驰临死前撕碎后拼上的不一样,字体不像。"

对于江腾蛟的说法,有两种可能:一种是手令本来是一个,江腾蛟慌乱之中,看走了眼,误以为有两个手令。另一种是江腾蛟看得仔细,确实有林彪亲笔写下的和林立果、周宇驰伪造的两个手令,林立果、周宇驰伪造林彪手令的目的是借林彪这杆大旗来欺骗、蒙蔽包括"小舰队"在内的他搞阴谋活动所需要的一切人。

也有人说,手令有两种:竖写和横写的。中央文件和"两案"公审时公布的是竖写的手令,而胡萍和关光烈则说看到的是横写的手令。胡萍看到过周宇驰练林彪的签名,他认为手令是周宇驰模仿、伪造的。关光烈在林办时,听到叶群曾布置秘书们学林彪的字,林办的李根清学了,学得还很像。据此,关光烈认为,手令是林立果模仿、伪造的。(2000年9月9日舒云采访关光烈笔记)

林办秘书中唯一看过手令的是于运深,他没有对手令的真伪提出过疑问。他看到的是竖写的手令。他看到手令一事是他在"九一三"后主动向专案组交代的。(张云生、张丛堃:《"文革"期间,我给林彪当秘书》,香港中华儿女出版社2003年版,第758页)

至于手令的内容,究竟所指什么,应该作何理解,倒有文章可做。如果孤立地看,确实看不大明白,也容易产生歧义。但是,如果联系当时的背景看,应当不难理解其真实含义。

张宁在《尘劫》(香港明报出版社 1997 年版)中认为,林彪从来不用小、中号红笔书写,而是用红油笔,这个被撕碎的手令是别人模仿的。(孙一先:《在大漠那边》,中国青年出版社 2001 年版,第 354 页)但张宁不是林彪办公室的秘书,她怎么会熟悉林彪的书写习惯呢?再说,即便一个人的书写习惯再固定,谁又敢说没有一次例外呢?

二、关于《"571"工程纪要》

国内外曾有人怀疑《"571"工程纪要》的真实性,这是没有根据的。《纪要》确有其事,从空军学院缴获的《纪要》明白无误地是于新野的笔迹。疑点在于,林彪是否看过这个《纪要》?目前披露的材料,尚没有证据表明林彪亲自看过这个《纪要》;但反过来,也没有证据表明林彪没有看过这个《纪要》。(张聂耳:《风云"九一三"》,解放军出版社 1999 年版,第 320 页)从"小舰队"成员的口中,有过《纪要》留在北戴河的交代。但留在北戴河是林彪亲自看过呢,还是叶群亲自看过?这仍需要寻找过硬的第一手的证据。

不过,有一点可以肯定,《纪要》在很大程度上反映了林彪的某些思想和语言,它是林彪和毛泽东发生严重分歧和尖锐矛盾后的产物。

三、关于林彪最后的心态

林彪自中共九届二中全会后情绪低落,在北戴河消沉到了极点。但是不是几次想到了死呢?大鹰在《"九一三"事件始末》中写到林立衡与林立果 9 月 7 日下午的一次谈话,其中说林立衡问首长亦即林彪知道暗杀主席吗?林立果回答说"他同意",并说"他现在不想活了。这些都是他的主意"。图们在 1994 年 8 月 10 日的《中华读书报》上撰文说,林彪曾对李文普交代:"北戴河的房子不要盖了,反正我活不了几天啦!把这个门改到东边就可以了。"9月11日12时30分,内勤听到林彪说:"反正活不了多久了,死也死在这里,一是坐牢;二是从容就义。"如果林彪真的想到了死,他很可能什么事都敢下决心干。言不离"死",很可能是他末日的悲鸣,是他自知自己的阴谋难以落实而预先发出的无可奈何的哀叹。一个患上政治抑郁症的人,对死亡的看法往往是异于常人的。

林彪太喜欢、太信任、太看重儿子林立果了,林彪又长期形成了被叶群控制的习惯。而叶群和林立果,平时有矛盾,关键时刻又意见不一致,一个哭哭啼啼要跑到国外,一个摩拳擦掌要和毛泽东硬拼,林彪被搅得心烦意乱,最终一度犹豫动摇,举棋不定。晚年、病态中的林彪,其判断形势、作出决策的心智,由于受感情因素和利益驱动的干扰和制约,已经大打折扣。

据知情人透露,林彪乘车从96号别墅下来驶往山海关机场,一度曾命令随车的警卫参谋李文普中途停车,但被叶群、林立果所拦阻,林立果为此开枪打伤了企图执行命令的李文普。林彪为什么要停车?难道是他经过激烈思想斗争后要改变主意吗?事实究竟如何,唯有请当事人中仅存于世的李文普出来说明真相了。(1987年秋访问纪登奎谈话记录)

四、关于林彪是否知道"两谋"

有人认为,"两谋"只是林立果的反革命狂想,"两谋"策划的拙劣、低能与林彪的军事指挥才能相比有天壤之别。"从目前披露的所有材料看,没有证据证明林立果所做的一切林彪都知道。比如《"571"工程纪要》,没有证据证明林彪亲自看过;谋杀毛主席,也没有证据证明确实是林彪的计划。但是反过来,又没有证据证明林彪不知道,也不能肯定《"571"工程纪要》没有反映某些林彪的思想和语言"。(张聂耳:《风云"九一三"》,解放军出版社1999年版,第320页》)

对林彪是否知道"两谋"有所怀疑,是将林彪和林立果作了严格的区别。当然不能否认,无论林立果还是叶群,都不完全等同于林彪;也当然不能说,叶群、林立果的所作所为皆为林彪所知悉、所指使。但是,在"两谋"这样重大的问题上,野心勃勃的林立果即使再自命不凡,再胆大妄为,如果没有林彪的首肯,至少是默许,他也是绝对不敢拿父亲的名节和全家的身家性命开玩笑、做赌注的。

那么,为了实现阴谋,林立果会不会"矫诏"、"假传圣旨"呢? 林立果会不会和叶群勾结起来这么做,让林彪完全蒙在鼓里呢? 从理论上说不能完全排除,但必须拿出足够的证据来。否则,是难以洗刷和摆脱林彪在"两谋"中的干系的。

江腾蛟接受林立果交给的谋害毛泽东的重任后,对妻子交代了后事。他说:"你现在什么也不要讲。我如果被人搞死了,过几年你就去找林彪,他什么事情都知道……"江腾蛟是担心自己谋害毛泽东成功后被灭口,从这个话,也可以推测一下林彪是否知道"两谋"。(图们、肖思科:《特别审判——林彪、江青反革命集团受审实录》,中央文献出版社 2003 年版,第 295页)但问题在于,江腾蛟并没有直接和林彪接触,他的根据归根结底还是从林立果那里来的。

五、关于林彪出逃前是否"吃过安眠药"

9 月 12 日夜,林彪是否吃过安眠药? 林立衡和张宁坚持说林彪吃过安眠药,已经睡下。张宁在《张宁:自己写自己》一书中写道:"周恩来亲自下令封锁机场,林立果得报后丢下电话报叶群,叶群带上林立果直奔林彪卧室,小陈和小张见状跟进,见叶群扑向床头一把拉起进入睡眠状态的林彪,大声喊道:'快起来吧! 有人来抓你来啦! 快穿衣服走吧!'""杨振刚发动了防弹红旗车,李处长坐准了车位。叶群和林立果一边一个扶架住毫无生气的软绵绵的林彪上了后座"。"来不及搭舷梯,从机头驾驶舱里放下一个软梯,叶群第一个,林彪第二个,身子还软软的,由第三个大杨从下面扛顶着往上送,叶群在上面拉,刘沛丰第四个,林立果提着手枪断后。"(张宁:《张宁:自己写自己》,作家出版社 1998 年版,第 249 页、第 250 页、第 253 页)

李文普的说法和张宁的说法显然有较大差异。李文普在看到张宁的书后,打破沉默,出来讲了一番话,其中除驳斥了张宁书中对他的诬陷,还披露了一些林彪出逃前的细节。他说:"大约 11 点多钟,叶群拉我到林彪卧室门外叫我等着,她先进去和林彪说了几句话然后叫我进去。这时,林彪早已从床上起来穿好衣服。林彪对我说:'今晚反正睡不着了,你准备一下,现在就走。'叶群插话骗我说:'一会儿吴法宪坐飞机来,我们就用那架飞机。'我当时怀疑为什么不让我调飞机,有些反常,心里越来越没有底。"(《中华儿女》1999 年第 2 期)从李文普的谈话可以看出,林彪曾经脱了衣服上了床,但显然没有睡着,而且谈话的神智是清醒的。即便服过安眠药,此时也没有起作用。何况安眠药一说,也仅出自并不在林彪身边的张宁之口。

服没服安眠药,是个细节,但这个细节却是很说明问题的。坚持这样说的目的,在于证明林彪是在不清醒的状态下,稀里糊涂地被叶群、林立果骗上飞机的。

六、关于林彪出逃前是否流泪和说过 什么"民族主义者"的话

迄今为止,只有张宁在书中披露林彪出逃前曾流着泪说他是什么"民族主义者",并且多年以来始终坚持此说。这个话的真实与否,对于研究林彪的最后思想和心态比较关键。但由于张宁不是最直接的当事人,据她在《张宁:自己写自己》一书中说这话是内勤偷听来的。那么既然不是亲耳所闻,她这一说法的真实性和可信度也就值得研究了。

李文普对张宁的说法持批评态度，他驳斥说："这一段编得荒唐。林彪是久经沙场统帅过百万大军的党中央副主席，不是呜咽求儿子老婆放过他的那种人。他从不喝茶，他不打铃，内勤公务员根本不敢进屋偷听他和老婆儿子的谈话。""我没有听到内勤公务员陈占照说过他偷听到的这句话。林彪、叶群、林立果三个人秘密商量的谈话内容谁都说不清楚。在偷听来的一两句话上大做文章并不能推翻林彪是自己走上飞机逃往苏联的历史事实。"（《中华儿女》1999年第2期）

当然，李文普的话也并非无懈可击。比如，平时内勤不敢偷听，但非常时期，又是林立衡要内勤去偷听，内勤照林立衡说的办了，也是合乎情理的。好在林彪身边的工作人员和内勤人员还有许多健在，今后也许会有新的材料披露。

七、关于李文普是被打伤还是开枪自伤

李文普是林彪红旗轿车上唯一活着的人，他的一句林彪"到伊尔库茨克有多远"的问话决定了林彪的叛国性质。对于这样一个关键证人，有不同说法。

据李文普自己交代，他听到林彪问话后，决定不跟他们跑，结果被林立果开枪打伤，子弹擦着前胸击中他左臂，他随即用右手朝车内开枪还击。

但林办工作人员却认为李文普是自伤。秘书宋德金说："事实早已证明，李文普是出于制造'与叛国外逃分子划清界限'的假象而开枪自伤，这一点林办工作人员都是十分清楚的，是毋庸置疑的，'林立果开枪打伤李文普'的说法根本不能成立。"

张清霖一直认为李文普是自伤。他后来回忆说：当晚，他看了李文普的伤口，说了一句：李主任，你自己打的啊。李文普低着头，不再吭声。张宏副团长问张清霖怎么打的？张清霖说是自伤。1982年，张清霖

去看李文普,说我当时给你包扎,我看了伤口,你是自伤。李文普坐在沙发里,埋着头,一句话也没有说。(1998年5月10日张清霖谈话)

但是,李文普坚决不承认张清霖看过他的伤口并给他包扎,他说是8341部队卫生员小陆给他包扎的。后来,李文普公开发表文章说:"我已经从林彪车上跳下来,干吗还要自己打自己一枪?我在几年监护审查期间,从来没有人怀疑过这一枪不是林立果打的。"(《中华儿女》1999年第2期)

对李文普的说法,林办工作人员有不同看法。在亚疗审查期间,大家都叫李文普是"王连举"(现代京剧《红灯记》里的叛徒,自己打了自己一枪)。

李文普的枪伤和林彪红旗轿车的枪伤,当时都没有做正式的权威鉴定。张耀祠回忆说:我没有检查"大红旗",这事过去就懒得检查。那个情况下不能说自己打的,那时怀疑他(李文普)是自己打的。他不愿跟他们走,下来就好交代了(2003年2月18日张耀祠谈话)。张宏说:不要鉴定。中央已经发了文件,与中央一个口径。汪东兴也说:算了,小节,不要再干扰。总之,当亚疗学习班上林办工作人员追问李文普的枪伤,上面就这样不让追查了,最后不了了之。

令人关注的是,今后李文普究竟坚持以前的说法呢,还是另有披露,还历史本来面目?

八、关于林彪座机是否返回过山海关机场

张宁在《张宁:自己写自己》一书中说,林彪座机起飞后20多分钟,又听到了飞机返回的声音。"96号楼的人都聚集在坡顶向机场方向遥望,只听得飞机在机场上空轰鸣盘旋,大家都认为飞机回来了,一定是想降落……飞机向莲花峰飞来,在96号楼上空盘旋,久久不离去,大家仰望着它,最后看它在空中画出一个形似问号的线路,然后向北方飞去,再也没有回来。当时大家解不开飞机为何在空中画问号的谜,

后来得知机场关闭的消息,不但山海关机场关闭,当时相关的机场也关闭"。(张宁:《张宁:自己说自己》,作家出版社 1998 年版,第 256~257 页)

张宁的说法意思很明白,林彪座机曾经返回想降落,但机场关闭,落不下来,只好远走高飞。

《剑桥中华人民共和国史》中介绍"九一三"事件时,引用了类似张宁的这种有代表性的观点:"较近的一篇非官方文章对'九一三'事件的有关描述提出疑问,集中讨论了以下问题:为什么林彪夫妇不按事先安排的那样往南飞呢?

该文认为,林彪一家并没有立即放弃原先设想的南逃广州、另立中央的计划,毕竟,他们只要飞三个小时,就可以实现该计划。文章指出,这架三叉戟飞机在空中飞了近两个小时,而这样一架飞机从山海关飞到温都尔汗要不了一个小时,因此,三叉戟飞机实际上首先往南飞了约 10 分钟时间,然后调头返回山海关,但发现山海关机场已遵照周恩来指示关闭。

为什么林彪一伙放弃南逃计划不得而知,但该文暗示,是周恩来不让林彪着陆,以迫使他飞往苏联,这样他就站在了人民的对立面,成为国家的叛徒。"

张宁的说法可置疑之处不少,比如,三叉戟飞机不是直升机,它怎么可能围绕 96 号楼久久盘旋呢?

外国人的说法更是经不起推敲,且不说林彪座机起飞后周恩来命令地面指挥所向空中呼叫,说飞机只要回来,不论在哪个机场降落,周恩来都亲自去迎接,就拿关闭机场的禁空令下达的时间来说,也不合逻辑。

据当年在空军指挥所协助李德生处理林彪出逃事件的作战参谋朱秉秀证实,中共中央政治局的禁空令是 1 时 56 分开始到 2 时 20 分左右下达完毕的,如果林彪座机真的想返回北戴河机场,至少没有禁空令的障碍。(转引自《北京日报》2001 年 4 月 30 日,第 16 版)

九、关于林彪座机机组成员未上齐

　　林彪座机的坠毁，与机组人员未全部上齐不无关系。不妨设想一下，如果机上有副驾驶，有领航员，有无线电通讯员，256 号三叉戟的命运，就恐怕是另外一种情形了。

　　关于机组成员未到齐，一直是个疑问。如果说时间仓促，来不及叫醒已经睡下的副驾驶、领航员、通信员等 5 人，那么同样已经睡下的 3 个机械师不是被叫醒了吗？况且，从林彪由北戴河出发到山海关机场，路上要用半个多小时，这个时间对纪律严明、反应敏捷、作风雷厉风行的机组人员来说，叫醒上飞机是完全够用的。

　　当时未上飞机的第二副驾驶康廷梓认为："机组人员有走有留的局面是机长潘景寅直接造成的。问题在于这是潘景寅自己主动安排的呢，还是有人授意他这样做的呢？从各种迹象分析，潘景寅是在听了别人的授意后，积极主动安排的。向他授意的人就是林立果。潘景寅自己怎么也没有想到为自己安排了一条通往死亡的路。"康廷梓认为，林立果之所以授意潘景寅安排紧急起飞的机组人员越少越好，是怕机组人员多了，他控制不住飞机上的局面。

　　此说似乎有理，但也令人生疑：难道潘景寅不知道飞夜航领航员、通讯员的极端重要性吗？越少越好，可以少机务人员嘛。

　　据康廷梓回忆，9 月 12 日晚在山海关落地后，10 点 20 分左右开了一个简单的机组例会。开始，潘景寅把北京到山海关一段飞行情况作了简要的讲评，接着说："现在两条路线斗争很复杂，要解决跟人的问题。"潘说的"两条路线斗争"是指当时的空军部分单位中纷纷传扬的"吴反林"，即吴法宪等反对毛主席、林副主席。关于第二天的飞行，潘景寅说："明天的航线到什么地方还不知道，听空军胡副参谋长的指挥就行了。明天 6 点起床，6 点 30 吃饭，然后早些到机场准备飞机。现在时间不早了,抓紧休息。"此时为 10 时 40 分。康廷梓的回忆,可以帮助人们分析潘景寅当时的政治态度。

十、关于林彪座机空中航线的偏移

林彪座机仓皇起飞后,其空中飞过的航线有诸多发人深思之处。要说有关林彪出逃的疑团,这恐怕是最大的疑团。

飞机起飞后 14 分钟内,是机场调度室雷达标图员提供的航迹。14 分钟后,飞机信号从机场雷达屏幕上消失。这 14 分钟的航迹,来不及上飞机的第二副驾驶康廷梓是在机场调度室里看到的,他禁不住暗暗吃惊。

事后,康廷梓几次写文章,表明他的疑惑、分析与判断。1997 年 4 月,他化名广辛,写下了《林彪仓皇出逃目击记》,其中写道:"我和调度室主任的眼睛,不约而同地集中在标图员的笔尖。笔尖一点一点地移动,红颜色的笔在地图上画出一条弧形的轨迹……这条弧线的方向从山海关机场起飞时的 240 余度(注:后来康设法核对,飞机起飞方向为 244 度)航迹缓慢转向正西,即 270 度。这时,我马上想到可能是飞回北京了,因为从山海关到北京基本上是朝正西飞行。然而,飞机的航迹在 270 度的位置上并没有稳住,而是继续增大,直到约 300 度时(注:中蒙边境二连方向)中断。这条航线与正常飞行的航迹相差甚大。正常情况下,飞机起飞后,飞行员果断压坡度转弯,使飞机迅速进入到预定的航向上……如果标在地图上,那个转弯只能是一条折线。第一转弯本应是一条折线,但却形成了一个过程较长的弧线,究竟什么原因?因为谁也不知道起飞之后驾驶舱里发生的事情,所以这是一个解不开的谜。可以做两种分析:其一,有意向前向西飞一段时间,迷惑地面……其二,潘景寅起飞前只知道飞往广州的航线,而不知道狗急跳墙的叛逃计划。"

康廷梓在发表于《湖南文史（增刊）》上的文章中进一步分析说："从0点32分起飞到46分，在足足14分钟的时间内，飞机从244度右转弯到310度，共转了不到70度，这个转弯动作在地图上画出了一个很不均衡的大弧线。对一个飞行员来说，用多于平时十几倍的时间，用如此怪异的转弯动作在他一生的飞行中都是不可能出现的。""0点32分，256号飞机强行起飞前后，位于北京专机部队大本营的领导机关也处于异常紧张的气氛中，专机师的师长正在指挥室为查禁256号飞机的事忙碌着，在师指挥室同样有一个标图桌，标图员头戴耳机把头埋在标图桌上，他已经从雷达给出的信号中，捕捉到了256号飞机的目标。在此过程中，师长曾接到关于256号飞机位置的一个重要信息，标图员告知：飞机起飞后经过河北省迁安县上空时，航向340度。迁安县位于唐山市北偏东的方向，离唐山50公里，离山海关机场约130多公里。这就是说，256号飞机0点46分离开山海关机场约120公里之后，并没有稳定在叛逃的方向上，而是在310度的基础上又继续增加了30多度，这时飞机的航向比后来稳定的叛逃航向325度还要大20度，这的确是一个让人深思的问题。"康廷梓进一步分析说，潘景寅在极其被动的情况下已经转到了叛逃的航向上，"但他没有将飞机的状态改为平直飞行，而是继续转过了头，达到340多度，如果按照这个趋势继续转下去，就有掉转机头的可能。虽然我们无法知道驾驶舱内发生具体争执与斗争的情况，但从航迹上可以看出，飞行员操纵飞机不是向西飞，就是想调头往东，竭力回避叛逃的方向。"

康廷梓还认为，飞机航线的偏移问题也耐人寻味。按照常理，飞机坠毁地点应当在山海关到乌兰巴托或伊尔库茨克的航线上，但实际上，坠毁地点远远偏在了东边约160公里。这有两种可能，一是潘景寅搞不清自己的确切位置，已经偏移却不知道，只是无可奈何地硬着头皮盲目往前飞；再就是有意为之，打定主意与飞机同归于尽。

十一、关于林彪及林彪座机是否一度
想返回,但上面不让林彪降落

这其实就是说林彪对外逃曾有过犹豫动摇,甚至一度萌生回心转意念头的问题,但最后是被"逼"跑的。

当晚,跑与不跑的主动权完全在林彪手中。他如果不下决心跑,是没有人能逼他跑的。如果他下决心从天上再返回降落,也一定能够降落。且不说周恩来通过地面塔台向飞机呼叫,说256号专机无论在哪里降落,他周恩来都到机场去接;就是不和周恩来说,悄不声响地在北京、广州、大连、山海关等机场降落,也完全没有问题。因为在林彪专机没有越境之前,中央压根没有下达"禁空令",不存在"逼"他出逃的问题。

有人根据256号专机坠毁前曾由蒙苏边境折返,是向东南方向亦即中国方向飞,便得出林彪试图返回的结论,其实大谬不然。其一,向东南方向飞,是转弯选择地形,属迫降前的正常动作,因为飞机降落的规则是通场、一转弯、二转弯、三转弯,然后落地。其二,那时油料已经不多才迫降,如果返回中国,不是明摆着找死吗?其三,还有一种未经证实的说法:256号专机企图由蒙古进入苏联国境前,曾与苏方联系,苏方警告说,不许入境,否则击落,这才使256号专机放弃降落伊尔库茨克的意图,改为就地迫降。这种说法显得过于勉强。

不过,有两个情况却值得研究。一是前面提到的李文普最初交代的林彪在汽车上一度命令停车,但被叶群、林立果所阻止;二是256号专机出境前,在位于中蒙边境的贝尔庙上空转了一圈。仓皇逃命,按说应当抓紧时间,不顾一切地飞往苏联,为什么会转圈呢?转圈不会是选择降落,潘景寅很清楚那里没有机场,只能是越境前最后的思想斗争,只是不知道究竟是林彪还是潘景寅在进行思想斗争。(2001年9月12日

空军参谋长梁璞谈话）

十二、关于林立衡的报告及其对林彪的态度

9月12日晚林立衡几次向中央报告林彪那里准备出逃的情况,是有功的。这一点,中央一直是肯定的。她处在那样一个环境中,身为那样一种地位,又是面对那样一种严重、凶险而又紧迫的情况,能做到这一点,实属难能可贵。

但是,林立衡的报告和对林彪的态度,她前后说法却并不完全一致,甚至发生了相当大的变化。

一开始报告,林立衡用的是叶群、林立果要把林彪"弄走"、"挟持"这样的字眼。1981年年初"两案"审判结束时,林立衡给即将解散的全国"两案"办公室来信,说林彪是被叶群及林立果"小舰队"成员"骗上飞机"外逃的。此前两年,她已经这么说。此后,她一直这么坚持。

早在1971年10月,林立衡知悉中央57号文件将把林彪问题向全党公布,并对林彪事件定性后,给毛泽东写了一封信表态:"文件对林彪等叛党叛国的批判和结论完全正确,表达了全国人民的共同心愿,代表无产阶级革命的根本利益,我坚决拥护党中央和您的这一英明决策。林彪反党集团妄图反革命政变,阴谋败露,狗急跳墙,狼狈逃窜,自我爆炸,遭到历史的惩罚……"

1972年8月28日,林立衡给周恩来写信:"林贼是一个十足的蒋介石式的个人野心家、阴谋家……林贼是一个伪装更加巧妙、手段更加阴险的反革命两面派。我们决定一辈子批判林彪反党集团的滔天罪行。"

直到1975年10月30日,毛泽东仍收到林立衡给他的揭发林彪历来主张说假话、拍马屁和耍反革命两面派的言论和事实。

但是,到了1979年11月初,林立衡给江西程世清写证明材料时,

便开始说林彪是"被骗上飞机"的。从此,她就一直这么坚持。

1988年春天,在林立衡的要求下,和罗瑞卿的女儿罗点点见面时,林立衡再次谈了对"九一三"事件的看法。罗点点问她是不是她先向周恩来报告的,她说是。罗点点又问为什么,她说:"林彪是个马克思主义者的同时更是个坚定的爱国者,他根本不会同意离开自己的祖国,林彪是被迫登上飞机的。"林立衡还说:"林彪对毛泽东的弱点和党内生活的种种不正常是有深刻了解的。""叶群这个人政治品质不好,投机心理强。"(罗点点:《红色家族档案》,南海出版公司1999年版,第285~287页)

由于林彪一家林立衡是幸存者,又对林彪有较多了解,她应当提供更多的情况和材料。当然,前提必须是实事求是。这是最要害、最根本的,容不得半点自私自利和感情用事。

十三、关于256号三叉戟上的黑匣子

1985年1月8日,新华社驻贝尔格莱德记者杨达洲发回一条电讯,他辗转听到一条有关林彪座机坠毁的消息。据时任蒙古党中央某局局长的那木斯莱的妻子称,她是汉学家,从头到尾参与中国飞机坠毁案。黑匣子的录音她听了,机上人员在激烈争吵,跟地面导航站之间也有争论。过几分钟吵一阵,还有射击声。她断定飞机上有林彪,但苏联人不相信,后来他们要走了黑匣子。但是,对此说法,新华社驻蒙古的记者王义民认为完全是捕风捉影。

张聂耳的《风云"九一三"》一书中说,"飞机上没有黑匣子,黑匣子是后来才有的……"这不对。尽管黑匣子在当时还是极为稀有的,但三叉戟飞机上已经安装了黑匣子。澳洲记者彼德·汉纳姆1993年获准采访苏联克格勃将军扎格沃兹丁时,曾询问林彪座机上有没有黑匣子,扎格沃兹丁回答说,黑匣子找到了,但克格勃鉴定时没有发现录音里有飞机和地面的通话。孙一先在自己2001年1月出版的书中也说:

"至于更能进一步揭开 256 号坠毁之谜的飞机黑匣子，尚在俄罗斯当局手中。坠机死难者的遗体，包括身首异处的林彪、叶群的尸体，还有那些机上的遗物，俄罗斯和蒙古当局没有丝毫理由再继续扣压，应当无条件地交还中国。"(孙一先：《在大漠那边》，中国青年出版社 2001 年版，第 364 页)终有一天，黑匣子的解密能为研究林彪出逃提供新的材料，解开这个最大的谜底。

也许，果如克格勃将军所说，黑匣子里一片空白，什么问题也说明不了。据康廷梓讲，黑匣子是语音黑匣子，只能记录爆炸到半小时前的情况，以前的自动抹掉。但究竟黑匣子能否说明问题，前提是对黑匣子有个正式的结论。

十四、关于外国某些当事人的不同说法

原蒙古外交部专员、曾参加中蒙双方视察林彪坠机现场的古尔斯德，一直到他去世，还坚信坠毁的飞机上没有林彪。(孙一先：《在大漠那边》，中国青年出版社 2001 年版，第 325 页)

最早发现飞机坠毁的蒙古拉哈玛大娘，对记者这样谈到当时的情景：那是个可怕的夜晚。凌晨，一阵嗡嗡声把她惊醒，她急忙穿好衣服，出门一看，发现这难听的声音是空中传来的，这时羊群惊散，马嘶狗吠。她仔细一看，从西南向北飞过来一架冒着大火的飞机，飞得相当低，在巴图脑尔布苏木上空，绕图门山转了一圈，顺着扎森山谷向西南方向飞行，声音越来越大，大概不到 20 分钟，在苏布尔古盆地坠毁。当时没有听到大的爆炸声，只看到现场大火连天。(孙一先：《在大漠那边》，中国青年出版社 2001 年版，第 359 页)

当年蒙古外交部次长、参与处理林彪坠机事件的永栋，30 年后打破沉默，对日本记者谈了林彪坠机的一些情况。他说：飞机一进入蒙古国境，为了躲避雷达，即实行低空飞行，但我国从一开始便掌握了该机

的飞行轨迹,因为该机在极低的低空飞行,轰隆声响,我国是循声而追踪的。失事后,我们知道是中国军机,因为机内枪械散乱,死者多穿军服。"对于坠机的原因,虽然众说纷纭,但是事实上并未遭到外界攻击,亦未有机器故障的迹象。也有说法指系燃料用尽,抑或过于低空飞行而与地面撞击摩擦等等,但是并没有任何证据足以显示这些说法的可信性,因为引擎、仪表等均十分正常,燃料也十分充足。比较值得注意的是,现场是宽广的草原地带,地上留有长达800公尺的滑行痕迹,而令人揣测该机系拟准备降落,但是因为土质过软,途中机体陷落、机翼折断而引起爆炸起火。总之飞机失事并不是如外间所传的原因,系因降落着陆失败所致。"(2000年8月22日台湾《中国时报》转引自力平《周恩来一生》,中央文献出版社2001年版,第500页)

苏联高级外交官罗高寿发表了飞机坠毁前发生了严重情况的见解。1992年4月17日《参考消息》转载了法国《世界报》的如下报道:

罗高寿谈林彪出逃飞机坠毁事件

〔法国《世界报》4月15日报道〕林彪事件:罗高寿证实中国的说法。

一位前苏联的高级外交官第一次证实了中国官方对共产主义历史上最离奇的事件之一——林彪事件的说法。罗高寿明确地说,背叛了毛泽东的接班人是在一架1971年9月13日坠毁在蒙古靠近温都尔汗的荒原上的一架飞机里被人发现的。俄罗斯新任驻北京大使罗高寿当时正在乌兰巴托的苏联大使馆任职。他说,苏联驻蒙古使馆那时全然不知道林彪政变未遂后想到苏联避难的计划。

由于苏联人曾说无法验明在事故现场发现的"五号"尸体的身份,人们对中国关于林彪事件的说法一直持一种怀疑的态度。最近一段时间以来,一些蒙古领导人使这种怀疑重新复活了。因此提出了好几种假设,其中一种认为林彪是在北京或疗养地北戴河被暗杀的,载着他的亲信们逃走的"三叉戟"飞机就是从北戴河起飞的。

据罗高寿说,飞机在坠毁前发生了严重情况,"在机舱内有一些弹洞"。是搭机人与机组人员交过火吗?克格勃的档案也许会提供解开这个谜的新钥匙。

罗大使说,莫斯科会对那时在苏联见到林彪感到困惑。大使这样说就排除了关于林彪反毛得到苏联支持的说法,"他当时已走到了绝路,出逃是一个表示绝望的行动。"

按照常理,当事人的说法是最可信的第一手资料,应当作为最有说服力的证据来看待。但是,对于同一件事,当事人说法迥异、各执己见的情况也不鲜见。

拿破仑的死因、希特勒的尸骨葬地、肯尼迪的遇刺真相,诸如此类的历史谜案,至今仍是历史学家争论不休并为之伤神的课题。林彪的出逃与机毁人亡也有某些相似之处,比如256号专机上是否有弹洞就是如此。它的某些疑团,需要众多的研究者尤其是当事人拿出更多的更有说服力的材料,经过一番去粗取精,去伪存真,由此及彼,由表及里的辨析,从而得出科学的、可靠的、经得起历史检验的结论。

当然,由于这一事件的特殊归宿和死无对证,某些情节如果不说是千古之谜的话,至少是值得长期研究探讨的。

中共十一届六中全会通过的《关于建国以来党的若干历史问题的决议》指出:"1970年至1971年间发生了林彪反革命集团阴谋夺取最高权力、策动反革命武装政变的事件。这是'文化大革命'推翻党的一系列基本原则的结果,客观上宣告了'文化大革命'的理论和实践的失败。毛泽东、周恩来同志机智地粉碎了这次叛变。"

林彪的仓皇出逃及机毁人亡,自然是林彪的悲剧,又何尝不是毛泽东的悲剧,又何尝不是党的悲剧!一个执政党,信奉什么样的哲学,实行什么样的路线,构筑什么样的体制,运用什么样的机制,遵从什么样的政治生活准则,建立什么样的人际关系,以及通过什么样的手段方式解决党内矛盾,启动什么样的程序选择和确立党的接班人,等等,这一切的一切,都有历史的惨重教训可供借鉴。今天,对林彪出逃事件进行扎扎实实的考证,引人注目的恐怕不是事件本身的神秘性和可读性,而是事件背后所隐藏的必然性和提供的历史教训。为了防止林彪、叶群、林立果式的人物再生,为了防止"文化大革命"的悲剧重演,为了铲除曾经严重危害党和国家正常的民主生活,容易滋生野心家、阴谋家、两面派的土壤,不妨继续科学而深入地研究"九一三"事件。历史和历史人物永远是一面镜子,永远是一挂警钟,也永远是一部百读不厌、足以温故而知新的教科书。关键在于后人如何审视和解读,如何看待和把握。

1999 年 2 月 16 日至 7 月 4 日初稿

2009 年 1 月 18 日第五稿改毕

后　记

　　这部书稿，从立意、构思到搜集素材、采访、写作，再到送审、反复修改补充，历时不下十年。十年磨一剑，固然含有精益求精之意，但更多的还是出于对重大题材的慎重小心。

　　据我理解，所谓重大题材，是指所涉所包内涵丰富，寓意深刻，影响深远，世人关注，且具有一定的政治敏感性。因此，对重大题材的写作必须持慎重态度，不可草率为之。作为慎重的体现，就是坚持正确的政治立场，遵守党的宣传纪律，深入采访，广泛搜集，大量掌握材料尤其是第一手材料，并注意去粗取精、去伪存真，下笔准确精当，防止庸俗浅薄，哗众取宠。当然，由于受诸如史料不足、当事人采访难且大多不在人世等条件的限制，作品未必能做到全面、深入，很可能属于"一家之言"，但这也不要紧，关键是要做到立场正确，实事求是，严肃认真，抱着对读者负责的态度，经得起历史的检验。

　　我 1970 年年底入伍，入伍不久便赶上了"九一三"事件。1974 年调空军机关工作后，耳闻目睹了不少与"九一三"事件有关的人和事。1980 年年底开始的"两案"审判，我参加了新闻报道工作，开庭时必须到场旁听，也曾数探秦城监狱。从此，"九一三"事件便引起了我的浓厚兴趣，成了我业余的一个研究课题。尽管写作困难重重，但我始终埋头其间。1988 年，我出版了《温都尔汗爆炸记》一书，后来随着有关材料的陆续披露，人们思想的不断解放和认识水平的逐步提高，我感到这本书已经很不全面了。考虑到这些年来，世人对"九一三"事件的关注度始终不减，有些荒诞不经的说法又蛊惑人心，而党的十一届六中全会作出的《关于建国以来党的若干历史问题的决议》已为深入研究"文化大革命"的教训和林彪事件指明了方向，于是，我选择了写作并完成本书。

本书的写作和出版颇为不易，中国青年出版社的吴方泽同志给了我积极鼓励和有力支持，做了大量工作，中共中央党史研究室的同志认真审阅了书稿，提出了许多宝贵意见。在他们的指导下，我又对书稿作了重大修改。在此特表谢忱。

本书的出版并不意味着我对"九一三"事件研究的结束。我愿意得到广大读者的指导帮助，并愿意和有志于此的人们进一步切磋。

作　者

2009 年 12 月 6 日

于北京什坊院

图书在版编目（CIP）数据

真相："九一三"事件考证/张聿温著 . —北京：中国青年出版社，2011. 10
（2022. 12 重印）
ISBN 978-7-5006-9325-3

Ⅰ.①真…　Ⅱ.①张…　Ⅲ.①九·一三反革事件（1971）-研究
Ⅳ.①D652

中国版本图书馆 CIP 数据核字（2010）第 083785 号

真相："九一三"事件考证
作者：张聿温
责任编辑：刘霜
出版发行：中国青年出版社
社址：北京市东城区东四十二条 21 号
网址：www.cyp.com.cn
编辑中心：010－57350508
营销中心：010－57350370
经销：新华书店
印刷：三河市君旺印务有限公司
规格：700×1000mm　　1/16
印张：21
插页：2
字数：260 千字
版次：2012 年 1 月北京第 1 版
印次：2022 年 12 月河北第 8 次印刷
印数：62001-65000 册
定价：68.00 元
如有印装质量问题，请凭购书发票与质检部联系调换。联系电话：010-57350337